Der Verleger
Jakob Lukas Schabelitz

von

Conrad Ulrich

Zürich, 1999

Diese Arbeit ist entstanden als Neujahrsblatt auf das Jahr 1999,
herausgegeben von der Gelehrten Gesellschaft in Zürich
(Nachfolgerin der Gesellschaft der Gelehrten
auf der Chorherrenstube am Grossmünster)
vormals zum Besten des Waisenhauses
162. Stück

ISBN 3-906262-11-1

Inhalt

Vorwort 5

Herkunft 7

Jugend 17

London 27

Aktivitäten 39

Der Herzog 57

Beziehung zu Freiligrath 73

Beziehung zu Marx und Engels 81

Paris 101

Basel 111

Von der Idylle zum Ernst des Lebens 125

Buchhandel, Druckerei und Verlag 137

«Pro Nihilo» 159

Abkürzungen 169

Dank 171

Bibliographie 173

Personenverzeichnis 177

Vorwort

Den Anstoss, eine kleine Biographie des Verlegers Jakob Lukas Schabelitz zu schreiben, gab die Publikation über seinen berühmt gewordenen Lehrling, Ulrico Hoepli, Verleger in Mailand: aus Anlass von Feiern zu dessen Ehren ging es darum, über seine Zürcher Jahre Näheres zu erfahren, und damit wurde uns bewusst, wie wenig Belegbares über das Leben von Schabelitz bekannt war.

Die Nachrufe in den Zeitungen, die nach Schabelitz' Tod 1899 erschienen, begnügten sich mit dem Wiedergeben von allerhand Erzähltem, Gehörtem, Vermutetem und Legendärem und flochten ein letztes Mal am nahezu mythischen Kranz des 48ers. Menschlichkeit, Heiterkeit, Zivilcourage und verlegerischer Mut wurden gerühmt, man sprach sogar die vergebliche Hoffnung aus, sein Ruhm als Entdecker von Talenten bleibe bestehen. Offensichtlich hatten diese die nötige Substanz nicht, oder wenn sie, zumindest für ihre Zeit, bekannt oder berühmt geworden waren, verliessen sie Schabelitz' «Verlags-Magazin», welches ihnen als Sprungbrett gute Dienste geleistet hatte, und siedelten zu S. Fischer oder anderen berühmteren deutschen Verlagen über. Einige wenige unter ihnen erinnern sich in ihren Lebensberichten an «Papa» Schabelitz als den fördernden Verleger, bekannt blieb er aber bestenfalls Literaturhistorikern, die sich mit den Autoren aus dem letzten Drittel des 19. Jahrhunderts befassten, insbesondere denen, die auf sozialkritische Anfänge und dadurch zensurverdächtige Werke zurückblicken konnten.

Julius Fröbels kurzlebiges «Literarisches Comptoir» hatte das Glück, Herweghs Gedichte für die letzte, erregte Zeit des Vormärz zu publizieren, und überstrahlt mit seinem Nachruhm Schabelitz' «Verlags-Magazin», welches wesentlich ausdauernder die Rolle des Oppositions-Verlages fortgesetzt hat.

Der Nachlass von 35 Jahren anregender Verlagstätigkeit ist bescheiden, Schabelitz hat für sein Fortleben weder durch geschriebene Erinnerungen noch durch Dokumentation gesorgt. Dadurch, dass er nur als Journalist in die Politik eingriff und nie den Ehrgeiz hatte, sich als Parlamentarier zu profilieren, blieb er immer eine Figur im Hintergrund, persönlich einem recht grossen Freundes- und Bekanntenkreis vertraut, mit dessen Aussterben aber auch die Erinnerung an ihn untergehen musste.

Bei der eingehenden Beschäftigung mit Schabelitz fiel als erstes die mangelnde Übereinstimmung der verstreuten biographischen Angaben auf, dann das Fehlen eines Verlagsarchives und die Schwierigkeit, sich die Publikationen des «Verlags-Magazins» zu verschaffen, ja auch nur Einblick in sie zu erhalten. Ganz generell ist es wohl das Zufällige und Weitverstreute des noch vorhandenen Materials, was bisher Biographen abschreckte.

Wir haben nun versucht, das Leben dieser ungewöhnlichen Verlegererscheinung nachzuzeichnen, wobei wir uns vorwiegend auf das Biographische konzentrierten und bezüglich der Qualität und Bedeutung der literarischen Produktion das Feld anderen offen lassen. Um Schabelitz, soweit dies im Nachhinein möglich ist, «lebendig» werden zu lassen, zitieren wir viel aus seinen Briefen und Zeitungsartikeln (zumeist in aktualisierter Orthographie). Die zeitgenössischen Urteile über ihn stammen aus Nachrufen, aus ausgewählten Memoiren und, um das Spektrum möglichst vielfarbig zu gestalten, auch aus Gerichtsakten. Es ging uns auch darum, Legende und Wirklichkeit in Übereinstimmung zu bringen oder zu berichtigen, was sich mit einiger Ausdauer nahezu immer machen liess. So hoffen wir, dass es uns gelungen sei, dank der Mithilfe von verschiedenster Seite, das Lebensbild eines Wahlzürchers darzustellen, den Liberalität und Lebendigkeit der Stadt in der zweiten Hälfte des 19. Jahrhunderts wie so viele andere Intellektuelle angezogen haben.

Herkunft

Über die Herkunft der Familie und ihres Namens bestehen verschiedene Versionen, denen wir so weit als möglich nachgegangen sind, ohne behaupten zu dürfen, alle Resultate als endgültig bezeichnen zu können.

Sebastian Friedrich Schabelitz, der 1793, während des Ersten Koalitionskrieges, die Niederlassung in Basel erhielt, gab als seinen «Herkunftsort» Ziegelhausen bei Heidelberg an. In diesem wenige Kilometer östlich der Stadt gelegenen Dorf ist er am 29. März 1767 zur Welt gekommen, wuchs aber in Heidelberg auf.

Sein Grossvater, Johann Peter Schabelitz, ist als erster der Familie fassbar[1]: Kutscher, vermutlich Fuhrhalter in der Stadt, war er um 1706 geboren. Er verheiratete sich mit Henriette Elisabeth (unbekannten Namens) und hatte mit ihr als einzig bekanntes Kind den um 1741 geborenen Sohn Johann Philipp Peter. Da der Vater schon 1743 an einem Berufsunfall – er wurde durch ein Pferd getreten – mit 37 Jahren starb, dürfte die Jugend Philipps eher hart gewesen sein. Im Januar 1764 verheiratete er sich in Ziegelhausen mit der dort ansässigen Anna Catharina Wild und verdiente sein Leben als Schullehrer im Ort. Die Wilds waren Fischermeister und in der oberen Generation auch Fleischer in Ziegelhausen; Philipps Schwiegermutter, Anna Elisabeth Wild-Spickart, stammte aus dem nahen Schönau und war die Tochter eines Tuchmachers.

Das Ehepaar Schabelitz-Wild hatte fünf Kinder, von denen drei ein höheres oder zumindest das Konfirmationsalter erreichten. Um 1771 übersiedelte die Familie nach Heidelberg, wo Philipp als Schuldiener am Gymnasium bei St. Peter genannt wird. 1777 verlor er seine Frau und heiratete nach einem Jahr Anna Elisabeth Weber, verwitwete Köllenberger, die ihm zwei Töchter schenkte, von denen die ältere, Anna Felicitas, bis 1835 lebte. Philipp Schabelitz starb 1808 in Heidelberg[2].

Die erwähnten Berufe und das familiäre Umfeld lassen die Familie dem bescheidenen Bürgertum von Handwerkern und Gewerbetreibenden zuordnen, unter denen ein Lehrer wohl eher die Ausnahme war.

Philipp Schabelitz-Wilds zweiter Sohn, Johann Sebastian Friedrich, geboren 1767 in Ziegelhausen (†1820 in Basel), durchlief eine Buchbinderlehre und wanderte mit 25 Jahren, zu Beginn des Ersten Koalitionskrieges, südwärts ins friedlichere Basel aus; möglich, dass er den voraussehbaren Verheerungen auszuweichen suchte, welche deutschfranzösische Kriege erfahrungsgemäss über seine engere Heimat, die Pfalz, brachten!

Am 6. April 1800 unterzeichnet Schabelitz als Niedergelassener in der Stadt Basel einen Eid, demgemäss er «alle Abgaben treulich und gewissenhaft zu entrichten und Allem dem, was (ihm) die Gesetze vorschreiben, pünktlich Folge» leisten werde[3]. Rund anderthalb Jahre später, d. h. am 1. Juni 1801, verheiratete er sich in Pratteln mit Catharina Enderlin (1775–1831), «einer hiesigen Bürgerstochter»[4], er vertieft damit die Verbindung mit der neuen Heimat. Aus dieser Ehe gehen zwei Söhne hervor, Jakob Christian, geboren am 13. September 1802, und Dietrich Friedrich, geboren am 19. Juli 1808 († 1867). Als die beiden Knaben 15 und 9 Jahre alt waren, ersucht der noch als «Fremder» geltende Vater gemäss dem Gesetz vom 25. April 1816 um Aufnahme in das baslerische Bürgerrecht. Offenbar liegt gegen den seit rund 25 Jahren als Buchbindergeselle ansässigen Mann nichts Nachteiliges vor. «Es wird dieses Begehren löblichem Stadtrat überwiesen, um nach Anleitung des Gesetzes ... zu verfahren.»[5] Als Herkunftsort wird hier Heidelberg genannt, im Zivilstandsregister dann wieder Ziegelhausen in Baden, vermutlich weil der Taufschein von Sebastian in dieser Ortschaft ausgestellt worden war, der Vater war rund vier Jahre nach seiner Geburt in die Stadt übersiedelt. Als Entgelt für die Erteilung des Bürgerrechtes bezahlte Schabelitz Fr. 1000.– für sich, Fr. 333 ⅓ für den älteren Sohn, der jüngere ging frei aus.

Damit scheint das Kapitel Heidelberg für die Familie abgeschlossen zu sein; wir hören, zumindest was Johann Christian und seinen Sohn Jakob (Jacques) betrifft, kaum mehr etwas von Beziehungen zur einstigen Heimat; genealogische Interessen scheint man konservativen Kreisen überlassen zu haben. Zur fernen Erinnerung an den Herkunftsort schenken die Eltern später dem bereits in Zürich lebenden Sohn einen grossen Stahlstich mit dem Blick auf die Neckarstadt[6].

Bis ins 16. Altersjahr war Jakob Christian als Nichtbürger aufgewachsen. Er scheint, nachdem er, wie der Vater, Buchbinder geworden war, längere Zeit auf die «Walz» gegangen zu sein, sich zugleich beruflich und allgemein weiterbildend. Einige Jahre nach seiner Heimkehr, 1825, eröffnete er eine eigene Buchbinderei, der Erfolg beschieden war, denn er konnte es wagen, an die Gründung eines eigenen Hausstandes zu denken. Den Entwurf seines ausführlichen «Werbebriefes»[7] beginnt er mit: «Wertgeschätzte Jungfer Flick, nicht ohne Erstaunen werden Sie diesen Brief eröffnen und vielleicht bei sich denken, ich hätte Gelegenheit gehabt, mich mündlich mit Ihnen über einen Gegenstand zu unterhalten, der aber bei seiner Entstehung meinen Ansichten nach zu wichtig ist, als dass man im ersten Augenblick darüber zu urteilen vermöchte. Demnach bin ich so frei und wende mich schriftlich an Sie, um meinem seit einiger Zeit sehr beklommenen Herzen Luft, und meiner Brust wieder freies Atmen zu verschaffen.» Vor fünf Wochen war er zu Flicks an einen Tanzabend eingeladen worden und genoss bei seinen seitherigen Besuchen «das uneingeschränkte Zutrauen und die Erlaubnis» der Eltern. Nun hofft er auf das Glück, Elisabeth «als Braut, zärtliche Gattin und liebevolle Mutter durchs Leben geleiten zu können». Sein Hinweis auf die eigenen häuslichen Verhältnisse dürfte betont bescheiden gehalten sein: «Ich bin arm und von keiner hohen Familie; die Zahl meiner Verwandten ist klein, aber innig zusammengedrängt und ich habe alle Ehrfurcht für sie. Ich stehe als vaterlose Waise da und habe nichts als was ich durch meine Arbeit verdiene, auch keine Ratgeber und keine Unterstützung als meine liebe Mutter, die mir jedoch nicht durch Kapitalien unter die Arme greifen kann, sondern bloss mit ihren mütterlichen guten Ermahnungen und Lehren beisteht, welche, schon früh eingeprägt, mir sowohl als meinem jüngeren Bruder bis dahin immer gut und glücklich geholfen haben und wofür ich meinen Eltern ewig dankbar und nach Kräften erkenntlich sein werde.» Auch die weiteren Ausführungen deuten auf einen verantwortungsbewussten, fleissigen jungen Mann hin: «Was mein Geschäft betrifft» so ist das kleine Unternehmen erst knapp ein Jahr alt, und man versteht, dass ihm «Unkösten und Einrichtungen … manche trübe Stunde» bereitet haben; er auferlegt es der zukünftigen Hausfrau, sparsam zu wirtschaften, vertraut aber herzhaft dem «aufblühenden Wohlstand» und verheisst ihr, dass sie «deswegen [nicht] jeder Freude abzusagen oder kärglich zu tun» haben werde, was nicht seine Sache sei, «da ein Geschäft erfordert, dass das Anständige und Gesellige nicht ganz ausser Acht gelassen werde». Die Auserwählte möge «diese Zeilen nicht oberflächlich durchlesen … sondern sich Zeit lassen und ihren Gefühlen, sie seien wie sie wollen, freien Lauf lassen». Sie werde sicher alles «erst ganz einfach für sich» prüfen und dann den lieben Eltern den Brief übergeben. Die Antwort auf diese inständige Werbung erfolgt bald: «C[atharina] Flick, née Oser», die Frau des Tuchscherers und Rheinbestäters Johann Jakob Flick[8], tritt an Stelle von Ehemann und Tochter auf den Plan: «Sie werden sich wundern … diese paar Zeilen von mir zu erhalten» statt von der Angefragten, aber «es würde der Tochter nicht ziemen, Gesinnungen und Gefühle von welcher Art sie auch sein möchten, … mitzuteilen, ehe … die Eltern über diesen wichtigen Gegenstand im Reinen wären.» Christian wird zur künftigen Schwiegermutter gebeten, «die über diesen Gegenstand zu [ihrer] Beruhigung eine mündliche Unterredung» wünscht, er möge zu ihr kommen, «wann es Ihnen Ihre Geschäfte erlauben und zu welcher Abendstunde [es] gelegen» sei – und bald kann auch der Brief folgen, in welchem Elise Flick, sich schon ganz als Braut fühlend, ihre «Gesinnungen» frei mitteilt. Der Enkel wird seiner Braut über sie berichten: «Sie ist eine Frau aus guter Familie, die eine für die damalige Zeit freie Erziehung genoss und bis in die letzte Zeit immer noch geistig frisch blieb.» Von dem hier nicht auftauchenden Grosspapa erwähnt er die solide Bildung und Welterfahrung und dass er gerecht und deswegen bei seinen Untergebenen beliebt gewesen sei[9].

Am 1. Juni 1826 fährt man mit fünf Kutschen zur Kirche in Kleinhüningen, und im anschliessend aufgestellten Verzeichnis der Hochzeitsgaben sind rund 70 Schenkende festgehalten, die ein buntes gesellschaftliches Gemisch von Verwandten und Bekannten wiedergeben; Namen, denen man später wieder begegnen wird, tauchen bereits hier auf, wie die Brenner, Heimlicher, Mähly u. a. m.; mit den Namen wie Geymüller, von Speyr, Thurneisen oder Fininger ist weiteres Basel einbezogen, und mit der Beziehung Flick-Fäsch geriet man sogar in den Dunstkreis Napoleons[10]!

Im März 1833 wird Jakob Christian Schabelitz dem «wackeren und rechtlich anerkannten jungen Mann und Bürger mit Vergnügen» das Amt des Stubenverwalters des Zunfthauses zum Goldenen Stern an der Freien Strasse 71 übergeben[11]. Ein Ladengeschäft in bester Lage lässt ihn mit dem Landschaftsmaler Johann Friedrich Maehly (ursprünglich Mählin von Glattfelden, Kt. Zürich) eine Gemeinderschaft zum Betrieb eines Verlages und einer Kunsthandlung eingehen. Die persönliche Beziehung zum neuen Geschäftspartner war bereits älteren Datums: der um drei Jahre Jüngere fuhr offenbar als Freund schon in einer der Kutschen zum Hochzeitsfest mit. Dieser Zusammenschluss, der nur vier Jahre, nämlich bis zum 30. Juni 1838[12], Bestand hatte und freundschaftlich aufgelöst wurde, genügte, um die Erinnerung an die Firma Mähly und Schabelitz bis heute unter Sammlern von Schweizer Ansichten des Biedermeier wach zu halten.

Neben Holzwaren, Souvenirs oder Lichtschirmen bot die Firma 500 schweizerische Veduten, Trachten- und Folklore-Bilder und die nötigen Reisehandbücher und Landkarten an. In der Zeitschrift «Der Wanderer in der Schweiz», die Anfang Juli 1834 zu erscheinen begann, waren jeder Nummer die zum Text gehörenden, nach Wunsch kolorierten kleinen Aquatinten im Plattenformat von etwa 7,5 x 11 cm beigefügt, die die Beliebtheit der Publikation ausmachten und die auch einzeln verkauft wurden. Die Zeitschrift erschien während mehrerer Jahre.

Ein Spezialgebiet der Firma war der Vertrieb «der so beliebten plastischen Figuren (aus gebrannter Erde), treu nach den Originalen der besten Künstler bearbeitet, wovon der Catalog ca. 400 div. Gruppen zählt»[13]. Dabei handelt es sich um kleine Tonfiguren oder Gruppen, die von der – nie genannten – Familie Sohn in Zizenhausen, nahe dem Bodensee, ausgeformt, gebrannt und bemalt wurden. Die halbplastischen, etwa 10 cm hohen Figürchen waren jahrelang durch die Firma von Johann Rudolf Brenner, dem «Bildlibrenner», verkauft worden, der 1834 aus dem Leben schied und dessen Vertrieb Christian Schabelitz erfolgreich übernahm. Neben dem Biedermeierlich-Anekdotischen vieler Szenen inspirierten die Wiederverkäufer, mit dem Markt und seinen Bedürfnissen bestens vertraut, Hieronymus Hess, den

Basler Karikaturisten, zu allerhand Spottfiguren, zu denen später auch politische Sujets kamen, wie etwa der unbeliebte Bürgerkönig Louis Philippe. Diese spezielle Richtung von Figuren weist unmissverständlich auf die liberale Gesinnung von Christian Schabelitz hin, der sich die Zizenhausener offenbar fügten. Auch Figuren nach der Pariser Zeitschrift «La Caricature» erfreuten sich einigen Zuspruchs, wobei sich hier auch Sozialkritik zu äussern begann; deutsche Revolutionäre wie Becker kamen erst zu einer Zeit in den Handel, als die eigentliche, vormärzliche Blüte der Figuren sich dem Ende zuneigte. Beliebte Zielscheiben des Spottes waren Geistliche, Mönche und Juden, alle drei in protestantischen Gegenden weit genug im Abseits, so dass man sich von seiten der Zensur kaum für sie einsetzte. Es scheint, dass auch die Nachfolger von Christian Schabelitz, sein Sohn, Amberger und andere, sich mit dem Vertrieb der Zizenhausener Figuren weiter befassten, aber die monopolartige Stellung auf dem Markt ging langsam zurück.

Im Jahre 1838 konnte Christian Schabelitz auch eine Buchdruckerei im «Goldenen Stern» einrichten; die Nummer vier des 5. Jahrganges seines «Wanderers in der Schweiz» gibt im Impressum an: «Druck und Verlag von J. C. Schabelitz in Basel», die eigene Offizin war also zur Jahresmitte voll in Betrieb. Das Verlagswerk «Der Wanderer in der Schweiz», dessen interessantester Mitarbeiter der junge Jacob Burckhardt gewesen ist[14], war der Stolz der beiden Verleger und sie senden, datiert vom 26. August 1836, die ersten beiden Jahrgänge an Ferdinand I. von Österreich, den «allergnädigsten Kaiser und Herrn», der als «Schutz- und Schirmherr der Literatur hoch und herrlich» dastehe. Er hatte sein hohes Amt gerade ein Jahr inne. Dass die Unterzeichneten «auch als Republikaner die auf den Schultern des ewigen Rechts ruhende monarchische Verfassung ehren und lieben» können, mag als Äusserung eines Radikalen eher erstaunen. Dem «Wanderer» sei «die Politik fremd» und die Majestät möge ihm darum «den freien Einzug in allerhöchstdero Staaten gönnen». Auf Seite 101 des 2. Jahrganges befinde sich auch ein Gedicht auf Ferdinand, welches «ein getreuer Abdruck unserer Gesinnung» sei.

Im Juni 1838 bittet der Kaiser den «lieben Fürsten Metternich» um nähere Auskunft zu den beiden Verlegern, die vom «k. & k. Geschäftsträger» in der Schweiz dann als «junge, wohlhabende, gutgesinnte und rechtliche Bürger der Stadt Basel» qualifiziert werden. Daraufhin kann Metternich befürworten, dass der Kaiser aus seiner «Privatcassa» den beiden Verlegern je eine Goldmedaille übergeben lässt, die sie Anfang August durch Herrn von Erberg zugestellt erhielten. Es entbehrt nicht der Ironie, dass die einzige, wichtige Anerkennung, die dem unermüdlichen Jakob Christian je zuteil wurde, ausgerechnet mit dem Segen der bête noire aller Liberalen, des Fürsten Metternich, erfolgte[15].

Schabelitz war für seine Buchhandlung und die Druckerei laufend verlegerisch tätig: ein reizvolles, mit Lithographien geschmücktes Büchlein über das Basler Kinderfest, zu dessen Förderern er lebenslang gehörte, Homiletisches und Novellistisches erscheint bei ihm, und längst nachdem das «Magasin d'Estampes» von Maehly und Schabelitz an Jakob Christian allein übergegangen war, werden die von den verschiedensten Malern gezeichneten Serien von Veduten und Trachtenbildern vaterländischen Inhalts, ergänzt und verbessert, weiterhin angeboten. Papeteriewaren aller Art stehen zum Verkauf: Stammbuchblätter, Papierspitzen, Würfelspiele, Bilderlottos und anderes mehr, Artikel, die aus Deutschland und Frankreich bezogen werden und die der Sohn anfänglich in seinem Zürcher Geschäft auch noch vertreiben wird. Ungewohnt ist es, dass man in seinen Inseraten bisweilen auch Drogerieartikel empfohlen findet. Allen diesen Produkten haftet heute die ansprechende, geblümt-heitere Patina des ausgehenden Biedermeier und der Romantik an. Durchaus im Geiste der Zeit ist diese Seite von Verlag und Buchhandel die sozusagen offizielle, offensichtlich auch die im Familienkreis gelebte. Daneben bestand aber die politische Aktivität, die mit einiger Konsequenz und Opferwillen durchgehalten wurde.

Im Laufe des Jahres 1840 erschien bei Christian Schabelitz eine Broschüre «Die Sklaverei unserer Zeit». Ein Dr. Eckenstein hatte die 1839 veröffentlichte Schrift des aus katholischen Bindungen hervorgegangenen Sozialisten Félicité Lamennais «frei» ins Deutsche übersetzt, wobei die Freiheit in einer Verschärfung der Thesen bestanden zu haben scheint. Die Basler Strafpolizei war der «Meinung, dass dergleichen Schriften ... nicht verbreitet werden dürften», es wird die Furcht geäussert, das Büchlein bereite Frankreich [und damit auch Basel] für eine Revolution vor. Original und Übersetzung lagen dem Gericht zum Vergleich vor. Schabelitz wurde wegen «nicht voller Beachtung des Pressegesetzes» angeklagt und verteidigte sich eher lau damit, dass er geglaubt habe, wenn «Verfasser, Übersetzer, Drucker und Druckart» angegeben seien, hätte er dem Gesetz Genüge getan. Daher habe er seinen Namen weggelassen und auf Wunsch des Übersetzers als Erscheinungsort «Weissenburg» angegeben. Er habe die Schrift nur in Kommission genommen und «nicht die mindeste Absicht gehabt, auf irgendeine Weise Gesetz und Ordnung zu umgehen» – was vielleicht doch zu bezweifeln ist. Er wird zu einer kleinen Busse und den Gerichtskosten verurteilt, weiss nun aber klar, dass die Gerichte über den Umweg eines «Formfehlers» reine Zensurstrafen zu verhängen geneigt sind.[16]

Durchgeht man das von Schabelitz jeweilen angezeigte reichhaltige Sortiment der Buchhandlung, kann man kaum übersehen, dass neben dem zeitüblich Trivialen Bücher mitlaufen wie: Louis Blancs

«Geschichte der letzten 10 Jahre» und alle weiteren Publikationen von Fröbels «Literarischem Comptoir» in Winterthur, die Werke von Herwegh, Schulz, Hoffmann von Fallersleben usw., die nicht nur den Basler konservativen Kreisen ein Dorn im Auge waren.

In allen Nachrufen wird Christian Schabelitz als ungemein tätig beschrieben, was seinen Unternehmungen offensichtlich zugute kam, ihn aber keineswegs hinderte, ein gastliches Haus zu führen, das Musische für sich und die Seinen zu pflegen und einem kinderreichen Haushalt als besorgter Vater vorzustehen.

Von den sieben Nachkommen des Paares Schabelitz-Flick, vier Söhnen und drei Töchtern, verstarben drei Knaben im Kindesalter. Den Lebensweg von Jakob Lukas (Jacques), der am 10. März 1827 zur Welt kam, werden wir im folgenden zeichnen und seinen Schwestern Elise, Lina und Bertha und ihren Ehegatten dabei verschiedentlich begegnen. Denn die Bemerkung Christians in seinem «Werbebrief», dass der Verwandten wenige, «aber innig zusammengedrängt» seien, wird auch für die neue Generation zutreffen.

Offensichtlich war Schabelitz ein Mann, dem nicht nur das häusliche Wohlergehen, sondern auch das der Gemeinschaft am Herzen lag. Die Aktivitäten um das Kinderfest und die Gründung des «Pompier-Corps»[17], an dem er beteiligt war, hielten sich in einer politisch neutralen Zone und scheinen ihm eine gewisse überparteiliche Anerkennung gebracht zu haben. Sobald aber sein Interesse das politische Leben der Stadt betraf, stiess er an Grenzen: Einer zugewanderten Familie entstammend, ohne auf eine traditionsreiche Vergangenheit zurückblicken zu können, durch Mutter und Gattin zwar älterem, aber keineswegs tonangebendem baslerischem Bürgertum verbunden, stand er dem herrschenden und fest verankerten konservativen Regime oppositionell gegenüber. Nachdem Basel unter dem Einfluss von Ochs und anderen für die Erneuerung der Alten Eidgenossenschaft und für die Helvetik gewirkt hatte, fand die Restauration in der Stadt, insbesondere seit der Loslösung der Landschaft, ein festes Refugium, neben dem erneuernde, freiheitlichere Tendenzen nicht aufkommen konnten.

Christian Schabelitz gehörte immer liberalen, eidgenössisch gesinnten Kreisen an. Er hatte, als aufstrebender Geschäftsmann, die langjährigen Wirren um die Trennung von Baselland und -Stadt miterlebt, und die unleugbare Schwäche der Tagsatzung in dieser Frage liess ihn zum entschiedenen Befürworter einer erneuerten, bundesstaatlichen Schweiz werden. Er suchte durch Mitarbeit an Publikationen für diese Umwandlung zu wirken, musste aber an deren Durchschlagskraft zweifeln und entschloss sich daher zur Teilnahme an der Gründung der «Schweizerischen National-Zeitung», die er im Dezember 1841 ankündigt und deren erste Nummer am 4. Januar 1842 erschien. Sie ist ein klares Bekenntnis zu einem nationalen, d. h. schweizerisch zentralistischen Kurs und beabsichtigt, sich zwischen «aristokratischpfäffischem Retardieren» und «sansculottischem Revolutionieren» anzusiedeln mit dem Ziel einer «echt nationalen Reform», bereits mit dem Hinweis auf die vorhandene Unzulänglichkeit der Tagsatzung[18].

Als Chefredaktor wird Emanuel Scherb genannt, der aus einer ostschweizerischen Familie stammte und durch verschiedene Publikationen als «in radikalen Kreisen gefeierter Schriftsteller»[19] galt: Julius Fröbel, Gesinnungsgenosse Scherbs, forderte den jungen Gottfried Keller auf, diesem seine Gedichte zuzusenden[20]. Schon zu Beginn des zweiten Jahrganges der Zeitung zog sich Scherb Schwierigkeiten mit den Behörden zu und sass vom Monat März an eine Gefängnisstrafe wegen Pressevergehen ab. Ihn ersetzte, vorerst «ad interim», der Advokat Carl Brenner, der nicht nur der tragende Mitarbeiter der Zeitung bis zum Oktober 1849 blieb, sondern auch das Haupt der Basler liberalen, nach anderen «radikalen», Opposition[21] war, obschon er einer alteingesessenen Basler Familie entstammte. Nachdem Scherb aus dem «Lohnhof» entlassen worden war, zog er fort. Der Sohn Jacques traf den «lieben Scherb» im Sommer in Zürich im Kreis der Familie Zehnder[22]. Wie sich die Beziehung gestaltete, nachdem Scherb Anfang 1844 verbreiten liess, er gedenke in Winterthur eine neue National-Zeitung herauszugeben, wissen wir nicht; in der Folge musste er den Plan fallen lassen und auf eine Wochenzeitung, «Die freie Schweiz», reduzieren. Die Auseinandersetzung mit dem einstigen Kollegen veranlasste Brenner in einem Artikel darauf hinzuweisen, dass er der letzte von sechs Redaktoren aus den Anfängen der «National-Zeitung» sei, der noch ausharre. Brenners Einsatz für die Sache der politischen Erneuerung Basels und der Schweiz ging so weit, dass er, ohne Honorare für seine Mitarbeit zu beziehen, für die Zeitung schrieb und es sich an seinen Einkünften als Anwalt genügen liess. Offenbar verband den Verleger und seinen stetig an politischem Gewicht zunehmenden Redaktor dank der gemeinsamen Gesinnung eine enge Freundschaft[23].

Die Sympathie der Regierung für die neue Zeitung war gering: sie wurde mit höheren Taxen belegt als konservative Blätter, und mehrmals fand man innert weniger Jahre Gelegenheit, gegen sie und ihre Leiter gerichtlich vorzugehen. Scherb und Brenner machten für ihre Gesinnung mit dem Gefängnis[24] Bekanntschaft, denn sie gehörten in ihrem politischen Kampf zeitlebens zur schwächeren Seite.

In einem Milieu, in welchem sich Beruf, politische Diskussion und Familienleben nicht trennen liessen, wuchsen die Schabelitzschen Kinder auf und übernahmen die Ansichten des Vaters und seiner Freunde. Die drei Töchter heirateten, als Kinder und Schwestern von manifesten Oppositionellen, alle in den Kreis der zugewanderten Familien:

«Die Bresche in die Altbürgerlichkeit [d. h. die konservative Gesinnung] wurde von der Politik aus geschlagen durch den deutschen Zuzug», bemerkt Carl Albrecht Bernoulli[25] und lobt die Immigranten als eine «Blutauffrischung». Dabei nennt er neben Schabelitz die Namen Stumm und Klein, die später zu Schwiegersöhnen von Christian Schabelitz wurden, zu denen sich als dritter der aus Fraubrunnen stammende, weniger profilierte Schmitz gesellte. Ein gewisser Oppositionsgeist taucht nicht nur beim Sohn Jacques als Erbe wieder auf, sondern auch in den Familien Klein und Schmitz: Paul Schmitz war als Dominik Müller in den 20er und 30er Jahren bekannt durch seine baslerischen Satiren und auch für seine sozialkritischen Veröffentlichungen[26].

Der Vater achtete in jeder Beziehung auf die politische Umgebung der Kinder: Als Jacques 1843 zu einem Ferienaufenthalt nach Zürich geschickt wurde, war der liberale Politiker und Arzt Ulrich Zehnder sein Gastgeber, und wie es um eine Druckerlehre für ihn ging, suchte der Vater einen liberalen Ort und einen entsprechenden Verleger für ihn aus, nämlich Remigius Sauerländer in Aarau, der, wie er, zu den Anfang des Jahrhunderts (1806) Zugewanderten gehörte.

Christian Schabelitz' Gesinnung, die sich mit der seiner Zeitung deckt, ist liberal, was sich, wir werden darauf zurückkommen, mit radikal damals weitgehend deckte und eher eine Nuance der Einschätzung durch Dritte war. Seine politische Gesinnung hat aber die Anhänglichkeit an die angestammte Religion nie in Frage gestellt.

1846 war er zum Verfassungsrat und Ende April des folgenden Jahres im «5. Wahlkollegium» mit 82 von 147 Stimmen im dritten Wahlgang zum Grossrat gewählt worden[27]. Nun konnte er, dem die «Passion du bien public» nachgerühmt wurde, endlich im Parlament seine Meinung vertreten. Im kritischen Jahr 1847 war er ein entschiedener Gegner des Sonderbundes, aus rechtsstaatlichen Rücksichten aber auch gegen die Freischarenzüge, an deren erstem Brenner mitgemacht hatte. Vor der Teilnahme am zweiten suchte er seinen Sohn fernzuhalten.

Während der Revolutionsjahre 1848/49 stand sein Haus, stark auf Betreiben seines aus London und Paris heimgekehrten Sohnes, den Verfolgten aller politischen Schattierungen bis zur äussersten Linken offen. Wie weit dies seiner innersten Überzeugung entsprach, wissen wir nicht. Die Schicksale seines Unternehmens werden wir im Zusammenhang mit der Biographie des Sohnes erfahren. Christian Schabelitz blieb weiterhin, in bescheidenerem Rahmen, beruflich tätig, denn noch 1863 ist «vom Geschäft» die Rede und es arbeiten bei ihm noch «drei Herren», die allerdings nun keine «Kost» mehr im Hause empfingen. Wenn eine der Enkelinnen betont, er sei mit seinen Geschäften nie «reich» geworden[28], so wollen wir uns der Relativität dieses Masses bewusst sein. Gemäss ihrem sozialen Engagement musste sie den

Idealismus des radikalen Grossvaters betonen; die erhaltenen Erinnerungen lassen aber auf einen durchaus bürgerlichen Wohlstand schliessen, den sich Jakob Christian durch seine Tätigkeiten erworben hatte. Bei einem Brandausbruch in Kleinbasel erkältete sich der Mittsechziger, und man scheint der Erkrankung nicht die nötige Aufmerksamkeit geschenkt zu haben; an ihren Folgen starb er am 22. Mai 1866.

Verschiedene Schweizer Blätter berichteten über seinen Tod und lobten den Verstorbenen als einen «rastlos tätigen» Mann, der «entschieden freisinnig», stets patriotisch «für die Sache des Fortschritts» eingetreten sei[29].

---

[1] Entsprechend verschiedenen Auskünften von deutschen und österreichischen Genealogen scheint der Name nur für diese Familie bekannt zu sein. Eine schlüssige Etymologie wurde bisher nicht gefunden; Hinweise auf *Schabel,* Bohnenhülse, Dialekt, preussisch wurden gemacht ...

[2] Genealogische Angaben Frau S. Fiedler

[3] Niederlassung P 1 STAB; die Herkunft von Sebastian Schabelitz ist durchgehend mit Ziegelhausen oder Heidelberg angegeben.

[4] Heirat am 19.V.1801; STAB Protokoll des Kl. Rates, 13.6.1818, fol. 170 v, «verheiratet mit einer hiesigen Bürgerstochter»

[5] STAB Protokoll des Kl. Rates 15.4.1818, fol. 113, «seit 25 Jahren Buchbindergesell allhier»

[6] AS

[7] AS

[8] Johann Jakob Flick (1775–1847), JS erwähnt ihn im Londoner Tagebuch am 23.7.47; Catharina ist die Tochter des Christoph Oser, Metzgers, Grossrats und Obersten, 1735–1809, und der Judith Wohnsiedel.

[9] JS an seine Braut Marie Hintermeister, 19.12.55

[10] Vgl. «Der Wanderer in der Schweiz», Jahrgang 5, 1839, Mitteilungen aus dem Ausland, S. 208. Die Basler Fäsch und Kardinal Fesch, Napoleons Stiefvater, sind als verwandt bezeichnet.

[11] E. A. Meier im Jahresbericht des Staatsarchivs Basel 1967, Beilage, Seite 21 f.

[12] Geschäftsanzeige im Archiv Sauerländer, Aarau; zeitweise war J. Christians Bruder Dietrich Friedrich, 1802–1867, am Geschäft beteiligt.

[13] Vgl. Fraenger, Wilhelm, Der Bildermann von Zizenhausen, Zürich-Leipzig 1922, und: Seipel, Wilfried, Das Weltbild der Zizenhausener Figuren, Konstanz 1984; J. C. Schabelitz stellte ein aufschlussreiches Verzeichnis der Figurengruppen ca. 1835 zusammen.

[14] Werner Kägi, Jacob Burckhardt, I, S. 549

[15] Wien, Staatskanzlei, Vorträge, Karton 182, 1838; Relationen Schweiz, 264, Bern, Weisungen 1837–40; Noten vom Oberstkammerer Amt, Karton 7, 1830–1841, Karton 14, 1830–1860; Noten an das Kammerzahlamt, Karton 21, 1768, 1860, 1781–1853. Freundliche Mitteilung von Frau Hofrätin Dr. Gerda Mraz

[16] STAB, Ratsprotokoll 1840, 209, S. 367; Gerichts-Archiv, Prot. DD 15 S, S. 393 (Mai 1840–1841); Strafprozessakten, Briefe M 2 34, S. 655 und 712

[17] Pompiers-Corps: NZ 9.1.44; 24.2.46: Reglement behördlich sanktioniert; 20.5.47; 22.10.47: PC hat die Schabelitzsche Buchhandlung gelöscht.

[18] Zit. nach Nr. 1 der «National-Zeitung»

[19] G. Keller, Werke (Frännekl/Helbling) Bd. 14, II, S. 391

[20] Baechtold, Gottfried Keller, I/S. 229

[21] DLZ 30.10.1846

[22] Tagebuch der Reise nach Zürich, 1843, AS

[23] Brenner arbeitete ohne Honorar, NZ 1852

[24] NZ 18.3.1943

[25] «Basler Nachrichten» 23.10.1923

[26] C. A. Bernoulli, Basler Geist, Zürich 1926, S. 63

[27] Le Confédéré, Fribourg, 27.5.1866; Wahl in den Rat NZ 29.4.47

[28] Anni Rothenberger-Klein, seine Enkelin, in «National-Zeitung» 18.3.1943, S. 17

[29] «Schweizerisches Handelsblatt», 24.5.1866

Jugend

Am 10. März 1827 kam Jakob Lukas Schabelitz als erstes der sieben Kinder des Ehepaars Schabelitz-Flick zur Welt. Ihm folgten die Schwestern Elise (1833), Lina (1834) und Bertha (1842). Die drei Brüder Arnold (1836), Rudolf (1838) und Karl (1840) starben zwischen 1837 und 1841 in jugendlichem Alter. Jakob, zumeist Jacques, ist also, wie der Vater traurig vermerkt, «der älteste, aber auch der einzige, der von drei [vier] Knaben mir geblieben[1]. Am 1. April wurde er in der «Münsterkirche» auf den Namen Jakob Lukas getauft – was deshalb betont werden muss, weil schon das Abgangszeugnis aus dem Gymnasium auf Johann Jakob lautet. Als Taufzeugen finden wir den Grossvater Johann Jakob Flick, die Grossmutter Catharina Schabelitz-Enderlin und, namengebend, Lukas Vest[2], Metzger, der in einem verwandtschaftlichen Verhältnis zu den Schabelitz stand.

Der Knabe wuchs in enger Bindung zu Eltern und Schwestern auf, was Bemerkungen in den beiden Tagebüchern ebenso wie die erhaltenen Briefe aus den späteren Jahren belegen. Jacques nimmt die vielseitigen Anregungen des Elternhauses gerne auf, ist «leicht im Auffassen»[3], heiteren Sinnes und kontakt- und diskussionsfreudig. Seine schulischen Leistungen sind offenbar sehr unterschiedlich, nicht aus Mangel an Begabung, aber wegen der allzugern wahrgenommenen häuslichen Ablenkungen. Im Mai 1835 trat er ins Basler Gymnasium ein und wurde «im Frühling des Jahres 1843 ins Pädagogium befördert»[4]. «Sein Schulbesuch erlitt aber im Laufe des Jahres 1840 und 1841 eine bedeutende, durch Krankheit verursachte Unterbrechung»[5]. Wie aus späteren Papieren hervorgeht, hatte er ein Hüftleiden und hielt sich aus gesundheitlichen Gründen vom Mai bis in den August 1841 im Hause des Arztes Johann Alois Minnich in Baden AG auf. Dieser charakterisiert Jacques als «ordentlichen, sittenreinen und freundlichen Knaben», der sich «die herzliche Liebe sämtlicher Hausgenossen in vollem Masse und mit Recht zu erwerben wusste».[6] In Latein, Französisch und Mathematik erhielt er privaten Unterricht, wobei seine Begabungen auf der sprachlichen Seite lagen. Heimgekehrt trat er wieder ins Gymnasium ein, hatte aber an den Folgen der Abwesenheit zu tragen, und «dieser Schüler [beweist] nicht immer und in allen Fächern den nöthigen Fleiss und die feste Beharrlichkeit! ... Trotz seiner guten geistigen Anlagen» blieb er zurück – aber «am meisten hat er sich, von seinem Talente unterstützt, in den deutschen und französischen Aufsätzen ausgezeichnet»[7]: das Interesse für das Literarische und den Journalismus ist also bereits entwickelt. Abschliessend setzt Rektor Burckhardt seinem gestrengen Abgangszeugnis noch zu: «in der letzten Zeit seines Schulbesuches [habe Schabelitz] durch sein Betragen weniger Ursache zu Klagen gegeben als in früheren Jahren.»

Auch im Pädagogium ist das Betragen «ungleich» und als der 20. von 26 Schülern ist er auch da nicht eben erfolgreich. «Gut» nur in Deutsch und Französisch, «recht gut» im Englischen. Des Vaters kleiner Seufzer, er habe ihm eine «entsprechende Schulbildung» geben lassen, die «nun zwar noch nicht so weit [sei] als er am liebsten gewünscht» hätte, ist daher durchaus verständlich. Auch die gleichzeitig geäusserte Vermutung, dass Jacques nun in die «praktische Berufstätigkeit» ausserhalb des Elternhauses übertreten sollte, war sicher richtig[8]. Jakob Christian zeigt sich, wir werden es noch sehen, dem spontanen und eher unruhigen Sohne gegenüber sehr verständnisvoll – wesentlich mehr, als es dieser in späteren Jahren seinem ihm ähnlichen Enkel gegenüber war.

In den Sommerferien des Jahres 1843, vom 19. Juli bis zum 8. August, durfte Jacques eine Reise nach Zürich unternehmen und hielt seine Erlebnisse in einem kleinen Tagebuch[9] fest. Gute 11 Stunden dauerte die Kutschenfahrt nach Zürich, die er nächtens hinter sich brachte. Erwartet wurde der junge Basler von Carl und Luise Zehnder, den ältesten Kindern des Rivalen von Johann Caspar Bluntschli, Ulrich Zehnder: Er war Arzt und liberaler Politiker und schickte sich eben an, nach seinem Rücktritt 1839 nun wieder in den Regierungsrat zurückzukehren. Es bestand offenbar eine ältere Beziehung zwischen den beiden Familien, denn Jacques lebte hier wie ein Sohn des Hauses. Sein Bedürfnis nach Geborgenheit macht sich geltend, als er sich bei einem Ausflug in Luzern plötzlich vereinsamt fühlt und mit der Nachtpost zu Zehnders zurückeilt, und ebenso im wiederholten dringenden Erwarten von Briefen der Eltern: «Es ist immer etwas Erfreuliches und Beruhigendes, Nachrichten von seinen Lieben zu erhalten»[10].

Insgesamt spiegelt der Bericht ein heiter-biedermeierliches Dasein unter jungen Leuten wider: es wurde gebadet und auf dem See gerudert, man wanderte, oft mit Gesang, in alle bekannten halbländlichen Wirtshäuser um die Stadt: zum Sonnenberg, auf die Weid, zum Bürgli und in den Tiefenbrunnen. Aber auch der städtische Salomonskeller und das als liberal bekannte Café Littéraire am Weinplatz wurden besucht. Der junge Mann machte die obligaten Visiten bei Bekannten der Eltern: beim Buchhändlerkollegen Locher kann er einen Wechsel präsentieren, mit Herrn Hirzel besichtigt er die eindrückliche Fabrik von Escher-Wyss, er spricht beim Obersten Brunner vor, man zeigt ihm die Sehenswürdigkeiten der Stadt, unter denen ihn die Bibliothek in der Wasserkirche am meisten interessierte. Seine besondern Neigungen galten dem Theater, das er dreimal besuchte und bei dem er Vergnügen an einer Aufführung des «Figaro» bekundet; vier Jahre später werden wir ihn in London bereits als Kenner der Gattung erleben. Der Musik begegnen wir in seinem Leben immer wieder, sei es, dass er als Amateurgeiger in Orchestern spielt, als Opern- und Konzertbesucher

Kritiken schreibt oder in Chören singt. Auffallen mag sein Interesse an der Zeitungslektüre: seit anderthalb Jahren publiziert der Vater die «National-Zeitung», deren Ausgaben der Sohn auch in den Zürcher Ferien gespannt erwartet. Ein Artikel über den in der Schweiz weilenden bekannten Kommunisten Weitling, der am 2. Juni dieses Jahres in Zürich verhaftet worden war, findet besondere Erwähnung.

Auch ein Ausflug auf die Rigi gehörte ins Programm, er absolvierte ihn allerdings zum Teil im «Omnibus», da er sich wegen des erwähnten Leidens «nicht traute so weit zu gehen»[11]. Immerhin, ein Besteigen des Uetliberges war ihm ohne Folgen möglich.

Die Menschen, welche er trifft, werden uns auch in seinem weiteren Leben wieder begegnen, es sind Scherb, Brenner, Heimlicher, des Vaters Autor Pfyffer von Neueck, die Freunde Riggenbach und Fiechter aus Basel, Minnich aus Baden und die Zehnders, denen er immer verbunden bleiben wird. Ob der Optiker Bamberger, den er besucht, im Zusammenhang mit seinen Londoner Freunden gleichen Namens steht, ist nicht festzustellen[12].

Mit einer abendlichen Schiffahrt, einem mitternächtlichen Mahl in der «Sonne» in Küsnacht, für das der Wirt unsanft aus dem Bett getrommelt wurde, mit viel Gesang und Posthornblasen beschliesst ein durchaus studentischer Ulk die Zürcher Ferientage von Jacques.

Nach seiner Heimkehr hatte der junge Mann noch ein gutes halbes Schuljahr zu absolvieren, dann, nach Ostern 1844, fuhr er nach Aarau, wo er in die renommierte, 1807 gegründete Firma Sauerländer eintreten konnte. Anfang des Jahres hatte sich Vater Schabelitz mit «Herrn Verlagsbuchhändler H. R. Sauerländer» in Verbindung gesetzt und ihn um eine Volontärstelle für seinen Sohn in der Druckerei gebeten. Er möge wie die anderen Lehrlinge gehalten werden, auch wenn er schon etwas setzen könne; daneben solle er Lektionen in der Kantonsschule besuchen, und die «notwendige Überwachung der Mussestunden» würden «achtbare dortige Familien» übernehmen[13].

Leider war der Vater aus gesundheitlichen Gründen, die ihm offenbar Sorgen bereiteten, verhindert, selber mit Sauerländer zu verhandeln, und so schickte er einen Vertrauten, der alles Nötige erledigte. Seine Briefe haben etwas Besorgtes, fast Drängendes, da ihm eine «tüchtige praktische geschäftliche Grundlage für [seinen] Sohn» sehr am Herzen liege, sie wird von ihm als ein «Lebenswunsch» bezeichnet[14].

Am 3. April meldete sich Jacques von Basel aus bei Sauerländer an und versprach Fleiss und Ausdauer – ohne zu ahnen, wie schnell im März des kommenden Jahres sein politisches Temperament mit ihm durchbrennen könnte. Die Zeiten waren unruhig, die Spannungen innerhalb der Schweiz zwischen Liberalen und Konservativen hatten sich verstärkt, ein Sonderbund der katholischen Orte, mit denen auch das evangelische Basel-Stadt sympathisierte, war zu befürchten. Im

Wallis siegte die konservative Partei, und das eidgenössische Schützenfest in Basel nahm, dank den Reden, einen hochpolitischen Charakter an und die Frage der Berufung der Jesuiten nach Luzern war in aller Munde[15]. Hatte Jacques schon als 16jähriger in Zürich eifrig die Zeitungen verfolgt, tat er dies in der Erregung der Zeit, im Bewusstsein der Gegenwehr der Liberalen und Radikalen, zu denen seine Familie gehörte, in Aarau um so intensiver; das Tagebuch weist verschiedentlich auf die Lektüre der «National-Zeitung» hin; als weitere politische Lektüre finden wir den «Guckkasten», das «Posthörnli» und den «Schweizerboten» erwähnt, die als radikal, wenn nicht als «jakobinisch» galten.

Im Laufe des Jahres 1844 setzte sich Augustin Keller in Aarau für die Ausweisung der Jesuiten aus der Schweiz ein[16], und im Dezember versuchten die Radikalen durch einen Freischarenzug die Luzerner Regierung zu stürzen.

Über die Reaktion des jungen Mannes auf diese Ereignisse können wir anhand seines am 4. Januar 1845 wieder einsetzenden Tagebuches nur Vermutungen äussern. Über die Feiertage war er zu Hause gewesen und fuhr nun zurück nach Aarau. Im Postwagen drehte sich das Gespräch um die Freischaren, «diese wurden von allen in Schutz genommen»[17] im Sinne einer Selbsthilfe des Volkes, wenn auch gegen die Legalität. Er verkehrt in Aarau, das er zwar «tot» findet verglichen mit dem «lebendigen Leben in Basel», in allerhand politischen Milieus, trifft Flüchtlinge aus Luzern, den Präsidenten Karl Rudolf Tanner, berichtet an Carl Brenner, für die väterliche Zeitung, immer wieder über die Grossratsverhandlungen und besucht Augustin Keller[18]. Für den Vater verhandelt er mit Regierungsrat Baumann und Oberrichter Bühler wegen einer Verleumdungsklage gegen die «National-Zeitung»[19]. Daneben arbeitete er pflichtgemäss in der Druckerei und setzte getreulich «Columne» (Spalte) um «Columne», die erwähnten Fehler waren wohl dem Erfülltsein durch die politischen Spannungen zu verdanken. Jacques hatte an einem Werk des noch lebenden Liberalen Heinrich Zschokke zu setzen und musste dann zu einer komplizierteren Arbeit an einer Grammatik übergehen[20]. Er erfährt, dass politische Vorsicht Sauerländer veranlasste, für eine Darstellung der Luzerner Wirren, welche «zu revolutionäre Ideen» vertrat, seine Pressen nicht herzugeben[21]. Neben allem blieb Jacques aber doch Zeit zum Violinspiel und den Musikproben im lokalen Orchester, welches zeitgenössische Werke zur Aufführung brachte, unter diesen Aubert, Girowetz und Conradin Kreutzer, wobei die Noten von den Amateuren selbst zu kopieren waren[22].

Wie mit dem Vater vereinbart, bildete Jacques sich weiter und besuchte, neben Englischunterricht, abendlich Vorlesungen bei Rektor Bolley, dem bekannten Burschenschafter und späteren Professor für

Chemie an der Eidgenössischen Technischen Hochschule und freute sich, nicht sehr fachinteressiert, über «schöne Experimente für die Augen, weil viel Feuerwerk dabei»[23].

Nahezu alle Einträge im Tagebuch durchzieht aber das Thema Freischaren: schon im Januar spricht er vom Hauptschlag gegen Luzern in zehn Tagen[24] – «wenns nur gelingt» –, dann wieder vom Zuwarten. Gleichzeitig lässt sich die «National-Zeitung» über die «doktrinären Philister» aus, die «unfähig jeder begeisterten Tat», eben eines Freischarenzuges, seien[25]. Und die nötigen Informationen holt er sich im Casino. Im engsten Kreis der Eingeweihten scheint er noch nicht zugelassen zu sein, er wüsste gern mehr um «Beschlüsse»[26]. Dann verschwindet das brennende Thema wieder aus den Notizen. Er trifft den bekannten Dr. Steiger aus Luzern, setzt sich für Redaktor Carl Brenner im Zusammenhang mit dessen Teilnahme am ersten Freischarenzug ein, der in diesen Tagen durch ein baselstädtisches Gericht zu vier Wochen Gefängnis verurteilt und für ein Jahr in den bürgerlichen Rechten «stillgestellt» wird. «Pfui Teufel! Wenn die Herren die Opposition so unterdrücken, so erstarkt sie», eine Ansicht, die Bluntschli in seinen Erinnerungen teilt[27]. Jacques Umgebung ist mit ihm entrüstet über dieses Urteil «von Seite der Zöpfe». Freund Wilhelm Klein, sein späterer Schwager, der auch vor Gericht stand, hatte eine Strafe von acht Tagen Gefängnis abzusitzen und sollte zudem «E. E. Regenz zur Relegation verzeigt werden», d. h. von der Universität gewiesen werden[28].

Bei allem politischen Wirbel scheinen Vergnügen und Geselligkeit nahezu ungestört ihr Eigenleben zu haben, wie man nicht ohne Erstaunen dem Tagebuch entnimmt: das kleine Orchester gab Konzerte mit anschliessendem Tanz, es wurde viel gekneipt und gesungen mit Kameraden, ein Maskenball da, eine Tanzvorführung dort, es mangelte nie an heiteren, «fidelen», Zerstreuungen.

Die Verbindung mit zu Hause blieb eng, Briefe gingen hin und her, gegenseitig war man um des andern Wohl besorgt, Päcklein sollten den Sohn in der Fremde ermuntern, sogar die Sendung der Fastnachtsspezialität «Fasteweie» wurde nicht vergessen.

Anfang Februar wird erneut von Offiziersversammlungen gesprochen, vom ungehinderten Wegführen von Kanonen aus dem Aarauer Zeughaus in Richtung Zofingen[29], dann versickert dieses Thema wieder zugunsten einer wichtigen Sitzung des Grossen Rates[30]: «Ich kam gerade als Meienberg mit seinem Schullehrerpathos sprach und zwar für die Jesuiten. Auf ihn Placid Weissenbach in kräftiger, körniger Rede. Dann Regierungsrat Wieland, der den Conservativen überzuckerte Pillen zu verschlucken gab. Präsident Fama [?] sprach ganz im Sinne des Volkes. Keller, der ruhige, ernste Redner, wies den Ursprung der Freischaren nach. Bertschinger, ein alter Mann und conservativ.

Zum Schlusse noch der feurige Waller in edler Sprache, entrüstet über die gehässigen Worte Fahrländers. Diese Beratung machte tiefen Eindruck auf mich; obgleich ich fast erdrückt wurde im Gedränge auf der Galerie, ging mir doch kein Wort verloren. Ein Intermezzo machte das Hinunterfallen meiner Mütze in den Saal; dies gab mir Gelegenheit, unten einzutreten und zuzuhören. Endlich nach 4 Uhr abends war die Beratung geschlossen, die Instruktion im liberalen Sinn beschlossen.» Der Zwischenfall mit der Mütze geht wohl auf das Konto der begeisterungsfähigen Jugendlichkeit des Berichtenden.

Wenige Tage später konnte mit «Enthusiasmus» der Sieg der Liberalen in der Waadt gefeiert werden und nun kommen auch die Freischaren wieder in Bewegung, die im «Rössli» gemustert werden[31] und von deren sofortigem Abmarsch man überzeugt ist. Allerseits herrscht nun «viel Kriegsgeschrei»[32], «man hört von nichts sprechen als von Freischaren, Jesuiten, Tagsatzung und dergl.», die Erregung in Aarau ist gross. Nach dem 20. Februar weiss das Tagebuch wieder mehr von der Druckerei, vom Zusammensitzen mit Gleichaltrigen und von Musikproben zu berichten, um dann, unvermittelt, mit Palmsonntag, dem 16. März, abzubrechen.

In den folgenden 14 Tagen nahmen die «politischen Ereignisse jede Minute freie Zeit in Anspruch»: nun wurde mit der Vorbereitung des zweiten Freischarenzuges ernst gemacht. Zwar hatte die Tagsatzung die «Freicorps» für unzulässig erklärt, aber das Tagebuch zeigt deutlich, dass die Klage Luzerns, der «hohe Stand Aargau» habe dem Treiben nicht nur keine Schranken gesetzt und auch keine Hindernisse in den Weg gelegt, durchaus zutraf[33]. Gleichgesinnte Freunde bedrängten Jacques, dass er am Zug teilnehme. Seine Berichte nach Hause wurden «immer kürzer und leidenschaftlicher».[34] Die Gefahr für das Leben des einzigen Sohnes fürchtend und die unliebsamen rechtlichen Folgen seit der Verurteilung Brenners kennend, hatte der Vater Jacques brieflich beschworen, sich ruhig zu verhalten oder heimzukehren, was dieser in einer Art von Flucht denn auch tat.

Am 31. März fielen die Freischaren in den Kanton Luzern ein und schon am 1. April war an der Niederlage auch dieser Gewaltaktion gegen die konservative Hochburg nicht zu zweifeln. Am 3. April raffte sich der kranke Jakob Christian Schabelitz auf, um dem Lehrmeister des Sohnes, der ihm dessen plötzliches Verschwinden umgehend mitgeteilt hatte, die Situation zu erklären. Die «Abreise» geschah mit Willen des Vaters, hätte aber seiner «Meinung nach nicht so eilig vor sich gehen sollen»[35]. «Mancher Freund meines Sohnes ging ihn hart an, sich [den Freischaren] anzuschliessen, was gottlob ... unterblieb.» Der junge Mann lag «im Kampfe mit sich selbst ... wohin es ihn ziehe, ... zu den Eltern oder den Freunden, um ... den armen Unterdrückten beizustehen.» Der Vater hatte das «für die Freiheit und das Vaterland glühende Herz» des Sohnes erkannt und fand für sein Handeln viel Verständnis: die häusliche liberale Beeinflussung und die des väterlichen Bekanntenkreises hatte bei Jacques entschieden Früchte getragen. Nun gedenkt aber der Vater, im Hinblick auf die «immer trüber werdenden politischen Aussichten», den Sohn bei vieler Arbeit zu Hause zu beschäftigen, und löst den Quasi-Lehrvertrag für ihn auf. Er verzeiht Jacques auch, dass er «seit den gestrigen Unglücksnachrichten [von der Niederlage der Freischaren] so miss[ge]stimmt und um seine Freunde bekümmert» sei, dass er «nichts rechtes zu Tage» fördere.

Einen Monat später dann meldete sich der entlaufene Lehrling selbst beim Patron Sauerländer und entschuldigte sich bei ihm für sein Verhalten, bat auch zugleich um ein Zeugnis, welches ihm in freundlicher Form zugestellt wurde. Wenn sich Jacques also späterhin als «Freischärler» bezeichnet[36], was auch in Nachrufen noch von ihm gesagt wird, so trifft dies nur insofern zu, als er sich wohl für die Vorbereitungen des Zuges intensiv eingesetzt hatte und sich mit dessen Gedankengut voll identifizierte, möglich sogar, dass er ein Stückweit mitmarschiert war. An den Kämpfen aber hat er *nicht* teilgenommen. Die Behauptung, der Vater habe ihn «heimgeholt», wird durch die erwähnte Tatsache von dessen Krankheit entkräftet: es war Jacques' – später bedauerte? – eigene Entscheidung, der Bitte des Vaters zu folgen.

Ein eher zufälliger Tagebucheintrag aus dem Spätherbst 1845 zeigt uns einen inzwischen vom übermässigen Engagement in der Politik geheilten, dafür aber über beide Ohren verliebten jungen Mann – ein Strohfeuer erster Verliebtheit[37].

Neben der Arbeit in den väterlichen Betrieben besucht Jacques seit der Heimkehr Vorlesungen an der Basler Universität: «Jacob Burckhardt, Dr. phil.», bestätigt am 19. September 1845, dass er bei ihm «Geschichte des Mittelalters und ältere Geschichte der Schweiz» «regelmässig» besucht habe[38], ferner hörte er bei ihm «Neuere Geschichte von der Reformation an», bei Wilhelm Wackernagel war er in der Vorlesung über «Deutsche Dramen», Psychologie und die «Naturgeschichte des Menschen» gab Prof. F. Fischer, und auch von Andreas Heusler liegt ein Testat vor. Es galt, die Allgemeinbildung zu vervollständigen, und die Kurse wurden sorgfältig in Heften aufgezeichnet. Auch bei Wilhelm Snell, dem Rechtslehrer, war er Schüler; der Mitinitiant des zweiten Freischarenzuges lud den «Studiosus Schabelitz» im März 1846 nach Birsfelden ein, wo er seine «Vorlesung zu endigen und die lieben jungen Leute noch einmal zu sehen» gedenke[39].

Aus dem Januar 1846 hat sich ein Brief an den «lieben Papa» erhalten, in welchem der Sohn seine Vorstellungen über die berufliche Zukunft entwirft. Rückblickend stellt er fest, dass der Abbruch der Lehre in Aarau kein Fehler gewesen sei. Damals habe er sich für den «Hauptteil» – gemeint ist die Haupteinnahmequelle – des väterlichen

Geschäftes, die Druckerei, ausgebildet. Nun sehe er, dass Carl Brenner die für sie wichtige «National-Zeitung» «nicht ewig» redigieren werde und «durch die Anstellung eines besoldeten Redactors ginge aller Gewinn verloren»[40]. Brenner redigierte, wie wir gesehen haben, aus Idealismus die Zeitung ohne Honorarbezüge. Nun will sich Jacques zu Brenners Nachfolger ausbilden und hat zu diesem Zweck die erwähnten Vorlesungen besucht, was er in Zürich, Lausanne oder Genf fortsetzen möchte. In Zürich lockt die Familie Zehnder, nicht nur wegen des Freundes Carl und des «traulichen Familienkreises», sondern auch wegen des Vorteils für die Zeitung: «durch die Berührung mit dem Bundespräsidenten» hätte Jacques «die sichersten und schnellsten Nachrichten in Beziehung auf vorörtliche und zürcherische Cantonalbeschlüsse sowie Tagsatzungsverhandlungen». Nach einem Semester im Welschland wäre er zu Ostern 1847 dann wieder für die Druckerei zu haben, ein Auslandaufenthalt – bezüglich Londons erwähnt er schon Louis Bamberger als Vermittler – könnte anschliessend helfen, sich «ein richtiges Urteil» anzueignen.

Soweit die Pläne – die Wirklichkeit entwickelte sich rasch anders: die ersten Monate des Jahres 1846 hatte er weiterhin Vorlesungen besucht, traf in Liestal die Zürcher Freundin Louise Zehnder und arbeitete im Betrieb. In diesen Monaten kam das Musikerpaar Bochsa Bishop nach Basel, um hier ein Konzert zu geben. «Papa und seine Freunde» liessen sich durch ihre «Menschenkenntnis irreführen»[41] und verhandelten mit dem Harfenisten und Komponisten Chevalier de Bochsa, der seit 1839 mit der Sängerin Anne Bishop zusammenlebte und Konzertreisen durch Europa machte, über die Stelle eines Sekretärs für Jacques, die dieser auch erhielt.

Was den Vater zu diesem Schritt bewog, können wir nur vermuten. Er muss gesehen haben, dass der Sohn mit seinen knapp 19 Jahren weitgehend in seine politischen und redaktionellen Aktivitäten, neben den rein geschäftlichen, einbezogen worden war. Der junge Mann sah die Welt aus dem Blickwinkel des militanten Liberalismus, den ihm der Vater und die gleichgesinnten Freunde des Hauses vorgelebt hatten und der ihm, jugendlich verschärft, zur eigenen Weltanschauung geworden war. Ein soziales Engagement oder sozialrevolutionäre Tendenzen sind bis dahin weder in seinem Lebensstil noch seinen Notizen zu erkennen. Stellte sich der Vater wohl vor, dass der musikinteressierte Sohn eine anregende, unproblematische Zeit mit den Künstlern erleben könnte, zugleich ein gutes Stück Europa kennenlernen und sich dabei eine gewisse Weltläufigkeit erwerben würde? Möglich auch, dass er den impulsiven Sohn bei den vorhersehbaren innenpolitischen Auseinandersetzungen in der Schweiz lieber etwas fern von zu Hause wusste?

Wie immer, Jacques trat im April 1846 seine grosse Fahrt an, die ihn für zweieinhalb Jahre vom Elternhaus trennte und wohl zu *dem* Ereignis seines Lebens wurde.

Vorerst fühlte er sich als «ins Leben hinausgeschleudert, um die Menschen kennen zu lernen»[42], sah aber diesem Abenteuer durchaus optimistisch entgegen. Nach vier Tagen erreichte die kleine Gesellschaft Heidelberg. Jacques sucht, als «Ex-studio» seine ehemaligen Kommilitonen auf und findet sie beim Kneipen, wobei ihm das Leben in der heimischen «Basellandia» besser behagte als das Corpsleben der «Helvetier» in Heidelberg. Die Zugehörigkeit zu solchen studentischen Organisationen entspricht allgemein dem liberalen Bekenntnis. Am vierten Tag seines Aufenthaltes besucht er «unseren Vetter, den Bierbrauer Diemer», der ihm für den Fall eines wiederholten Aufenthaltes ein Logis anbietet – irgendwelche atavistischen Bemerkungen unterbleiben, der Gast fühlt sich in Heidelberg ganz als Basler.

Mit Kutsche, Bahn und Schiff wird die Reise nach Mannheim, Mainz und Köln fortgesetzt, «die Prachtsreise auf dem Rhein ist nicht zu beschreiben»[43] – die Burgenromantik lässt auch ihn nicht unberührt! Von Köln fuhr die Gesellschaft per Bahn in Richtung Brüssel weiter, bis Jacques in Verviers, nahe der belgischen Grenze, in einen anderen Waggon zu Bochsa wechseln musste und so unglücklich stürzte, dass er sich stark am Kopf verletzte[44]. Per Diligence wird er nach Lüttich transportiert; ein Arzt behandelte ihn und dann lag er, mit brummendem Kopf, in einem Hotel. Als krank ist er den Künstlern sofort unbequem, und sie möchten sich des Sekretärs entledigen, unter dem Vorwand, das Londoner Klima sei für ihn zu rauh. Diese Haltung veranlasst Jacques, sogleich an den Freund Bamberger zu schreiben, ob er ihn «für stark genug halte, in London [sein] Brot zu verdienen?»[45]. In Erwartung der Antwort muss er sich für seine Stelle oder zumindest für ein angemessenes Abgangshonorar wehren, weil die Künstler ihn um beides bringen möchten. Er bleibt, noch etwas marode, in Lüttich und sieht beim Spazieren mit Erstaunen, wie viel eleganter auch Arbeiter hierzulande gekleidet seien als zu Hause – sie tragen Hosen mit «souspied», Gilets und Krawatten und, statt wie er eine Mütze, einen Hut. Abends hört er sich ein weiteres Konzert des Paares Bochsa-Bishop an: die Kritik des ewig Gleichen, das sie mit Schauspielerei und Fertigkeit herunterleiern, ist nicht ganz «vorurteilsfrei»[46]. Die beiden sind über fünfzig, was vor allem für die Sängerin auch objektiv ein kritisches Alter war.

Am 19. Mai trennte er sich, mässig abgefunden, definitiv von den Musikern und fuhr nach Brüssel, wo er sich, vom Verlust der Stelle und der unfreundlichen Behandlung nicht allzu tief berührt, Adams «Postillon de Lonjumeau», begleitet von Applaus und Pfiffen, anhörte. Am folgenden Tag, den er bei einer Oper von Aubert und einem

Vaudeville von Scribe beschloss, hatte er auch einer Sitzung der Deputiertenkammer beigewohnt.

Am 20. Mai erreichte ihn Freund Bambergers erlösender Brief, der ihm «ein angenehmes Leben in London» versprach, und nun hielt ihn nichts mehr zurück: rasch informierte und beruhigte er die Eltern über sein Vorhaben, und am Abend des 22. Mai 1846 traf er glücklich in London ein.

[1] Jakob Christian Schabelitz an R. Sauerländer, Archiv Sauerländer
[2] Laut Gabenliste «Oncle Vest», AS
[3] J. Ch. Schabelitz an Sauerländer, Archiv Sauerländer
[4] Abgangszeugnis, AS
[5] Abgangszeugnis, AS
[6] Zeugnis von Minnich, AS
[7] Abgangszeugnis, AS
[8] J. Ch. Schabelitz an Sauerländer, 7.1.1844, Archiv Sauerländer
[9] Tagebuch der Reise nach Zürich, 28 Seiten, AS
[10] Tagebuch, 6.8.43, AS
[11] Tagebuch, 22.7.43, AS
[12] Ellenreich Bamberger aus Ansbach in Bayern, 1781, Bürgerbuch der Stadt Zürich
[13] J. Ch. Schabelitz an Sauerländer, 7.1.44, Archiv Sauerländer
[14] J. Ch. Schabelitz an Sauerländer, 7.1.44, Archiv Sauerländer
[15] Dierauer, V, S. 704
[16] Handbuch der Schweizergeschichte, II, S. 951
[17] TB 4.1.45
[18] TB 9.1.45
[19] TB 23.1.45
[20] TB 8.1.45
[21] TB 10.1.45
[22] TB 15.,17., 20.1.45
[23] TB 8.1.45
[24] TB 12.1.45
[25] «National-Zeitung» 2.1.45
[26] TB 13.1.45
[27] TB 2.2.45; J. C. Bluntschli, Erinnerungen I,
[28] «National-Zeitung» 31.12.44
[29] TB 3.2.; 5.2.45
[30] TB 13.2.45
[31] TB 17.2.45
[32] TB 18.2.45
[33] «National-Zeitung» 20.3.; 27.3.45
[34] J. Ch. Schabelitz an Sauerländer, 3.4.45, Archiv Sauerländer
[35] J. Ch. Schabelitz an Sauerländer, 3.4.45 dieses und die folgenden Zitate
[36] Nachruf NZZ
[37] TB 24.10.45
[38] Eine Nachschrift des Kollegs von Jacob Burckhardt: «Älteste Geschichte der Schweiz» von JS Hand STAB, eine weitere, «Neuere Geschichte von der Reformation an» im AS, da auch: «Einleitung zum Begriff der Psychologie», «Naturgeschichte des Menschen», beide vorgetragen von Prof. Fischer; «Deutsche Dramen», Prof. Wilhelm Wackernagel.
[39] Brief W. Snell an JS, AS
[40] JS an den Vater, 18.1.46, auch da der Hinweis, dass Brenner unbesoldet war
[41] TB 15.5.46
[42] TB 20.4.46
[43] TB 7.5.46
[44] TB 8.5.46
[45] TB 14.5.46
[46] TB 17.5.46

London

Das Londoner Tagebuch ist für die Lebensweise, die Beziehungen und den Tagesablauf des jungen Jacques ein unentbehrliches Dokument. Da es aber mehr nur als Gedächtnisstütze denn als Rechenschaftsbericht geschrieben wurde, hätte eine integrale Veröffentlichung, wie einmal angeregt worden ist, kaum einen Sinn. «Schreiben» im Sinne des Formulierens und Gestaltens war das tägliche Muss für Schabelitz als Journalist und Redaktor einer Zeitung. Für den persönlichen Gebrauch reichten ihm die zu Sätzen ausgebauten Notizen, in denen nur selten Pointen auftauchen und bedauerlicherweise auch der Inhalt von Gesprächen und persönlichen Kommentaren allzu selten festgehalten worden ist. Daher verweist er auch im Tagebuch zu mehreren Malen auf seine Artikel in der «Deutschen Londoner Zeitung». «Ich werde mich darauf beschränken, entweder nur kurze Bemerkungen oder wichtige Erlebnisse aufzuzeichnen»[1], erwähnt er und will sich dabei «wahr und getreu den Spiegel vorhalten, wie [er] in der vergangenen Woche gelebt» habe[2]. Das Ganze als Chronik, bisweilen als Kaleidoskop seines Aufenthaltes zu bezeichnen, wäre wohl richtig.

So liegt es nahe, den reichlichen Stoff dieses Tagebuches in die verschiedenen Erlebenskreise des Schreibenden aufzuteilen, die nicht konzentrisch sind, sondern sich berühren, allenfalls überschneiden, aber kaum je decken.

Im Mai 1846 hatten Jacques die folgenden Zeilen des Vaters erreicht: «Dein Wohlverhalten, lieber Sohn / ist meines Lebens schönster Lohn. / Oh, lass' mich auch in künftgen Jahren / das angenehme Glück erfahren, / dass du der Gutgesinnte bist, / der meiner Güte würdig ist, / dann wird gewiss auf allen Seiten / der Beifall Gottes – und mein Segen dich begleiten!» Wenn wir die «Lehrjahre» überblicken, werden wir wohl sagen müssen, dass der Segenswunsch, den der Sohn in London von zu Hause, zusammen mit dem Stammbuch, empfing und der aus einer anderen Welt zu stammen scheint – für den Vater nur sehr partiell in Erfüllung gegangen sein dürfte[3].

Nachdem Jacques die Reise bis zur Ankunft in London zum Teil minutiös beschrieben hatte, ist es, als ob das völlig neue Erleben einer Weltstadt ihn für Monate überwältigt hätte. Wir erfahren, dass die Bambergers ihn aufnahmen, dass der Sohn Louis, der um einige Jahre ältere Freund, ihm eine Stelle vermittelte, dass er, als die Arbeit bei Mendola, Cahn & Co knapp wurde, zu Burghard, dem Drucker der «Deutschen Londoner Zeitung», übersiedelte und im Oktober 1846 Redaktor dieses radikal-republikanischen Blattes wurde.

Erst vom Neujahr 1847 an führte Jacques sein Tagebuch wieder regelmässig, was uns erlaubt, aus Art und Fülle des Aufgezeichneten gewisse Rückschlüsse auf die fehlenden Partien zwischen Juni 1846 und dem Januartermin zu ziehen.

Da gab es zuerst das Berufsleben als Setzer, welches dann durch die zwar anspruchsvollere, aber wesentlich mehr Freiheiten gestattende, unregelmässigere Tätigkeit als Redaktor abgelöst wurde. Die Tage vor dem Erscheinen des Blattes am Freitag waren oft bis tief in die Nacht hinein ausgefüllt; Wochenende und erste Tage der Woche wurden dem Sammeln des Stoffes gewidmet, d.h. der Durchsicht anderer Zeitungen, dem Lesen von Korrespondenzen, dem Besuch von Versammlungen, von Diskussionen, auch von kulturellen Anlässen, über die er regelmässig berichtete.

Schabelitz war, das kommt immer wieder zum Ausdruck, ein ungemein kontaktfreudiger Mensch, umgänglich, hilfsbereit, unternehmungslustig und, was ihn für den Journalismus besonders geeignet machte, rerum novarum cupidus. Den Genüssen des Daseins war er durchaus zugeneigt, sein gern gebrauchtes Adjektiv «fidel» dürfte ihn, zumindest was die geselligen Gewohnheiten betraf, charakterisieren. Zur ernsten Seite seines Wesens gehörte das Pflichtbewusstsein, das politische, später auch das literarische Interesse, ja Engagement, dem wir in besonderen Abschnitten nachgehen werden, ebenso wie seiner Freude an der Musik.

Da er anscheinend nichts allein unternehmen mochte – ausser gezwungenermassen, wenn alle Freunde an Influenza erkrankt waren[4] –, wirken die Aufzeichnungen auf den ersten Blick wie ein Namensverzeichnis. Die genauere Lektüre ergibt dann, dass neben Gelegenheitsbekannten und «Flugsand», das heisst den nur für kurze Zeit in London auftauchenden Bekannten aus Basel, ein Stock von Freunden verschiedener Art und Herkunft vorhanden war, die ihn während nahezu der ganzen Dauer seines Aufenthaltes begleiteten. Die Skala reicht von der bescheidenen, namenlosen Freundin Anna über die Mitarbeiter in der Druckerei zu den anreisenden Baslern und bis hin zu den historisch fassbaren Figuren, die zugleich das politische Umfeld, in dem er verkehrte, bestimmten.

Der sichere Port in der ungewohnten, uferlosen Grossstadt waren die Bambergers, auch wenn wir über die Eltern, einen weiteren Sohn und die Tochter mehr nur in den Nebensätzen informiert werden. Louis war es, der dem in Belgien Gestrandeten Unterkunft und Arbeit in London zusicherte und sein Versprechen auch hielt, der ihm auch, wenn nötig, Geld vorstreckte. Wo der Ursprung dieser Beziehung liegt, war nicht auszumachen: wir erwähnten den Namen eines Optikers Bamberger anlässlich von Jacques' Zürcher Besuch 1843; dieser stammte aus Ansbach, und die Londoner sind ebenfalls deutsch-jüdischer Herkunft. Sie waren offenbar wenig assimiliert und bezogen den Gast vorbehaltlos in ihre Feiertage ein – «heute Abend um 6 Uhr beginnt das Neujahr bei den Juden, deshalb gutes Essen!»[5] –, was er sich gerne gefallen liess: «Ich fühle mich wieder ganz wohl in dieser deutschen Familie ... und hoffe, hier ein recht angenehmes Leben zu führen.»[6] Einmal vermisste er Louis, der nach Hause «musste» wegen eines Feiertages[7] und der offenbar auch den Sabbat einzuhalten gewohnt war. Der Freund war Schriftsetzer, später Faktor in einer Druckerei. Im Laufe des Jahres 1847 arbeitete er dank Schabelitz' Vermittlung an der «Deutschen Londoner Zeitung» mit[8], ein im Tagebuch nicht mehr speziell erwähnenswerter, täglicher Kontakt war also vorhanden, der durch das gemeinsame Wohnen bis Anfang Oktober 1847 noch verstärkt wurde. Die Beziehung zur Familie Bamberger lockerte sich aus zeitlichen und örtlichen Gründen etwas. Zum 20. Geburtstag schenkte Louis dem Freund Shakespeares Werke in einem Dünndruckband, der Jacques bis an sein Lebensende begleitete. Als Supralibrum ist auf den Deckel geprägt: «Bamberger seinem Schabelitz, am 10ten März 1847», und als Widmung sind Verse von Byron beigefügt: «Zur Rückerinnerung an Deinen zwanzigsten Geburtstag und der bei jener Gelegenheit an Dich gerichteten Worte von Deinem Louis Bamberger.»[9]

Louis verfasste auch bisweilen, durch Jacques' Vermittlung, Korrespondenzen für die «Nationalzeitung»[10] und wurde 1848 sein Nachfolger als Redaktor der «Deutschen Londoner Zeitung». Später wurde Louis in die Angelegenheit um den Druck der Marx-Broschüre 1853 hineingezogen. In dieser Zeit war er auch einmal in Basel. Im Oktober 1858 erfuhr Jacques, dass Bamberger «Bräutigam» geworden sei, und im Dezember hat ihn Joggi Socin in London mit seiner jungen Frau getroffen, die etwa 20 Jahre alt sei. Spätere Spuren der Beziehung fanden wir keine.

Über die Biographie von Louis Bamberger ist wenig mehr bekannt. In der Marx-Literatur wird er, wenn er überhaupt erwähnt ist, zumeist mit dem Finanzmann und Politiker Ludwig Bamberger verwechselt oder als dessen Sohn bezeichnet, was beides nicht zutrifft[11].

Zwei weitere Freunde aus dem Milieu der Druckereien waren Hirschfeld und Krauss, offensichtlich angenehme Begleiter, die sich dem wechselnden Kreis um Jacques mühelos anpassten. Ihr Vorhandensein wird von diesem als Selbstverständlichkeit betrachtet, weshalb Vorname und weitere Angaben bei beiden leider fehlen.

Häufig, oft täglich, traf er mit Nikolaus Trübner zusammen, der bei Longman, einer der grössten Londoner Buchhandlungen, tätig und dem Schweizer ein wichtiger Diskussionspartner war. «Interessante Gespräche» werden mit ihm erwähnt, deren Inhalt wir nur ahnen können, da im Zusammenhang mit Trübner und geheimnisvoll das Manuskript eines «C.M.» erwähnt wird, was die Chiffre für Carl Marx sein muss. Trübner ist zehn Jahre älter als der Schweizer und wird, wie dieser, in späteren Jahren seinen eigenen Verlag führen. Im Tagebuch taucht er plötzlich auf, wird sozusagen als bekannt vorausgesetzt und daher nicht näher vorgestellt. Da er in allen politischen Zirkeln zu Hause ist, teilt er offenbar deren liberale oder radikale Ansichten, und es ist zu vermuten, dass ihn Schabelitz in diesem Umfeld kennen und schätzen lernte. «Trübner ist ein ganz feingebildeter, kenntnisreicher junger Mann, dessen Freundschaft mir sehr wert ist.»[12] Mit beiden Sprachen sehr vertraut, übersetzte Trübner Macaulay ins Deutsche und bot die Texte der «Londoner Zeitung» an, wo sie auch abgedruckt werden[13]. Es war Trübner, der den Kontakt zwischen Jacques und Freiligrath herstellte, und wir werden ihm 30 Jahre später mit kritischen Bemerkungen zu Schabelitz' Vorgehen begegnen.

Besonders bedeutungsvoll war die langdauernde Beziehung zu Karl von Braunschweig, dem «Herzog», wie er jeweilen kurz genannt wird, und der wir in einem besonderen Abschnitt nachgehen, wie jener zu Freiligrath, zu Marx und Engels. Ebenso werden wir Karl Schapper, der grossen Einfluss auf Jacques ausübte, unten näher beschreiben.

Der Kreis mehr temporärer Bekanntschaften ist sehr weit: Ältere Geschäftsherren aus Basel, die offenbar in Beziehung zum Vater standen, Herr Paravicini, «ein Jovialer Basler»[14], Herr Imhof-Forcart, luden Jacques in gute Hotels zum Essen ein. Ein Geschäftsmann Cahlmann reiste zwischen London und Basel und vermittelte Briefe und Geld, und gelegentlich steigen «zwei Basler Zöpfe»[15] irgendwo ab. Im März 1847 meldete sich Gustav Gengenbach, der in der Bank Rougemont eine Anstellung fand, die dann allerdings abrupt mit dem Falliment des Hauses[16] endete.

Im April treffen wir auf einen Kiefer aus Basel, dem, wie anderen Gästen von auswärts, auf einem Ausflug das Hospital in Greenwich gezeigt wird[17]; gelegentlich werden auf diesen Touren auch Museen besucht, unter denen Madame Tussauds Wachsfigurenkabinett besonderen Eindruck macht[18], allgemein aber spielte die bildende Kunst in Jacques' Dasein eine nebensächliche Rolle.

Wenig später war Fritz Burckhardt da, der eine Stelle als «Commis» suchte, was wegen der allgemeinen Finanzlage offenbar schwieriger war als erwartet – London scheint von Arbeitssuchenden und Reisefreudigen damals, wie die USA in etwas späterer Zeit, als «Ort der unbegrenzten Möglichkeiten» betrachtet worden zu sein.

Als weiteren Basler finden wir Holliger, für den Schabelitz eine Arbeit im Umkreis des Herzogs zu finden hoffte, aber dem Guten «fehlt das Mass». Ob wir ihn mit dem in der Marx-Literatur umhergeisternden «Hollinger» identifizieren dürfen, ist unsicher, entbehrt aber nicht der Wahrscheinlichkeit. Neben Holliger taucht «Brugger» bei allerhand Unternehmungen auf. Dann muss Jacques als Helfer den Sohn eines Wirtes aus Baselland einkleiden[19] und man versteht den gelegentlichen Stossseufzer, nachdem ein weiterer Besucher sein Büro verlassen hat «glücklicherweise pumpte er mich nicht an!»[20].

Mit Freuden wurde der Landsmann «Joggi» Socin begrüsst, während ein Herr Riggenbach, der sich kühl und offenbar hochnäsig gab, bei der heiteren Corona nicht mit Sympathien rechnen durfte[21]. Fiechter, ein alter Freund, Merian «vom Münsterplatz» kommen und gehen. Aus dem Kreis um Zehnders in Zürich ist es Carl Stadler, der längere Zeit in London blieb. Eine intensivere Beziehung entwickelte sich mit Dr. Wirz aus Liestal, der sich auch für die politischen Kreise interessierte[22].

Seine unregelmässige und nicht zu knapp berechnete Freizeit verbrachte Schabelitz mit diesen Kameraden in wechselnder Zusammensetzung. Da seine Land-Lady nicht kochte und Jacques dies selbst nur in besonderen Fällen tat, zum Beispiel wenn es kühl wurde und der ohnehin geheizte Ofen «gratis» Wärme abgab[23], da schliesslich auch Anna nur selten einsprang, musste der Junggeselle zwangsläufig verschiedene Speiselokale frequentieren, die bisweilen, was man gerne in Kauf nahm, mit Cabarets und anderen Amüsements verbunden waren.

Gemeinsam flanierten die Freunde durch die Stadt, trafen sich in wechselnden Stammlokalen, und nicht ohne zu lächeln sehen wir unseren «Radikalen» oder gar «Kommunisten» als heiteren Gourmet, dem herzlich wohl ist bei «Half and Half», Zigarren und Geplauder[24], der mit Gusto in «Joe's Restaurant» sitzt und die besten Beefsteaks isst, die in England serviert werden[25], oder der dem Binnenländer unbekannte Delikatessen des Meeres entdeckt: Der Kommentar zum ersten «Crayfish», den er isst, lautet: «Der Kerl war gar nicht übel», während er an den ersten Austern keine «grosse Delice» finden kann[26].

Natürlich besuchten die jungen Männer gerne auch die modischen Tingel-Tangel: Im Princess Concert Room konnte man eine «Negerbande» mit ihren Gesängen hören, «oh, it was a threat! Wir hatten ungeheuren Spass und lernten noch etwas dabei», vermutlich die ungewohnten Rhythmen[27]. In Vauxhall, dessen ganz grosse Zeiten offenbar bereits vorbei waren, «haben wir uns ziemlich gut amüsiert. Concert – wobei zwei mittelmässige Tyroler Jodler und Jodlerinnen brillierten – hundscomune Posse im Theater-Circus und gymnastische Übungen, wieder Concert, Feuerwerk (gut), dann Tanz mit drei Orchestern: die deutsche Bande aus dem Harz für Walzer, eine ungarische Blechmusik für Polka, ein englisches Orchester für Quadrille»[28]. Berückender Kulissenzauber wird genossen: «Nach dem Concert, währenddessen nun die Nacht angebrochen war, begann die Beschiessung der Festung Gibraltar durch die Schiffe. Es war ein recht brillantes Feuerwerk, und die Bewegung und das Verbrennen der Schiffe dienten recht dazu, das Schauspiel möglichst natürlich erscheinen zu lassen.»[29] Der Besuch eines politischen Kabaretts darf nicht fehlen, und mit Jacques freuen sich Wirz und Fiechter im «Coventgarden Parliament» an den «Personifikationen» etwa von Disraeli und Peel[30].

Zwar wird die Damenwelt aller Stände gern unter die Lupe genommen und kommentiert, die persönlichen Liaisons aber diskret umgangen: das Kennwort «Iphigenia»[31] dürfte für vieles stehen, und einmal wird ein Lokal erwähnt, «wo wir nach dem Fehlschlagen eines galanten Abenteuers durch Tee und Muffins unseren Ärger erstickten». Nach ersten Londoner Erfahrungen lässt er sich über die zahllosen «schönen Mädchen» aus, denen man auf Strassen und in Lokalen begegne ...[32]

Immer wieder endete das Beisammensein, man möchte sagen gut studentisch und wohl für die Engländer: gut deutsch, bei Bier und Gesang, wofür die Einheimischen nicht immer das nötige Verständnis aufbrachten – sei es, dass Jacques und sein Kreis «per Omnibus, das heisst oben auf und singend» nächtlich in die Stadt heimkehrten[33], oder dass sie lärmend «Schmollis trinken» und generell «ungeheure Heiterkeit» auslebten[34]. «Unser fideles Wesen musste den simpelhaften Engländern vielen Stoff für Glossen gegeben haben», ist das Echo solcher Auftritte der deutschsprechenden Corona in den öffentlichen Lokalen.[35] Eine engere Beziehung zu interessanteren Londonern findet in seinen Aktivitäten kaum Platz.

Eines Abends, zu Hause, wirft er sich «wieder einmal ins Studentenkostüm und dito Laune, schlang das weiss-rot-goldene Band über die Brust und war selig in der Erinnerung an vergangene fidele Tage». Ob im «Wheatsheaf» oder bei «Citoyen Gency», immer wieder kneipte man auf deutsche Weise gemütlich[36]. Das zwar politisch engagierte, aber dennoch heiter-unbeschwerte spätbiedermeierliche Lebensgefühl holte diese Generation immer wieder ein.

Schabelitz' Beziehung zur Musik sind wir schon 1843 beim Besuch in Zürich begegnet, als er sich an der sicher bescheidenen Aufführung des «Figaro» von Mozart im Aktientheater erfreute. Nun mahnte der Vater nach London, er möge sein Geigenspiel nicht vergessen[37], er lieh sich ein Instrument aus, und es finden sich einige Anhaltspunkte dafür, dass er im geselligen Zusammensein des «Bildungsvereins» mitmusizierte[38]. Viel wichtiger war ihm aber, dass er hier in London grosse Opernaufführungen, bisweilen auch Konzerte, erleben konnte, und als Redaktor einer Zeitung verhandelte er mit dem «Manager of the italian Opera», dem Intendanten Lumley, um Pressekarten[39]. Er erwähnt dessen Programm günstig in seinen Spalten und spricht ihm die «Absicht aus, von Zeit zu Zeit die italienischen Opernvorstellungen in unserem Blatte zu behandeln», und bittet ihn um eine Freikarte. Sofort bekommt er «free admission throughout the enduring Season». «Ich habe angenehme Abende für die nächsten sechs Monate zu erwarten.» Das dürfte über Erwarten in Erfüllung gegangen sein, denn er erlebte hier eine Opernsaison von einer Qualität, wie ihm dies später in seinem Leben nie mehr beschieden war.

Basel zur Jugendzeit von J. L. Schabelitz; Ansicht aus dem Angebot von Schweizer Veduten des Verlages Maehly und Schabelitz (S. 10)

Der Vater Jakob Christian Schabelitz, 1802–1866

Geschäftsanzeige von Maehly und Schabelitz 1834 (S. 10)

Goldmedaille des Kaisers Ferdinand I. von Österreich für
die Zeitschrift «Der Wanderer in der Schweiz»
aus dem Verlag von Maehly und Schabelitz (s. 11)

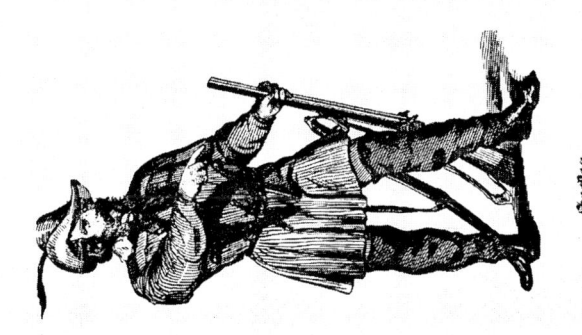

Publikation aus dem Verlag von Schabelitz, Vater, zur Revolution in Baden (S. 82)

Der junge Jacques Schabelitz, kolorierte Photographie

J. Schabelitz in London 1847; Miniatur auf Porzellan,
von seinem Freund, dem Maler Carl Pfänder (S. 53)

Testat von Jacob Burckhardt für J. Schabelitz (S. 23)

Der Spielplan setzte sich weitestgehend aus neueren Belcanto-Opern zusammen, von denen die älteste 1831 uraufgeführt worden war: drei Werke von Bellini, fünf von Donizetti und fünf von Verdi kamen zur Aufführung. Aus dem klassischen Repertoire wurden «Figaro» und «Don Giovanni» gegeben, eine Uraufführung des damals beliebten englischen Dirigenten und Komponisten Balfe wird erwähnt; von dem Paris beherrschenden Meyerbeer war nur «Robert der Teufel» im Programm.

Die Aufführungen, sehr oft durch ein nachfolgendes Ballett bereichert, dauerten bis weit in die Nacht hinein und waren, was ein noch bestehendes Merkmal des Musiktheaters geblieben ist, auch als gesellschaftliche Ereignisse wichtig. Der Kritiker des linksrepublikanischen Blattes ging durchaus konformistisch in Frack und Zylinder mit Handschuhen[40] nach Covent Garden oder Drurylane und konnte sich, trotz etwas ironischen Berichten, dem Jubel für den anwesenden Hof keineswegs entziehen: Ich ging «hauptsächlich der glänzenden Versammlung wegen und hatte auch das ‹Glück› (!), die Königin Victoria und den Prinzen Albert mit Suite, die Königin Witwe und Compagnie, Herzog und Herzogin von Cambridge, von Sutherland, Robert Peel, die fremden Diplomaten und eine Menge *wunderschöner* Frauen zu sehen. Nach dem Absingen des ‹National Anthem› brach das Publikum in stürmischen Applaus aus und auch ich machte mir das Vergnügen, etweiche ‹Hurrahs› loszudonnern, worauf ‹her most gracious Majesty pleased to bow most graciously to the public.› Die Geschichte machte mir höllischen Spass und ich stellte mich seelenvergnügt über diese Herablassung der Königin, als wäre ich [ein] recht hochtoryistischer John Bull.»[41] Auch ein andermal freute er sich, dass beim Gesang der Nationalhymne «alles aufstand» und man so «recht den Luxus und die Schönheit der Damen» bewundern konnte, jedenfalls ging er «höchst befriedigt nach Hause».[42]

Im Tagebuch und in der Zeitung können wir seine Opernerlebnisse und seine kritischen Betrachtungen dazu durch Monate verfolgen:

In Verdis vielfach umgetauftem «Nabucco», der damals in London als «Nino» gegeben wurde, um den unaussprechbaren «Nebucodonosor» (wie er im Tagebuch erwähnt wird) einigermassen zungengerecht zu machen, hört er den Sänger Collett[i?]: «es wird wohl selten eine reinere Baritonstimme getroffen werden; sie ist in ihrem ganzen Umfange gleichmässig, wenngleich etwas hohl, und wird weder in den höheren noch in den tieferen Tönen schwächer. Colletti hat sie ganz in seiner Gewalt und weiss sie dem Geist des Gesanges anzupassen.»[43] An Madame Castellan rühmt er «ihre mit vielem Geschmack angebrachten Verzierungen», die «von Rundung und Präzision [waren], welche bewundernswert zu nennen sind».[44] Führen wir noch seine Erwähnung eines andern Könners an: «Die Heiterkeit des Auditoriums aber ward durch Lablache als Dulcamaro [im «Elisir d'Amore»] erregt. In dieser Rolle ist er einzig: er gibt ein köstliches Porträt eines Charlatans und lässt seinem extemporierenden Humor freien Lauf.»[45]

So nahm er durch Monate Stellung zu Werken wie der «Favorita» (Donizetti), zu den «Due Foscari» – «es herrschte die allgemeine Ansicht, dass diese Oper Verdis seine angenehmste sei»[46] –, der «Sonnambula» (Bellini) und ihren Darstellern. Verdis «Attila» sei nicht unter die vorzüglichen Werke des Komponisten zu zählen[47] und die «Lombardi» kommen nicht eben gut an, manches scheint «an den Haaren herbeigezogen … was freilich allein dem Librettisten zur Last fällt, der verlegen genug gewesen sein mag, den ärmlichen Stoff durch vier Akte hindurchzuschleppen»[48] Man merkt, dass diese Oper ihn «nicht besonders ansprach», wie er dem Tagebuch anvertraut[49]. Zur «Linda di Chamounix» von Donizetti bemerkt er, sie «scheint beim Publikum nicht den rechten Anklang zu finden … Wir glauben nicht, dass sich diese Oper lang auf der englischen Bühne behaupten wird»,[50] womit er auch für die kontinentalen Musiktheater recht behalten hat. Eine Uraufführung des beliebten einheimischen Balfe wird freundlich besprochen, aber es bleibt spürbar, dass dessen Komposition in keiner Weise an die der Italiener heranreicht[51]; immerhin konnte «Herr Balfes Musik das Interesse des Publikums durch drei lange Akte hindurch rege erhalten».

Die Zeit der reisenden Virtuosen war schon angebrochen: Im April tauchte das, was wir als «Weltstar», allenfalls als Primadonna bezeichnen würden, in London auf, nämlich die schwedische Sopranistin Jenny Lind: «Fräulein Lind ist angekommen und besuchte abends die Oper, wo sie sogleich der hauptsächliche Anziehungspunkt für Lorgnetten und Operngucker ward. Die Erwartungen des Publikums stehen hoch!»[52] und die Begeisterung für die «Nachtigall» reisst auch Schabelitz mit: «Stundenlang drängte … man sich vor den Eingängen des Opernhauses; jeder will zuerst hineinkommen. Am ärgsten treiben es die Besucher der Galerie und auch um einen Platz zum Stehen im Parterre zu erhalten kostet es Rippenstösse … Es liegt etwas Eigentümliches in dem Eindruck, den Fräulein Jenny Lind auf ihre Zuhörer macht und das ist, dass sie sich nicht nur Bewunderung, sondern ihre Liebe gesichert zu haben scheint. Ihr ungekünsteltes, ungesuchtes Benehmen gewinnt ihr dieses Wohlwollen.» Im Tagebuch wird sie als «göttlich» und «unübertrefflich» gelobt[53]. Er hörte die Lind in verschiedenen Rollen, wobei sie ihn als Susanne im «Figaro» in ihrer Diszipliniertheit ganz besonders beeindruckte: «Sie sang im reinsten und schönsten Stil. Sie hielt sich streng an Mozarts klassische Musik und brachte keine eigenen Verzierungen, Triller und dergleichen an, wo sie nicht vorgeschrieben waren.»[54] Das Quartett gegen Ende des 2. Aktes musste dreimal wiederholt werden.

Nur einmal vermochte die Lind ihm nicht zu behagen, als «Norma», «da sie in dieser Rolle denn doch von andern übertroffen wird; so machte ich denn lieber gar keinen Bericht darüber in der Zeitung, um nicht zu verletzen.» Dort finden wir die kleine Notiz, dass die Sängerin «auf Ihrer Majestät Befehl» und in deren Anwesenheit (der Wunsch der Königin dürfte der Lind Befehl gewesen sein) die Norma gesungen habe, «Umstände hielten uns ab, diesem glänzenden Schauspiel beizuwohnen».[55]

Bis in den Hochsommer blieb «der Lind-Enthusiasmus auf seiner vollen Höhe [die er gar als «schwindelnd» bezeichnet] und das Haus [ist] trotz des schönen Wetters stets gefüllt!»[56]

Einige Monate später trat eine ernsthafte Konkurrentin der Lind in Erscheinung, die der Nachwelt aber nicht mehr bekannt ist wie die Schwedin: Signora Crivelli. «Ihre Landsleute werden unter dem stolzen, volltönenden Crivelli schwerlich den bescheiden-deutschen spiessbürgerlichen Namen Krüwell vermuten. Wie dem auch sei, die Sängerin birgt eine bedeutende Zukunft in sich.»[57] Als sie dann im «Attila» auftrat, «brach auf ihre erste Arie, in der sie einen bisher noch nicht gehörten Stimmumfang entwickelte, ein Enthusiasmus los, der uns lebhaft an die Jenny-Lind-Abende erinnerte».[58]

Schliessen wir diese Hinweise auf Schabelitz' Tätigkeit als Opernkritiker, die ja im Hinblick auf seine politischen Interessen nur ein Nebenfach war, mit zwei Höhepunkten ab: Im Sommer 1847 erlebte er die Uraufführung einer Verdi-Oper unter der Leitung des Komponisten: «Donnerstag, der 22. Juli[59], brachte endlich die längst versprochene neue Oper, welche Verdi eigens für ‹Her Majesty's theatre› schrieb. Herr Lumley hat dadurch, dass er einen italienischen Componisten, der einen bedeutenden Ruf auf dem Continent geniesst, engagierte, eine Oper zu componieren und ihre Aufführung selbst zu leiten, getan, was noch kein Theaterdirektor vor ihm getan hat. Verdis Oper ‹I Masnadieri› ist auf die Räuber von Schiller gegründet, deren Kenntnis wir wohl bei allen unsern deutschen Lesern voraussetzen dürfen. Das Libretto (von Chevalier Maffei) ist gut bearbeitet; denn die Grundzüge und beinahe alle Situationen sind beibehalten ... Dass der grossartige Dialog fast in Nichts zusammenschrumpft und die verschiedenen untergeordneten Räuber ihre besonderen Individualitäten verlieren, beruht ... auf ... dem Faktum, dass das Werk kein Schauspiel ..., sondern ein Opernlibretto ist. – Sein gewöhnliches Verfahren befolgend, den Chor vorherrschen zu lassen, hat Verdi der Räuberbande überall einen hervorragenden Platz eingeräumt und gesucht, Lage und Charakter derselben durch eine stürmische Musik, gewöhnlich einstimmig, zu veranschaulichen. Die Besetzung der Hauptrollen ist ... stark ...», unter anderen wurde die Amalie von Jenny Lind gegeben. Dann fährt er fort: «Die Ouvertüre besteht fast ausschliesslich aus einem Violoncello Solo, das von dem betreffenden Künstler mit sehr viel Eleganz vorgetragen wurde ...» Im Ganzen gesehen scheint ihm, «dass der erste Akt den besten Eindruck macht und durch viel dramatische Kraft sich auszeichnet ... Die Gesangspartien der Amalia sind angenehm und gerundet, aber wenn nicht durch Jenny Lind repräsentiert, so nimmt die Rolle keine bedeutende Stelle ein ... Alle Mitwirkenden wurden mehrere Male hervorgerufen; ebenso auch Verdi, der bei seinem Eintritt ins Orchester stürmisch applaudiert wurde. Das Haus war wieder, wie an den Lind-Abenden gewöhnlich, bis zum Übermasse gefüllt.» Im Tagebuch spricht er vom «Maestro divino Verdi»[60], in der Zeitung bleibt er vorsichtiger im Lob.

Über einen weitern Höhepunkt seiner Erlebnisse lesen wir im Februar 1848: «Das Haus war ungewöhnlich gut besucht. Es scheint als ob die Engländer besonders empfänglich für die klassische Musik unserer grossen Meister seien ... Nachdem unter der umsichtigen Leitung des berühmten Hector Berlioz die vortrefflich ausgeführte Ouvertüre [zu Figaros Hochzeit] von dem Publikum in tiefem Schweigen [!] angehört worden, forderte ein enthusiastischer Beifall das vorzügliche Orchester zur Wiederholung derselben auf.»[61]

Am 26. Mai dann erfahren die Leser der Zeitung, dass ein Redaktionswechsel stattgefunden habe und dass daher die Besprechungen ausgesetzt hätten; ob Freund Bamberger sie mit derselben Begeisterung weiterführte, ist uns nicht bekannt.

[1] TB 5.7.46
[2] TB 6.9.46
[3] Stammbuchblatt des Vaters, 16.5.46, AS
[4] TB 28.1.47
[5] TB 20.9.46
[6] TB 22.5.46
[7] TB 11.8.47
[8] TB 13.5.47
[9] TB 10.3.47, Buch im AS
[10] TB 5.3.; 16.3.47
[11] Dénes, S. 46 ff.
[12] TB 12.2.47
[13] MS Br, 406, Trübner an DLZ 18.11.46
[14] TB 27.9.46
[15] TB 22.8.47, Notar Herzog und Färber Oser
[16] TB 14.10.47
[17] TB 16.4.47
[18] TB 11.12.47
[19] TB 29.10.47
[20] TB 7.9.47
[21] TB 7.8.47
[22] TB 19.10.47
[23] TB 21.9.; 6.3.; 9.3.47
[24] TB 5.9.47
[25] TB 23.10.47
[26] TB 15.10.47
[27] TB 18,11.;15.10.47
[28] TB 12.8.47
[29] TB 9.7.47
[30] TB 18.12.47
[31] TB 9.7.47 u.a.
[32] TB 6.9.46; 14.10.; 13.11.47
[33] TB 3.10.; 31.10.47
[34] TB 27.4.; 31.10.; 14.11.47
[35] TB 15.8.47
[36] TB 11.4.; 10.10.47
[37] TB 20.2.47
[38] TB 4.6.47
[39] TB 29.1.47
[40] TB 11.2.47
[41] TB 25.2.47
[42] TB 16.2.47
[43] DLZ 27.2.47
[44] DLZ 18.3.47
[45] DLZ 22.4.47
[46] DLZ 10.4.47
[47] DLZ 11.3.47
[48] DLZ 13.1.47
[49] TB 6.7.47
[50] DLZ 13.1.47
[51] DLZ 20.12.47
[52] DLZ 15.4.47
[53] DLZ 14.5.47; TB 14.5.47
[54] DLZ 20.8.47
[55] TB 19.6.47; DLZ 1847, Beilage 116
[56] DLZ Beilage S, 124, 1847
[57] DLZ 20.2.48
[58] DLZ 11.3.47
[59] DLZ 7.47
[60] TB 22.7.47
[61] DLZ 18.2.48

Politische Aktivitäten innerhalb des Frühkommunismus

Der Neuankömmling aus Basel wird von Freund Louis Bamberger nicht nur in seine Familie und in den Arbeitsprozess eingeführt, sondern rasch auch im eigenen Kreise und den entsprechenden Zirkeln bekannt gemacht. Auch wenn wir zwischen Mai 1846 und Januar 1847 über Schabelitz' Leben nur verhältnismässig lückenhaft informiert sind, gibt es immerhin die bedeutsame Angabe unter dem 20. September 1846 im Tagebuch, dass er «heute Abend in unserer Gesellschaft als Mitglied des Bildungsvereins aufgenommen werden» soll. Die undeutliche Trennung der verschiedenen Vereinigungen im Tagebuch kommt davon her, dass die «Verbrüderten Demokraten» und der Bildungsverein und ein anderer Kreis im gleichen Saal ihre Sitzung abhielten und dass der Personenkreis, soweit ihn Schabelitz erwähnt, weitgehend identisch ist.

Diesen «Deutschen Arbeiterbildungsverein» hatten Karl Schapper, Heinrich Bauer und Josef Moll am 7. Februar 1840 gegründet, und er durfte, als Schabelitz aufgenommen wurde, bereits auf eine erfolgreiche Tätigkeit und den Zuwachs von einigen hundert Mitgliedern zurückblicken[1]. Es bestanden auch für andere Sprachgruppen vergleichbare Vereinigungen[2]. Im Gegensatz zum kontinentalen Europa konnten die Teilnehmer an den Veranstaltungen in London frei von jeder polizeilichen Bespitzelung ihre Diskussionen durchführen und ihre Aktivitäten entfalten. Die Abende der Woche waren verschiedenen Wissensgebieten gewidmet: Geographie, Geschichte, Sprachbildung, Physik, natürlich Politik, daneben pflegte man Geselligkeit bei Gesang, Musik und Tanz[3]. Der Verein hatte, wenn man Schabelitz' Tagebuch durchgeht, weitgehend die sehr englische Funktion eines nahezu immer offenstehenden Clubs. Man redete sich in diesem Kreis untereinander, in Anlehnung an den «Citoyen» der französischen Revolution, mit «Bürger» an. So beginnt zum Beispiel auch Freiligrath seine Briefe an Schabelitz; er selber verwendete die Anrede nur selten.[4] Ebensowenig scheint der Struvesche Abschiedsgruss «Gut Heil» gebräuchlich geworden zu sein[5] und dem Marxschen Jargon begegnen wir bei Schabelitz nur einmal beim Wort «Lumpenproletariat»[6].

Es konnten Gäste eingeführt werden, und als ein solcher begleitete Schabelitz Louis Bamberger und Burghard, bis er eigenständiges Mitglied wurde. Vollmitglieder mussten Kommunisten sein, und ihre Zulassung war von der Bürgschaft eines Mitgliedes abhängig. Daneben gab es «Zugewandte», die nicht stimmberechtigt, aber befugt waren, an den Abenden teilzunehmen[7].

Wir nehmen an, dass Schabelitz von Anfang an unter die Vollmitglieder zählte, auch wenn er, und dabei handelt es sich um eines der ganz seltenen Bekenntnisse von ihm, dem Tagebuch anvertraut: «Nicht

Übereinstimmung mit dessen (des Bildungsvereins) Grundsätzen, sondern Trieb nach Geselligkeit und Unterhaltung ist es, was mich zu diesem Schritte bewegt. Die Prinzipien der Gesellschaft teile ich ganz und gar nicht, kann mich auch nicht mit der Adresse an die deutschen Proletarier befreunden, welche im Laufe der vergangenen Woche in Bezug auf Schleswig-Holstein an dieselben erlassen wurde.»[8] Die Adresse wurde in der «Deutschen Londoner Zeitung» veröffentlicht[9] und Jacques Unbehagen dürfte von einer der folgenden Passagen herrühren: Man wolle das Volk mit den veralteten Begriffen «Vaterland, Ehre, Gerechtigkeit» ködern: «Vaterland! Und was ist das für ein Vaterland, für dessen Namen die einen kämpfen, dessen Hülfe die anderen verheissen? Es ist das Deutsche Vaterland, das von mehr als 30 Fürsten lebende, vom Bunde dieser 30 gebundene ... Deutschland, dessen Einigkeit so oft das Gelächter der Welt erregt hat. Und wäre es ein einiges, grosses freies Land ... was ginge es uns an, Ihr Brüder? Seit wann hat der Proletarier ein Vaterland?» Dieses habe die Reichen genährt, aber «*wir* wissen nicht, dass uns das Vaterland gekleidet, erzogen [hätte] – gestäupt hat es uns, eingesperrt, über die Grenze gejagt ...» Wenn Schabelitz hier noch Vorbehalte hatte und wir sie mit dem vergleichen, was er späterhin an Adressen unterzeichnete, zeigt dies den fortschreitenden Einfluss, den seine Umgebung auf ihn nahm.

Geselligkeit und Unterhaltung wurden Jacques im Verein und in dessen Umfeld reichlich geboten, er hätte dies allerdings, wie man aus dem Tagebuch ersehen kann, auch ohne diese Mitgliedschaft mehr als genug gefunden. Sein Beitritt schliesst also seine Sympathie für das radikale Gedankengut und von dessen Beförderern mit ein, wobei er bei wenig äusserlicher Distanz aber doch eine kritische innere Reserve bewahrte. Diese wird ihn allerdings vor Seitensprüngen, die seiner Spontaneität zu verdanken sind, nicht bewahren. Anderseits erlaubt ihm seine Umgänglichkeit, seine heitere Liberalität Menschen gegenüber, den Verkehr mit den verschiedensten radikalen Gruppierungen, was Marx noch 1851 an ihm loben oder zumindest beobachten wird (s. S. 86).

Im gleichen Jahr, wie Schabelitz aufgenommen wurde, besuchte der Nationalökonom Bruno Hildebrand, späterer Professor in Zürich[10], den Londoner Bildungsverein und schildert dessen Gründer und Freund von Schabelitz, Karl Schapper, als «grossen, starken, blühenden Mann von etwa 36 Jahren mit schwarzem Schnurrbart, hellem durchdringendem Auge und gebietrischer Haltung ... Sein Vortrag war beredt, gründlich und lehrreich.»[11] Dass diese Persönlichkeit, die als Seele des Ganzen, der Vereinigung und von ihren Anlässen bezeichnet wird[12], dem noch nicht 20jährigen durch ihre Wesensart und den Erfolg zu beeindrucken vermochte, kann nicht erstaunen. Im Februar 1847[13] hörte ihn Schabelitz Theodor Körners Gedicht «Was uns bleibt»[14] vortragen, dessen Inhalt sich zwar auf andere «Wütriche und Henkersknechte» und Sklaven bezieht, aber dem gängigen Pathos der neuen Revolutionszeit auch entsprach. Es war «eine sehr gut vorgetragene Deklamation von Schapper, ... der fühlt was er spricht, es kommt bei ihm alles vom Herzen!» Wenn Schabelitz ihn einmal als «Papa Schapper»[15] bezeichnet, kann sich dies nicht allein auf die 15 Jahre Altersunterschied beziehen, sondern schliesst die Rolle mit ein, die er für ihn spielte. Das Charismatische an Schapper ist offensichtlich, er war sowohl Redner wie Pädagoge, er wirkte als Persönlichkeit und nicht als schreibender Theoretiker. Anlässlich eines Vortrages des französischen Sozialisten Etienne Cabet, der seinen Auswanderungsplan nach den Vereinigten Staaten wohl auf der Basis seiner «Reise nach Ithaca» vorstellte, bemerkt Jacques: «dies hat er nun nicht glänzend getan, indem Bauers und Schappers Reden nicht umgestossen wurden»[16] – er hätte in den Augen des Jüngeren immer gewonnen! Schapper war ursprünglich Forststudent in Giessen gewesen und hatte da Beziehungen zu Georg Büchner gehabt, nun war er Weggefährte, zeitweise auch Widersacher, von Marx und Engels. Jacques sah ihn regelmässig, nicht nur im Verein, sondern auch, weil er mit ihm Italienisch trieb. Der Einfluss des Älteren ist unverkennbar, er bringt dem Jüngeren kommunistische Zeitungen[17] oder benützt ihn auch als Vermittler zum Herzog, um seine Pläne zu finanzieren. Im Jahre 1848 reiste auch Schapper, der Jacques durch die ganze Londoner Zeit begleitet hatte, nach Deutschland zurück und wurde im September verhaftet[18]. Für den mittlerweile in die Schweiz zurückgekehrten Jacques war der Freund offenbar verschwunden, und drängend fragt er Engels an: «Habt Ihr gar keine Nachrichten von Schapper?»[19] Sowohl Bamberger wie Freiligrath werden in Briefen Schapper auch später noch als einen Freund von Jacques bezeichnen.

Wie wichtig das Leben in und um den Verein für Schabelitz war, zeigen die über 60 Eintragungen im Tagebuch zwischen Mitte Januar 1847 und dem 23. Januar 1848, wobei die Frequenz der Besuche erheblich schwanken konnte[20], ohne dass ein Grund ersichtlich würde, es sei denn, dass man ein Verlangen nach ungetrübten, politikfreien Stunden unterstellen würde. Vermutlich fand er auch gewisse Besuche nicht der Erwähnung wert.

Vom Zeitpunkt seines Eintritts in die Redaktion der «Deutschen Londoner Zeitung» an, das heisst nach Mitte Oktober 1846, gewann Schabelitz seinerseits eine gewisse Bedeutung für den Bildungsverein und die Verbreitung seiner Anliegen, indem er immer wieder Gelegenheit fand, darüber zu publizieren.

Selbstverständlich pflegte der Verein auch Kontakte zu den gesinnungsmässig nahestehenden Organisationen: Nachdem er sich, bereits vor Schabelitz' Eintritt, von Weitling und dessen, wenn auch christlich gefärbter, doch aggressiv-revolutionärer Tendenz gelöst hatte, stand er mit den «Chartisten» in naher Beziehung, weiter mit den stark linken «Fraternal Democrats», und ferner mit «Peoples international League», die eher gegen die Mitte zu tendieren schien; jedenfalls handelte es sich durchwegs um demokratische, zumeist republikanische oder sozialistisch-kommunistische Vereinigungen.

Von der Gründung der «international League» hatte Jacques auch in der «National-Zeitung» berichtet und von einem Projekt gesprochen, das Beachtung verdiene[21]. Etwas erstaunt dürfte er über einen Brief Schappers gewesen sein, der auf die Richtungskämpfe unter den ähnlich gelagerten Vereinigungen hinweist. Es sei in der «Deutschen Londoner Zeitung» diese neue Gruppe hervorgehoben worden. Dabei handle es sich hier um «Bourgeois, ... welche aller Tatkraft unfähig in einer süssen ... Gemüts- und Liebesduselei ihre Befriedigung» suchen würden. Sie «predigen den ewigen Frieden zu einer Zeit, wo wir nur im Schwert unser letztes Heil suchen dürfen!»[22] Den wirklichen Völkerbund würden allein die «Fraternal Democrats» garantieren.

Unter den englischen Gruppierungen die bedeutendste, die die Massen bereits hinter sich zu sammeln vermocht hatte, waren die 1838 bekannt gewordenen «Chartisten», eine militante, sozialrevolutionäre Vereinigung, welche aus der Arbeitermisere der 30er Jahre und der Enttäuschung über die Reformbill hervorgegangen war. Der «unheimliche Schatten des Chartismus» bewegte in der Folge vieles.[23] Das allgemeine Wahlrecht, soziale Gleichheit, die jedem sein Haus mit Garten versprach, gehörten zu den Programmpunkten. Chartistische Petitionen an das Parlament erlangten bis zu 3,3 Millionen Unterschriften; dank dem später zunehmenden Wohlstand auch der unteren Klassen ging ihre Bedeutung allmählich zurück. Aus der «National-Zeitung», welche Jacques entsprechend benachrichtigte, erfahren wir, dass im April 1848 eine «Versammlung» (hinter dem harmlosen Wort verbarg sich eine Grossdemonstration) der Chartisten polizeilich verboten worden sei[24]. Diese seien «eine ziemlich starke, aber unentschlossene Partei», die einen guten «Vorwand [gebe], um die Presse zu unterdrücken und eine ‹Bill zur besseren Beschützung der Person der Königin› dem Hause vorzulegen.» ... «Keine wahre Freiheit lässt sich mit einer Krone vereinbart denken, darum ist und war unser Feldgeschrei immer: die Republik!»[25] Im Juli findet sich die Meldung von einer Verurteilung der Chartistenführer wegen Aufreizens des Volkes[26], dann war ihre Zeit vorüber, und nach 1850 verschwanden sie aus dem politischen Leben. Der von Schabelitz häufig genannte Julian Harney war als Redaktor des «Northern Star» mit Engels in gutem Kontakt, aber der eigentliche Führer der Bewegung, der agrarreformerische Ziele verfolgte, war Feargus O'Connor[27].

Mit den «Fraternal Democrats» wurden jeweilen sogenannte «Adressen» redigiert, anerkennende, verurteilende, belehrende, auf jeden Fall stark rhetorische Zuschriften an Parlamente, bestimmte Gruppen oder ganze Völker, welche über die Presse des jeweiligen Landes an die Adressaten gelangen sollten, diese aber wegen der Zensur kaum erreichten. Unterzeichnet wurden sie, um das internationale Beziehungsnetz der Vereinigungen zu belegen, durch in London anwesende Aktivisten aus zahlreichen Ländern; wir finden Schabelitz' Namen zu verschiedenen Malen unter solchen Dokumenten, so unter einem, welches Polen betrifft: Nach einem Aufstand in der vom Wiener Kongress geschaffenen Republik Krakau wurde diese Ende 1846 Österreich einverleibt, was in freiheitlich gesinnten Kreisen für begreifliche Unruhe sorgte. Unter dem 11.12.1846 berichtete die DLZ von einer Adresse an die «Demokraten Europas», die unter dem Motto: «Alle Menschen sind Brüder» steht und sich mit dem Vorgehen der Mächte auseinandersetzte. Sie warnt: «Schon bedroht man die Schweiz, dieses Bollwerk der Freiheit in Europa, mit dem Schicksal, welches Polen erlitten.» Das «Vertrauen, dass die Völker nicht lange still und untätig bleiben werden», wird beschworen; den Abschluss bildet der Aufruf: «Auf denn, Männer in jedem Land, erhebet euch und vereinigt euch! Vorwärts, Nationen, der Wille muss zur Tat werden!» Neben Harney, Schapper und anderen unterzeichnet auch «Jacques Schabelitz aus der Schweiz». Monate später[28] erhielt er mit der «National-Zeitung» ein «basellandschaftliches Volksblatt, das unsere Adresse in der Krakauer Angelegenheit eingerückt und eine boshafte Bemerkung zu meiner Unterschrift gemacht hatte: ‹Dieser J. Schabelitz ist – der Herr erbarme sich seiner – ein Bürger von Basel und Sohn des dortigen Buchhändlers J. C. Schabelitz›.» Lakonisch bemerkt Jacques dazu: «Ich werde dem Uli Walser selbst darüber schreiben», hätte aber daraus erkennen müssen, dass sogar die Gesinnungsfreunde zu Hause seinen zunehmenden Radikalismus kritisch registrierten.

Was wir aus den vielen Berichten von Schabelitz erfahren, zeigt uns auch in den Vereinsversammlungen ein eigenartiges Nebeneinander von biedermeierlich-deutscher Biergemütlichkeit, Adressen-Rhetorik und beschwörend-revolutionärem Pathos, was alles plötzlich wieder in Gesang und Tanz umschlagen konnte – eine Atmosphäre, die offensichtlich geeignet war, auch den jungen Schweizer in ihren Bann zu ziehen. Die deutschen Vereine machen einen wenig assimilierten Eindruck, man blieb deutsch, die Basis scheint die Freiheit auf englischem Boden kaum erkannt zu haben, wie etwa Kombst in seinen Erinnerungen[29], sondern verlangte aus der Ferne nach ihrer Verbreitung in Deutschland und sehnte sich nach der Heimkehr dahin.

Im Tagebuch lesen wir, dass Schapper eine «schöne Rede über das Thema ‹was ist Kommunismus› hielt», und dazu den lapidaren Kommentar: «Schöne Träume, die nie verwirklicht werden.»[30] Das erinnert an die erwähnte Reservatio mentalis. Was wir hingegen in den von Schabelitz in der Zeitung veröffentlichten Artikeln über solche Referate lesen, akzeptiert deren ideologischen Inhalt voll. Das Blatt, welches der Verein herausgeben wollte, soll nicht bloss «Arbeiter», sondern «Proletarier» heissen, wofür Schabelitz mit Erfolg eintrat[31], und, nachdem das alte Jahr bei Gesang, Deklamationen und Musik ausgeklungen war, wurde das neue, 1848, mit dem Ruf: «Es lebe das Proletariat, nieder mit dessen Unterdrückern!» begrüsst, und alles endete in einem Ball als einer der vergnügtesten Abende![32] Solche Anlässe seien «Lichtseiten im Proletarierleben und ermuntern den Arbeiter sein Geschick mit Mut zu ertragen»[33]; bei einer so gönnerhaften Bemerkung zweifeln wir an seiner Identifikation mit dem «Proletariat», insbesondere, wenn man sieht, wie leicht er ärgerlich wird, wenn diese «Schneider und Schuster die, sit venia, einen Dreck von solchen Dingen verstehen» ihn überstimmen[34]. Auch eine Bemerkung wie die, dass ihn einer der Freunde in die Gesellschaft begleitete, «um auch einmal unter Kommunisten gewesen zu sein»[35], deutet in die ähnliche Richtung; wir spüren etwas Ironie, und die erwähnte Reservatio, bezweifeln aber zugleich, dass diese später im Jahr und vor allem angesichts der Ereignisse im folgenden noch vorhanden war.

Wie dicht die von Marx so verachtete Kleinbürgerlichkeit und das Proletarische beieinander liegen konnten, geht aus einem anderen Bericht der «Londoner Zeitung» hervor[36]: man ist wieder bei Abendessen, Reden, Vorträgen und Gesang vereinigt, das Lokal festlich geschmückt, es herrscht «allgemeine Freude». «Es war ... ein erstaunlicher Anblick, an den geschmückten Tafeln etwa hundert Proletarier und Kommunisten in Freude und Eintracht versammelt zu sehen und ihre Gespräche zu hören, und beschämt würde jeder sein, der dieselben Religionsspötter, Aufrührer schimpfte oder sie mit sonstigen hirnlosen Namen dieser Art bezeichnet und verfolgt, sähe er ihre Versammlung und kennte er ihre Tendenz und ihren Zweck: Die Aufklärung befördern, die Menschen glücklich zu machen, sie durch Bildung zu erheben und nicht durch Aufruhr, wie ihre Feinde schreien, denen die alte Ignoranz des Volkes natürlich mehr einbringt als die Aufklärung desselben.»

Nach dieser betulichen Ruhe, die im Kleinen die Gemütslage in Deutschland widerspiegelte und die viele der Revolutionäre nicht wahrnehmen wollten, sah sich Schapper verständlicherweise zu einem schallenden Weckruf veranlasst, nämlich: «festzustehen im Kampfe gegen die Finsterlinge und Bourgeoisie, die ... Bildung und Aufklärung der Handwerker ... in ihrem eigenen Interesse zu verhindern suchten». Es werden «Freiheit und Gütergemeinschaft» propagiert, und der Abend endet mit der Marseillaise «und einem Tänzchen als Zugabe für die anwesenden Damen». Auch Jacques erwartete von den Zusammenkünften einen Unterhaltungswert, und mangelte ihm dieser, kritisiert er: «Von Fidelität war nicht die Laus!»[37]

Zu einer wichtigen Demonstration der eingeschlagenen politischen Richtung wurde eine Sitzung vom 29. November 1847, die das Gedenken an die Revolution in Krakau zum Anlass nahm: Karl Schapper hatte das Glück, den versammelten «Fraternal Democrats» einen der «Vizepräsidenten der ‹Association démocratique› von Brüssel» vorzustellen, Herrn Doktor Karl Marx. Über ihn brauche er «nur *ein* Wort zu sagen: er ist der Alp, der auf der deutschen Bourgeoisie lastet (he is the nightmare of the middleclasses of Germany)» – die Originalfassung des Ausspruchs wird wiedergegeben, weil die Sitzungen hier in Englisch abgehalten wurden und im folgenden Schapper als Marxens Dolmetsch fungiert: «Herr Karl Marx ... wurde mit stürmischem Applaus empfangen ... Es ist sehr viel, sagte er, auch von den Bourgeois, über Verbindung der Nationen gesprochen worden. Namentlich haben die Freetraders dies Kapitel in jeder Weise breitgetreten. Aber die Verbrüderung der Nationen heisst im Grunde nichts anderes als eine Verbindung der Exploiteurs aller Völker gegen die Exploitierten aller Völker, eine Verbündung, deren Zweck die Ausbeutung ist, eine Verbrüderung, die aufhört, sobald die Interessen der Exploiteurs miteinander in Widerspruch geraten ... Wie aber die Bourgeois untereinander konkurrieren, so konkurrieren auch die Arbeiter gegeneinander. So lange also die Konkurrenz, so lange die jetzigen Eigentumsverhältnisse bestehen, werden selbst die Proletarier der verschiedenen Nationen sich nicht dauernd verbinden können. Die jetzigen Eigentumsverhältnisse müssen also gestürzt werden, um die Verbrüderung der Proletarier aller Länder möglich zu machen.» Nachdem er auf das Schicksal Polens eingegangen war, erklärt Marx weiter, dass «das zivilisierteste Land, das Land, dessen Industrie am entwickeltsten, dessen Bourgeoisie am mächtigsten» sei, nämlich England, das Zeichen zur Befreiung der Arbeiter aller Länder, sprich zur Revolution, geben werde. Daher könne er sagen: «Polen muss nicht in Polen, sondern in England befreit werden. Der Sieg der englischen Chartisten wird das Joch Polens brechen.» Beide Voraussagen, zur Revolution in England und zu den Chartisten, wurden durch die Ereignisse wenig später widerlegt. Anschliessend kommen Julian Harney, der Chartist, und dann «Herr Friedrich Engels» zu Wort, der den Kampf der Arbeiter gegen die Bourgeoisie als nötig erklärt («Lauter Beifall»). Indem er bestärkt, «der Krieg der englischen Chartisten [sei] der Krieg der Demokratie aller Länder», schliesst sich Victor Tedesco seinen Vorrednern an, und Schabelitz kommentiert: «Das Meeting vom 29. November wird Epoche machen in den Annalen der demokratischen Bewegung von Europa.»[38]

Keinen Monat später wurde von den «Verbrüderten Demokraten» und dem Bildungsverein eine Adresse «an die Mitglieder der hohen schweizerischen Tagsatzung» gerichtet. Sie hatte bereits am 18. Juni ein erstes Mal als «Adresse an das Schweizer Volk» zur Diskussion gestanden[39] und ist offiziell vom 22. Dezember, also nach dem Ende des Sonderbundskrieges, datiert. Es wird darin betont, dass es sich bei der Spaltung der Schweiz um eine «Verblendung» gehandelt habe, durch die «eine irregeleitete Minorität verführt» worden sei. Bei der Auseinandersetzung zwischen den Parteien habe es sich um «eine wesentlich schweizerische Frage, mit welcher andere Nationen nichts zu tun hatten», gehandelt und jedes Eingreifen in die Interessen der Schweiz durch die ausländischen Mächte sei zu verurteilen[40]. Nicht Lob oder Tadel für eine der Parteien sei also «der Grund der Absendung dieser Adresse», sondern: «Wir haben mit weniger Besorgnis als Ekel und Unwillen das Betragen gewisser Regierungen bemerkt, die sich in frecher Weise herausgenommen haben, ihre, wie sie es heissen, ‹Vermittlung› zwischen der rechtmässigen Regierung und der rebellischen Faction anzubieten.» Die kräftige Erwiderung der Tagsatzung an Frankreich wird gelobt. «Die schlechten Absichten der Regierungen, die den Sonderbund mit Waffen und Geld unterstützten, liegen klar zu Tage.» Es wird angenommen, dass Frankreich durch einen Angriff auf die Schweiz die Revolution im eigenen Land ausgelöst hätte: «Die Hinterlist, die Gewalttaten, die politische Schändung, unter welcher das französische Volk seit den letzten 17 Jahren [der Regierungszeit Louis Philippes] gelitten, sind nicht die besten Garanten gegen eine solche Erschütterung.» «Der Schall des ersten österreichischen Schusses, der gegen die Schweiz gefeuert wird, wird widerhallen durch Deutschland, Polen, Böhmen, Ungarn und Italien ...»; an der Schwelle zum Jahre 1848 stehen die Mächte auf einer unterminierten Basis. «Europa, müde des Elends und der Sklaverei, findet Hoffnung und Trost indem es die Entwicklung der freien Institutionen der Schweiz betrachtet.» Erst im letzten Abschnitt der Adresse wird darauf hingewiesen, dass die Schweiz durch die «politischen Institutionen zum Modell demokratischer Vollkommenheit» werde, als deren Wächter «Freiheit, Gleichheit und Brüderlichkeit» bestellt würden, um sicherzustellen, «durch eine weise Organisation der Arbeit dem Pauperismus» vorzubeugen und «die Schweizer Arbeiter vor dem Elend» zu retten. Die Adresse ist «von Männern fast aller zivilisierten Nationen Europas, von Engländern, Franzosen, Deutschen, Schweizern, Italienern, Polen, *ja sogar* von Russen unterzeichnet»[41], unter anderen von: Georg Julian Harney, Carl Schapper, Josef Moll, «J. Schabelitz aus Basel (Schweiz)» und X. Krell aus Luzern.

Diese Adresse wurde der Tagsatzung englisch zugestellt; wir hielten uns an die von Schabelitz stammende Übersetzung in der «Londoner

Zeitung»[42]. Am 19. Dezember ging er mit Freunden «in die Gesellschaft, wo an diesem Tage ein für uns [paar Schweizer] besonders interessanter Gegenstand behandelt wurde, nämlich die Erlassung einer Adresse an die Tagsatzung. Harney las die energische, in englischer Sprache abgefasste der fraternal Democrats vor, die mit Jubel einstimmig angenommen wurde. Ebenso wurde auch eine Sammlung für die Verwundeten und Witwen und Waisen der Gefallenen angenommen.» Der Adresse wurde ein Brief des Bildungsvereins beigelegt, den Schapper und Schabelitz gemeinsam fomulierten[43]. Der «wackere General Dufour» wird darin erwähnt, das Hauptgewicht aber auf die Geldsammlung gelegt. Allerdings müssen die «hochgeachteten Herren … [gebeten werden], mehr auf unsern guten Willen, als auf die Summe» zu sehen, welche die Spender, «alle Arbeiter … und durch die in England herrschende Handelskrisis … in eine traurige Lage versetzt», zusammengebracht hätten[44]. Es handelte sich um 100 Francs. Als Unterzeichner dieses Briefes treten die beiden Verfasser nicht in Erscheinung, vermutlich war ihnen daran gelegen, möglichst viele Namen aus verschiedenen Ländern auf den Dokumenten zu vereinen, um die erwähnte «Internationalität» zu betonen.

Julian Harney ist als Verfasser der Adresse genannt. Da dieser «Volksmann» für seinen «bekannt kräftigen Stil»[45] gerühmt wird, die Adresse aber von jemandem beeinflusst gewesen sein muss, der mit den schweizerischen Verhältnissen vertraut war und auch das Mass kannte, welches die dortigen Radikalen an sozialistischer Polemik ertragen würden, darf wohl angenommen werden, dass Schabelitz nicht nur beim Begleitbrief, sondern auch bei der Adresse einen gewissen Einfluss ausübte. Ungefähr zur gleichen Zeit sandte auch «Peoples International League» eine eigene Adresse an die Tagsatzung. Hier unterschrieben «Josef Mazzini, ein Italiener», «F. Freiligrath, deutscher Dichter» und «Vieusseux, ein Schweizer» (dem wir unter den Bekannten von Jacques begegnen). In der «Londoner Zeitung»[46] wird von den «Herren Bourgeois der International Democrats» gesprochen, was ein Hinweis darauf wäre, dass sich Freiligrath schon damals auf dem rechten Flügel des kommunistischen Lagers, wenn auch sicher noch auf der republikanischen Seite, befand.

Anfang Januar 1848 sah sich Schabelitz veranlasst, eine weitere Adresse der «Verbrüderten Demokraten» zu unterzeichnen, die sich diesmal an die «arbeitenden Klassen Grossbritanniens und Irlands» wendete. Es sei «die unbestreitbare Wahrheit, dass derjenige, dessen Arbeit, dessen Freiheit und dessen Leben zur Verfügung eines anderen [stehen würden], ein Sklave» sei. «Der Mann, der frei sein will, muss sich selbst erheben und den Kampf bestehen … Die Reichen ernten die Vorteile der Gesetze, für die Armen sind nur die durch dieselben bestimmten Strafen!» Nur die Toleranz Englands und offenbar die innere Sicherheit von dessen Regierung vermochten Anfang 1848 die unbehelligte Veröffentlichung solcher Aufrufe zu ertragen[47].

In den Berichten über das Vereinsleben dieser oppositionellen Kreise beginnt sich mit dem Fortschreiten des Jahres 1848 zunehmend das europäische Geschehen zu spiegeln: Nach Krakau wehrten sich die «italienischen Patrioten gegen die Tyrannei des Königs Ferdinand ...»[48]; am 12. Januar hatte sich Sizilien in separatistischer Absicht gegen Ferdinand V. von Neapel erhoben und erklärte sich drei Monate später für unabhängig.

Das achte Stiftungsfest des Bildungsvereins[49] veranlasst den Redaktor, folgenden Passus in die «Londoner Zeitung» einzurücken: «Der zukünftige Geschichtsschreiber der kommunistischen Bewegung wird es einst» festzustellen haben, «welche grossen Dienste die Arbeitervereine der Sache des Proletariates geleistet haben. Ihm wird es obliegen nachzuweisen, dass in diesen Vereinen die Keime gestreut wurden der Saat, aus der einst die neue bessere Gestaltung der Gesellschaft erwachsen wird». Sie waren die «Schulen, in denen die Proletarier sich selbst heranbildeten ... zu jener klaren Erkenntnis ihrer gesellschaftlichen Stellung ... welche ... sie zu Revolutionären, zu bewussten Kämpfern gegen das Unrecht und den Unsinn der bestehenden Verhältnisse machte ...» Dann wird die mit «langem, rauschendem Beifall» aufgenommene Ansprache Schappers in extenso wiedergegeben, die an Gesinnung von Redner und Redaktor kaum Zweifel aufkommen lässt: «Heil und Erlösung für den Proletarier» sind nur in der Abschaffung des Privateigentums und im Kampf gegen alles «Zerspalten der Menschheit in Klassen» zu finden. Mit Wohlgefallen sieht Schapper auf die beginnenden Kämpfe, die sich auf dem Kontinent abzeichnen. Für Österreich diagnostiziert er, dass es sich da «noch mehr um ein[en Kampf] der Bourgeoisie-Interessen gegen den Feudalismus» als um einen solchen der Nationalitäten handle, und ruft aus: «Machen wir uns gefasst auf baldigen Abschluss des Teufelsbundes zwischen unseren alten Unterdrückern, den Fürsten und Pfaffen, und unseren neuen Exploiteurs, den Bourgeois.» «Nieder mit den Schranken der Klassenunterschiede, fort mit dem Privateigentum. Alle sind wir gleichberechtigt, Alle gleich verpflichtet zur Arbeit, und wer nichts arbeitet, soll nichts zu essen haben.» Einst habe er an die «Möglichkeit einer friedfertigen Bewegung geglaubt», davon sei er abgekommen, nun wolle er «Hass predigen gegen unsere Feinde, und das wird ein heiliger Hass sein ...» Noch stehen am Jahresanfang die Ernüchterungen des Spätherbstes 1848 aus, und der nächste Redner darf noch im Glauben sein, dass «Millionen hinter uns Hunderten hier [stehen] und mit uns kämpfen».[50] Auch die Strophen «Der Hass, der sei uns jetzt willkommen / Den Hass nur wolln wir lieben; / An Liebe sei nicht mehr gedacht, / Dem Hasse sei ein Hoch gebracht!» werden als zitierenswert erachtet, und endlich kann auch Schabelitz sich nicht enthalten, einen Toast auszubringen «auf die Deutschen, die an der Spitze der geistigen Bewegung innerhalb des Proletariats und namentlich innerhalb des Vereins ständen». Er konnte dies aus der angenehmen Gewissheit heraus tun, dass seine Heimat zumindest verfassungsmässig bereits in radikalem Sinn «revolutioniert» war.

Bezüglich der Mittel des Vorgehens bestand anhaltend eine gewisse Polyvalenz. «Wir *Demokraten* wünschen keine Revolution, wir suchen durch friedfertige Agitation [wobei die Frage, wie «friedfertig» diese Agitation sein konnte, berechtigt scheint] unsere Rechte zu erlangen, aber wenn man unseren Forderungen nicht genügt, wenn die Regierungen auf die Stimme des Volkes nicht hören, so werden wir auch zu der physischen Kraft unsere Zuflucht nehmen.»[51] Sie unterscheiden sich vom Kommunismus, «da sie wohl einsehen, dass die Eigentumsverhältnisse ... sich in einem unnatürlichen Zustand befinden, namentlich in monarchischen Staaten [Schabelitz schreibt für eine Schweizer Zeitung!] ... sie wollen dem Übelstand durch ... Gesetzgebung, Handels- und Verkehrsfreiheit, durch Verminderung der ... Abgaben ... abhelfen ... ohne Alles über den Haufen zu stürzen».[52]

Am 22. Februar brach in Paris die Revolution gegen Guizot und Louis-Philippe aus, und der rasche Sieg des Volkes scheint allen Oppositionellen die Erfüllung ihrer Forderungen in allernächste Nähe gerückt zu haben. Die Erregung in Schabelitz' Kreisen ist begreiflicherweise gross, er berichtet von «zahlreichen Meetings» und «enthusiastischen Adressen», unter denen eine der «Fraternal Deomocrats» nicht fehlen darf, und unter ihr ebensowenig seine Unterschrift.

Wenn wir die inneren, selten genug dem Tagebuch anvertrauten Vorbehalte gegenüber dem revolutionären Kommunismus feststellten und sehen, dass in den Berichten der «Deutschen Londoner Zeitung» nie eine Relativierung von dessen Aussagen vorkommt, veranlasst uns dies, auf Jacques' politischen Werdegang zurückzublicken: Mit Begeisterung hatte sich der junge Basler aus eher liberalem Elternhaus in Aarau der radikal antikonservativen und antijesuitischen, einheitsstaatlichen Richtung angeschlossen. In London angekommen, empfing ihn ein Bekanntenkreis, der aus dem antimonarchistischen Radikalismus hervorgegangen war und diesen mit der sozialkämpferischen Ideologie verband.

Wir suchen während der Londoner und der Pariser Zeit, und auch später, bei Schabelitz vergeblich nach einem eindeutigen, intellektuell fundierten Bekenntnis zu *einer* der ideologischen Richtungen, innerhalb derer er sich bewegt. Es fehlen auch Anhaltspunkte dafür, dass er sich mit den Theorien, deren «Schöpfer» er persönlich erlebte, ernsthaft auseinandergesetzt hätte. Vermutlich verleitete ihn der Journalismus dazu, über alle politischen Schattierungen links der Mitte auf dem laufenden zu sein und mit ihren Verfechtern auszukommen. Er ist kein Analytiker, sondern nimmt eklektisch auf, was ihm bei Marx, Hess oder Schapper entspricht. Die Theorien der Saint-Simon, Louis Blanc, Fouriers, ja noch Weitlings, der Chartisten und anderer mehr, waren laufend in Diskussion. Lebenslang blieb er in der Opposition, auf die Gefahr hin, dass diese zum Selbstzweck wurde, und agitierte aus dieser Stellung heraus, solange er dies über Zeitungen tun konnte und mochte.

Die «Deutsche Londoner Zeitung» und die «National-Zeitung» werden dem radikal-republikanischen Lager zugerechnet, wobei Schabelitz antimonarchistisch, aber nicht antiparlamentarisch war, die Institutionenfeindlichkeit von Marx drang bei ihm nie durch. Dem Atheismus wich er aus. Auch seine Aufsätze nach der Heimkehr wecken bisweilen die Vermutung, dass er nach der gelungenen politischen «Revolution» als Folge des Sonderbundskrieges gerne noch die soziale gesehen hätte. Die seltenen Erwähnungen in der Literatur sehen ihn im sozialdemokratischen Spektrum, Gruner[53] teilt ihn für die Basler Jahre eher dem kommunistischen Lager zu, dem er fast bis zum Wegzug nach Zürich wohl auch angehörte.

Sein Leben spielte sich in London in nicht zu unterschätzenden Teilen in der beschriebenen geistigen Atmosphäre des Bildungsvereins und seiner Umwelt ab, in der Bier, Gesang und Verbrüderung jeweilen die nötige Hochstimmung förderten, um von den eschatologisch gefärbten Reden über die bevorstehende siegreiche Weltrevolution mitgerissen zu werden. Der Glaube an «die historische Unvermeidlichkeit des Sieges» durchdrang hier alle sozialistischen Schattierungen[54]. Jeder musste an das sofortige Mitwirken der Millionen glauben, die hinter diesem Gedankengut stünden und ihm zum Durchbruch verhelfen würden. Er lebte unter Menschen, von denen die massgebenden aus verschiedenen Gründen Deutschland und Frankreich verlassen hatten und ihm, der dies am eigenen Leib nicht erfahren hatte, das verhasste Metternichsche System verständlicherweise in überhöhter Weise schilderten. Schappers Reden, die sich in den Berichten eher sachlich, aber mit agitatorischen Akzenten lesen, waren dank seinem Charisma offensichtlich zündend und rissen den jungen Mann mit. Die Ereignisse in der Heimat, an der er trotz dem um ihn her propagierten Internationalismus mit inniger Anteilnahme hing, die beginnende Revolution in Italien und die positiv-alarmierenden Nachrichten aus Louis-Philippes letzter Regierungszeit steigerten die Erregung laufend. Ein Zukunftsbild von Wollen und Sein der sozialen Revolution konnte seine Wirkung auf Schabelitz nicht verfehlen, ebensowenig wohl wie die «erlösende» Utopie von einem «gesellschaftlichen Zustand ... in dem es Jedem möglich ist, seine Kräfte vollkommen zu entwickeln, seine Bedürfnisse vollkommen zu befriedigen, wo keiner auf Kosten des andern ein Vorrecht hat noch einen Besitz, wo alle der gemeinschaftlichen Sache ihre Arbeiten hingeben, weil die Mittel zur Arbeit auch allen gemeinschaftlich sind, und weil die Arbeit selbst nicht, wie heute, eine Lohnarbeit für ein äusseres Stück Erwerbnis, sondern die Befriedigung des inneren Tätigkeitsdranges, ihr eigener Zweck, ihr eigener Lohn [ist] – kurz die soziale Revolution will alle zu Menschen machen.»[55]

Es ist eine Vision des Goldenen Zeitalters, um nicht zu sagen eines säkularisierten Paradieses, die hier beschworen wurde, und es hätte vermutlich einer grösseren Nüchternheit bedurft, als wir sie unserem knapp 21jährigen zutrauen können, um nicht völlig in ihren Sog zu geraten. Es mag auch das parareligiöse Vokabular dieser «Glaubensbekenntnisse» gewesen sein, das ihn anzog, von dem dann allerdings Marxens politisches Programm zu Gunsten der suggestiveren Form eines «Manifestes» abging.[56]

Und nicht nur die Jugendlichkeit war es, die seine Urteilsfähigkeit beeinträchtigte, sondern vor allem auch die mangelnde Vorstellungskraft und Erfahrung: Niemand in diesem Kreis, weder die propagierenden Redner noch die gläubigen Zuhörer, hatten je diese Idealform des Daseins verwirklicht gesehen noch hatten sie sich eine derartige Lebensform in ihrer vollen Konsequenz durchdacht und vorgestellt.

Wie Revolutionen aussahen, wusste der eine und andere aus eigenem Erfahren. Das damit verbundene Erleben wurde aufgewogen durch das, was dank einer Revolution möglich wurde, nämlich die Erfüllung von Hoffnungen und Forderungen. Revolution galt ihnen als reinigendes, weltliches Fegefeuer und war als solches in Kauf zu nehmen. Zudem waren aus solchen Vorgängen bisher zumeist neue – wenn auch nicht immer die gewünschten – Strukturen und Staaten hervorgegangen. Zuversichtlich schien man also anzunehmen, dass auch jetzt aus der unmittelbar bevorstehenden, tiefgreifendsten Sozialrevolution, die «alle zu Menschen machen würde», dies wieder erfolgen würde – eine konkrete Vorstellung des Ergebnisses wird auch im wenig später erscheinenden Kommunistischen Manifest fehlen ...[57]

Das utopische Moment erlaubte auch allen, ein Engagement auf rein intellektueller Ebene, ohne Opfer und persönliche Hilfeleistungen, einzugehen. Die Revolution würde ohnehin alle anstehenden Probleme zu Gunsten des Proletariates lösen. Schabelitz' soziales Engagement findet keinen Widerhall im Tagebuch: Wenn er Docks oder eine besonders wichtige Brauerei besucht, geschieht dies aus Interesse an der industriellen Unternehmung, aber keineswegs um die Arbeitsbedingungen zu untersuchen; so wird auch die häufig vorkommende Prostitution registriert, ohne ihre Ursachen zu reflektieren. Von der Welt eines Oliver Twist oder David Copperfield erfahren wir weder im Tagebuch noch in der Zeitung viel.

Der in den Versammlungen stets laut werdende und mitreissende Ruf nach Freiheit scheint für viele nicht primär die politische Freiheit, die Freiheit der Meinungsäusserung betroffen zu haben – sie lebten ja in einem Lande, das ihnen beides wie kaum ein anderes in Europa garantierte –, sondern um die Befreiung aus der Armut, dem Status des «Proletariers», in den höheren eines «Menschen», der ohne Bindung, ohne Staat, nach manchen ohne Arbeit, leben werde. Für sie wird Freiheit durch die materielle Existenz bedingt, erst «soziale Gleichheit» scheint auch politische Freiheit zu bringen.[58]

Wir können uns nicht denken, dass das zwangsweise Depossedieren der Bürger, das immer wieder den Hintergrund der vorgetragenen Utopien bildete, sich mit dem Freiheitsbegriff des jungen Jacques hätte vereinbaren lassen. Von keinem der Redner wird näher dargestellt, was es letztlich bedeuten werde, die völlige Egalität der Menschen durch harten Zwang zu erreichen; keiner in den Versammlungen scheint die Phantasie gehabt zu haben, sich vorzustellen, was dereinst dank Lenin und seinen Nachahmern zwischen 1917 und 1990 aus der erzwungenen Durchführung der damaligen Forderungen und aus deren Fehlentwicklungen werden sollte. Statt der vorgesehenen Selbstverwirklichung in ungehemmter Freiheit entstanden Staaten, im Vergleich zu denen der damals perhorreszierte «Terror» des europäischen Vormärz, die «Tyrannei» des Metternichschen Systems, als höchst lebenswerte Idylle bezeichnet werden könnte.

Unterdessen, wir stehen im Februar 1848, vollendeten Marx und Engels den «Katechismus» ihrer Glaubensrichtung auf entschiedenen Druck von Karl Schapper hin. Am Monatsende war das Manuskript im Satz bei Burghard in der Liverpool Street, dem «Office der ‹Bildungsgesellschaft für Arbeiter›», wo auch die «Deutsche Londoner Zeitung» gedruckt wurde[59]. Schabelitz befand sich also an der Quelle des Geschehens. Vom 3. März an liess er mit offensichtlicher Zustimmung des Herzogs das «Manifest der Kommunistischen Partei» in Fortsetzungen in seinen Spalten erscheinen; die «Londoner» dürfte damit die erste deutsche Zeitung gewesen sein, welche dieses weltgeschichtliche Dokument verbreitete[60].

Leider fehlt uns von Ende Januar 1848 an das Tagebuch als Quelle für das weitere Geschehen. Nichts liesse auf eine Ernüchterung des jungen Schweizers schliessen, im Gegenteil: Die Verhältnisse in Paris hatten sich so schlagartig geändert, dass vermutlich nicht nur Schabelitz beinahe bedauernd auf die nur drei siegreichen Februartage schaute, die zu kurz waren, als dass man, wie gehofft, persönlich hätte teilnehmen können.

Wie Schabelitz in der wachsenden Aufregung um den Aufstand in Mailand, die Bildung des deutschen Parlamentes etc. die Monate März und April verbrachte, können wir nur vermuten.

Aus den Angaben Dritter lassen sich seine Aktivitäten teilweise feststellen: Offenbar hatte Jacques seine Zusammenarbeit mit Karl Schapper dem Herzog aufs lebendigste geschildert, so dass dieser – endlich? – einwilligte, auch diesen Freund seines Redaktors kennen zu lernen, was vor Jahresende erfolgt war. «Um 9 Uhr kam ich dann mit Schapper zum Herzog, und nun entspann sich eine Diskussion über Kommunismus, Revolution und dergleichen, welche bis gegen 1 Uhr dauerte. Schapper sprach sich nachher günstig über den Herzog aus, obschon sie nicht in allen Punkten harmonieren, z. B. Religion.»[61]

Wie bei Karl von Braunschweig so häufig, mündete auch das Verhältnis zu Schapper in die Frage um finanziellen Beistand. Unmittelbar nach den Revolutionstagen in Paris sprechen Moll, Schapper und Schabelitz im Brunswick-House vor[62]; aus der Entwicklung der Dinge zu beurteilen, brauchen die beiden ersteren Geld, um nach Paris reisen zu können. Am 14.3. ist Jacques beim Herzog und liest ihm einen Brief Schappers vor, der zusätzlich Geld verlangte; von seiten des «Kreises London» des Kommunistenbundes wird der junge Mann gedrängt, jemanden aus Paris beim Herzog einzuführen[63], und er entschliesst sich, den Maler Carl Pfänder, mit dem er gut steht[64], vorzuschlagen. Vorerst lässt sich Karl krank melden, vermutlich aus Gründen des Zeitgewinns. Dann empfängt er die beiden, und Pfänder «verlangt» die beachtliche Summe von 500 £[65]. Dass bei solchen Zahlen der Herzog kein einfacher Verhandlungspartner war, ist zu verstehen, und Pfänder berichtet seinen Kameraden, er hätte gerne noch Moll zum Zeugen gehabt, dies vermutlich, da er Jacques als Parteigänger des Herzogs empfand[66]. Ob Schabelitz tatsächlich im Kreise der Kommunisten geäussert hatte, sein Patron sei ein «kurioser Mann», der meine, es sollten einige Tausend Franzosen nach Deutschland gehen und dort die Republik errichten, scheint uns, bei seiner sonstigen Loyalität, eher zweifelhaft[67].

Inzwischen hatte Schapper einen «infamen, undankbaren Brief» geschrieben, den Jacques dem Herzog zu bringen hatte, der sich über den «Kommunisten-Bettler», den er «in grosser Not» mit 50 £ unterstützt habe, weidlich ärgert[68]. Dieses Verhalten liess seine Spendefreude versiegen, die Betroffenen allerdings fanden, er benehme sich als «alleiniger Gott der Republik»[69], bald wird ihn Schapper schlicht als «Lumpenhund» bezeichnen[70]. Ein weiterer Brief, diesmal von Pfänder, wird von Karl als «dummdreist» bewertet und verbesserte das Klima nicht. Schabelitz kann den Mitkommunisten, die ihn trotz allem feierlich in ihren Bund aufnahmen, nur mitteilen, dass der Herzog höchst aufgebracht gegen Schapper und andere sei.[71] Was dieser Beitritt zum Kommunistenbund für Jacques' Stellung in seiner letzten Londoner Zeit noch bewirkte, lässt sich nicht feststellen, erst in Paris wird er ihm die nötigen Zusammenhänge vermitteln.

Am 1. Mai 1848 bat Jacques den Herzog um seinen Abschied und dieser, wie beim vorangegangenen Redaktionswechsel am 3. Oktober 1847, empfing am folgenden Morgen um 10 Uhr bereits Louis Bamberger, der Schabelitz' Nachfolge antrat. Einen gemeinsamen Abschiedsbesuch im Brunswick-House machen Ferdinand Freiligrath und sein Schweizer Freund, dann, am 6. Mai, wird Jacques noch einmal allein vom Herzog empfangen[72]. Gerne wüsste man Näheres über dieses Zusammensein – jedenfalls trennten sich die beiden freundschaftlich, denn es finden sporadisch bis 1871 Kontakte statt.

Wie manche vor ihnen, wollen auch Schabelitz und Freiligrath den Zentren des Geschehens näher sein als in dem nun unvermittelt an den Rand gerückten London. Bereits am Abend des 1. Mai wurde dem «deutschen Volksliedsänger und Patrioten» von seinen Freunden ein «Abschiedsmahl» in Hochstimmung gegeben[73]: Ein Gedicht preist, dass er nicht mehr länger verbannt sei auf «schnöd' Geheiss», «die grosse Zeit ist spät gekommen – / gleichviel, der Tyrannei zu früh!» und in gleicher Begeisterung fand sich am Abend des 6. Mai ein Kreis zusammen, der neben Freiligrath auch Schabelitz verabschiedete. Die Einträge ins Stammbuch tragen alle dieses Datum, einer mahnt: «gedenke des fidelen Abschiedsabends». Die erhaltenen Blätter sind ein Spiegel von Schabelitz' Londoner Beziehungen, es sind die Leute um ihn, die wir aus dem Tagebuch und aus der Zeitungstätigkeit kennen, die mit ihm die Oper, die Vergnügungen und Kneipen besuchten oder mit ihm die politischen Zirkel frequentierten.

Krauss, der Zürcher Stadler und Brugger verewigen sich etwa unter dem Motto: «Gedenke beim Schweizer Bier der fidelen Stunden, die wir beim englischen zugebracht haben.» Beim Vers von Nikolaus Trübner, dessen politisches Engagement bekannt ist, kann man sich fragen, ob er den jüngeren Freund und seinen Enthusiasmus nicht ganz ernst nahm, wenn er schreibt: «Du lieber, lustiger Gesell / ich sage dir betrübt Farewell / und fände ich denn höchstes Glück / ich dächte doch an dich zurück!»

Die Bamberger, Hirschfeld, Conrad versuchen sich in pathetisch-politischer Freiheitspoesie, in der sich «Brücke» auf «République» reimen muss, Freiligraths Stammbuch-Blatt zitieren wir anderweitig (s. S. 77). In den Zeilen von Dr. Louis Heilberg, dem Mitglied des Bildungsvereins und gelegentlichen Korrespondenten der «Londoner Zeitung», finden wir in nuce das Bekenntnis des versammelten Freundeskreises enthalten:

«Geboren auf jenen Höhen, auf denen nach des Dichters Wort, die Freiheit und die Wahrheit wohnt, und redlich auch in der Ebene diesen beiden höchsten Gütern der Menschheit nachstrebend, bist du auf dem engen Pfade der zu diesen erwünschten Zielen führt, Freund und Strebensgenosse auch mir geworden und wirst es auch stets bleiben, da ich überzeugt bin, dass du, je länger je mehr du auf des Lebens vielverschlungener Bahn fortschreitest, desto mehr erkennen wirst, dass nur das Rein-Menschliche, das Humane, auch das Wahre ist, und dass nur hierin in der brüderlichen Gleichheit Aller, die ächte Freiheit ist. Auf dieser Bahn wirst du stets mich als Freund, Genossen und Gehilfen finden. Aber auch wenn des Lebens Stürme uns geistig auseinander führen sollten, wie sie uns jetzt körperlich trennen, vergiss meiner nicht ganz. Denn eines gibt es, das höher steht als alle Meinungs-Verschiedenheiten, und das ist die Liebe des Menschen für den Menschen ...»

---

[1] Schmidt, Deutsche Flüchtlinge in der Schweiz, S. 150
[2] DLZ 1.6.47
[3] Friedenthal, S. 306
[4] TB 30.1.; 5.10.47
[5] TB 17.10.47
[6] TB 15.1.48
[7] Friedenthal, S. 307
[8] TB 20.9.47
[9] DLZ Sept. 46
[10] Gagliardi, S. 960
[11] Friedenthal, S. 307, 308
[12] NZ No 155, 1847
[13] TB 13.2.47
[14] Th. Körner, Werke, Leipzig 1928, S. 59
[15] TB 31.12.47
[16] TB 28.12.47
[17] TB 3.9.47
[18] Hirsch, Engels, S. 54
[19] JS an Engels, 8.2.50; Bamberger an JS 12.6.48
[20] TB, Lücken in den Besuchen 20.2.–6.3.47; 6.3.–20.3.47
[21] NZ S. 155, Juni 1847
[22] MS Br., 38–370; DLZ Juni 1847
[23] Trevelyan, S. 729
[24] NZ 15.4.1848
[25] NZ April 1848, S. 382
[26] NZ 19.7.48
[27] Friedenthal, S. 323
[28] TB 20.4.47
[29] Weisz, Redaktoren, I. S. 171
[30] TB 25.4.47
[31] DLZ 12.2.47; TB 7.2.47
[32] DLZ Januar 1848
[33] DLZ 12.2.47
[34] TB 14.2.47
[35] TB 25.7.47
[36] DLZ 18.6.47
[37] TB 20.9.47
[38] TB 29.11.47; DLZ 3.12.47
[39] DLZ 18.6.47
[40] Vgl. Bonjour, Neutralität I, S. 292 ff.
[41] NZ 1847, S. 1229; DLZ 24.12.47
[42] DLZ 19.12.47; TB 20.12.47
[43] TB 12.12.47

44 DLZ 24.12.47
45 DLZ 4.2.48; ohne Bestätigung im TB
46 DLZ 2.12.47; Abdruck der Adressen bei Nef
47 DLZ 21.1.48
48 DLZ 4.2.48
49 DLZ 7.2.48
50 DLZ 18.2.48
51 DLZ 25.2.48
52 NZ 1847, S. 851
53 Gruner, S. 490f.
54 Hobsbawm, S. 79
55 DLZ 18.2.48
56 Vgl. Engels an Marx, 23./24.11.47, wo von der Katechismusform, die wegzulassen sei, gesprochen wird: Ferner in: Beiträge zur allgemeinen Rechts- und Staatslehre, Michael W. Fischer, Rationalisierung der Gesetzgebung, S. 93, Lang, Bern
57 DLZ 1848, S. 652; Wehler 11, S. 434
58 Feddersen, S. 459
59 Die Angabe in der Zeitung: «Printed and Published by John Harrison of 19, Warren Street, Fitzgerald Square, St. Pancras» und des Tagebuchs von JS, 1.1.47 dass Burghard Herstellung und Druck der DLZ mache, lassen eine enge Verbindung der beiden Unternehmen vermuten; das Impressum des «Manifests» lautet: J. C. Burghard, Liverpool Street, Bishopsgate.
60 Dénes, S. 64
61 TB 20.12.47; 6.1.48
62 TBH 28.2.48
63 MEGA IV/2 S. 397
64 TB 5.10.47 «Schmollis» mit Pfänder
65 TBH 16.3.48; 1 £ = Fr. 26.60; vgl. Monatslohn von JS und Amberger, Fr. 140.–, s. S. 122; Fr. 100.– als Monatslohn auch TB 20.8.47 erwähnt
66 MEGA IV/2, S. 401
67 MEGA IV/2, S. 396
68 TBH 21.3.48
69 MEGA IV, S. 405
70 MEGA IV, S. 417
71 MEGA IV, S. 417
72 TBH 1.5.; 2.5.; 3.5.; 6.5.48
73 DLZ Beilage 1848, S. 652; Stammbuch JS, Einträge vom 6.5.48, AS

Der Herzog

Bamberger und Schabelitz waren beide in der Druckerei beschäftigt, welche unter anderem die «Deutsche Londoner Zeitung» herstellte. So ist anzunehmen, dass Karl von Braunschweig, als Inhaber der Zeitung, die beiden jungen Männer bereits getroffen hatte, als er mit dem Redaktor des Blattes, Dr. Adolf Wagner, in Konflikt geriet. Unter dem 30.9.46 trug er in sein Tagebuch ein, dass er diesen entlassen habe, anderseits findet sich ein Briefentwurf Wagners mit der «Bitte um gnädige Entlassung», da er sich überfordert fühle[1]. Die Version, die man aus Schabelitz' Tagebuch entnehmen kann, lautet: «Anfangs Oktober trat der Redaktor Dr. Wagner von seiner Stelle ab (weil er musste).»[2] Einstweilen blieben Wagner und der Herzog noch bis zum Jahresende in Kontakt, dann erst beschloss dieser, den gewesenen Redaktor «künftig abzuweisen»[3].

Gleichentags wie Wagner entlassen wird, stellt man dem Herzog «um 9 Uhr» den «Setzer Schabelitz» vor[4], wobei er gewusst haben dürfte, dass sich hinter dem schlichten Beruf ein junger Mann mit Gymnasialbildung verbarg, der zudem von zu Hause an einen Zeitungsbetrieb gewöhnt war. Rasch entschloss er sich, den Schweizer anzustellen, und hatte den Entscheid nicht zu bereuen: die letzten Spuren dieser Beziehung finden wir noch 1871 ...

Der Ruf des Mannes, dessen Angestellter Jacques wurde, war durchaus zweifelhaft, und hätte es Treitschkes Aussagen über diesen «ungeratenen Sohn des deutschen hohen Adels», diese «Schande des deutschen Namens»[5] schon gegeben, würde der Vater aus Basel vermutlich einen weiteren Warnruf gesandt haben!

Karl II., Herzog von Braunschweig und Lüneburg, gehörte zu den extravagantesten Figuren seiner Zeit und soll, da er in Schabelitz' Leben eine nicht unwichtige Rolle spielt und vielleicht von den Historikern allzuleicht nur der Chronique scandaleuse zugeordnet worden ist, etwas näher betrachtet werden: Er wurde 1804 als Sohn eines entschiedenen Gegners von Napoleon geboren und verbrachte seine erste Jugend auf der Flucht vor dem «Usurpator». Die Mutter, eine Badenserin, starb 1808, erschöpft von den Strapazen der erzwungenen Reisen, ihre beiden Knaben teilten für einige Jahre das Exil des Vaters in London. Nach der Völkerschlacht bei Leipzig war die Heimkehr nach Braunschweig möglich, aber 1815 zog der Vater erneut in den Kampf und verlor das Leben bei Waterloo. Den noch nicht neunjährigen Thronerben hinterliess er seiner Schwiegermutter zur Erziehung und setzte Georg IV. von England als Vormund und Vermögensverwalter ein. Damit wurden die beiden Knaben dem Willen und der Willkür von ränkereichen Ministern und höchst mittelmässigen «Hofmeistern» ausgeliefert, was Misstrauen, Reizbarkeit und Verstellungskunst vor allem beim Älteren förderte. Ohne Familie, ohne jede mögliche Geborgenheit an einem Hofe, wuchsen sie auf, und insbesondere der Thronerbe hätte einer sehr sorgfältigen Schulung und Charakterbildung bedurft, um sich in den Kraftfeldern der grossen Politik bewähren zu können. Begabt, aber eigenwillig und ihnen daher suspekt, versuchten Minister und Adel des Landes, diesen Erben, gegen die geltenden Hausgesetze der Braunschweiger, verspätet für volljährig, das heisst regierungsfähig, zu erklären, wogegen sich dieser entschieden zur Wehr setzte. Schliesslich konnte Karl 1822 die Regierung übernehmen. Metternich war ihm dabei behilflich gewesen und brachte dem jungen Herzog, solange er sich nicht in Widersprüche verwickelte, einiges an Sympathie und Verständnis entgegen. Nach einem Gespräch mit dem 23jährigen äusserte sich Metternich: «Aber die wenige Sorgfalt, welche man auf seine Erziehung gewendet und die grosse Sünde, die man begangen hat, indem man versäumte, seinem natürlichen Verstand und Talent die angemessene Richtung zu geben, und dann seine Lebhaftigkeit und ein gewisses Festhalten an chevaleresken Ideen, lassen ihn leider oft Missgriffe im Leben machen.»[6]

Kurz bevor Karl die Regierung übernahm, 1820, war eine in seinen Augen unzulässige Verfassungsänderung vorgenommen worden, welche die Rechte des Landesherrn zugunsten des Adels einschränkte. Sie war, während der wenigen Jahre seiner Regierung, ein Herd steten Unfriedens zwischen dem jungen Fürsten und seinem Lande. Allzu mangelhaft auf sein hohes Amt vorbereitet, unberechenbar und impulsiv, sobald er sich in seiner für seine Zeit bereits überschätzten Souveränität angegriffen glaubte, standen dem jungen Mann mit einer seinem Alter entsprechend geringen Menschenkenntnis keine seriösen Berater bei. Im Gegenteil, der einheimische Adel, dem die Verfassung von 1820 günstig war, setzte sich über die Loyalität zum angestammten Herrscherhaus hinweg und begann zu intrigieren und zu konspirieren. Eine, ähnlich wie im Falle Gustavs III. von Schweden, von oben inszenierte Revolution ohne eigentliche Beteiligung des Volkes, deren Fanal der Brand des herzoglichen Schlosses war, zwang Karl II. am 9.9. 1830 zur Flucht.[7]

Seit diesem Zeitpunkt lebte er im Kampf um seine Herrschaft, die er durch eine mutwillige und gefährliche Don-Quichotterie zurückzuerobern versuchte, gegen seine Erzieher, gegen Vormünder, die ihm sein Vermögen (widerrechtlich) vorenthielten, gegen den Bruder und Nachfolger, späterhin gegen die eigene Tochter – und generell natürlich gegen seine Standesgenossen, die legitimistischen deutschen und europäischen Fürsten, die ihn fallen gelassen hatten.

Bis zur Jahrhundertmitte war London sein Wohnsitz, dann Paris. Er finanzierte republikanische und radikale Blätter und hoffte noch 1870, beim Ausbruch des Deutsch-Französischen Krieges, auf einen Sieg

Napoleons III. und seine Heimkehr nach Braunschweig. Während des Krieges übersiedelte er nach Genf, wo er am 23.8.1873 starb. Durch glückliche Spekulationen mit dem Hause Rothschild hatte er sein teilweise zurückerhaltenes Vermögen so vervielfacht, dass er als ein Krösus antimonarchistischer Unternehmungen galt. Bei seinem Tod hinterliess er der Stadt Genf die gewaltige Summe von rund 22 Millionen Franken[8].

Als Jacques mit Karl in Kontakt tritt, wohnt dieser im Brunswick-House, welches einst sein Vater erworben hatte und das der Sohn offenbar im ursprünglichen, dem Besucher den Eindruck grosser Austerity vermittelnden Zustand erhielt. Wir hören darüber von Jacques nichts; er äussert sich über die Lebensweise Karls nicht, obwohl ihm vermutlich gewisse häusliche Szenen nicht entgangen sind («Die Kleine fährt aus und kömmt besoffen und impertinent zu Hause[9].») Die Abgeschlossenheit des kleinen Hofes, auch die merkwürdigen Tageszeiten, zu denen er empfangen wird, nimmt er unkommentiert hin. Der «Patron» muss eine starke Anziehungskraft besessen haben und ein einnehmender und gebildeter Diskussionspartner gewesen sein, jedenfalls lernte Jacques einen andern Karl von Braunschweig kennen als den in gängigen Werken beschriebenen. Der junge Schweizer begeisterte sich für ihn und nahm für sein Gratulationsschreiben auf das Neujahr 1847 ein geradezu höfisches Gehaben an: «Gnädigster Herr, unserer freien, althergebrachten Schweizer Sitte folgend, trete ich heute mit meinem aufrichtigen Neujahrswunsch vor Ew. königliche Hoheit. Nur wenige Worte sind es, die ich zu sagen mich gedrungen fühle, aber sie kommen von Herzen ... In Ihnen erblicke ich den aufgehenden Stern, die Leuchte des Republikanismus, d. h. der Freiheit. Um Ihre Person sollten sich demnach die Republikaner scharen, und ich bin überzeugt, als ein zweiter Napoleon würden Sie die Welt aufrütteln um den unterjochten Völkern Freiheit zu bringen ...» Er sieht ihn als eine Art Präsidenten der europäischen Republik und erwähnt seinen Scharfblick und seine Geistesgaben. Möglich, dass der Herzog sich ihm gegenüber ähnlich geäussert hat wie in seinem Vertrag mit Louis Napoleon, dass er, wenn es ihm gelinge, in sein Herzogtum heimzukehren, «wennmöglich aus ganz Deutschland eine Nation mache und dieser eine Verfassung gebe, die ihren Sitten und Bedürfnissen und dem Fortschritt der Zeit entspreche»[10]. Zum Schluss dankt Jacques dem Herzog für seine Stelle, die er eifrig und «mit Discretion» weiter erfüllen werde, und verspricht ihm für die «Tage des Kampfes» seine Loyalität.

Die ganze Widersprüchlichkeit um den Fürsten ohne Land kommt in diesem Schreiben zum Ausdruck: zwar ist er militanter Republikaner, lässt sich aber konsequent als Herzog und Königliche Hoheit anreden und beansprucht, völlig legitimistisch, nach wie vor seinen verlorenen

Thron. Aber, wo «in tyrannos» gestritten wird, zahlt er mit; persönlich scheint er das Sozialrevolutionäre abzulehnen, spielt aber durch Schabelitz in seiner Zeitung eifrig mit diesem Feuer, längst bevor er das Kommunistische Manifest abdrucken lässt.

Der Schweizer erlangte bald Karls volles Vertrauen und wurde mit allerhand Missionen betraut, die jenseits der redaktionellen Tätigkeit lagen. Da er mit dem Buchhandel vertraut und an Literatur interessiert war, hatte er für ihn Bücher zu besorgen, wir nennen nur Heines «Atta Troll», 1847 eine Novität. Karl hielt sich, was aus den Zeitschriftenkäufen und den häufigen Aufträgen für die Anschaffung von Büchern hervorgeht, bildungsmässig offensichtlich auf der Höhe der Zeit, vermutlich wird der «Exzentriker», was seine Bildung betrifft, unterschätzt. Die Ausführung solcher Aufträge wurde separat und offenbar grosszügig honoriert[11]. Als Karl eine seiner Proklamationen heimlich im Braunschweigischen zur Verteilung zu bringen suchte, liess er Schabelitz mit dem Schmuggler verhandeln: Er gibt ihm Instruktionen, die dieser mit dem Vertrauensmann Andert bespricht, für den er auch die Pakete adressiert. Die beiden legen den Reiseweg und die Kosten (20–30 £) fest. Zwischen dem 21.1. und dem 7.3. ist der Mann unterwegs. Nach «glücklicher Ausführung jenes nicht wenig schmerzenden Abenteuers in Deutschland» verewigt sich Andert in Jacques' Stammbuch mit einer etwas wirren revolutionären Tirade – er hat sich seiner Aufgabe gut, aber wirkungslos entledigt.[12]

In kürzester Zeit hatte sich Jacques zu einer Art von zweitem Sekretär entwickelt, eine Stellung, die eigentlich der Engländer Oddy einnahm, dem man im Tagebuch beider begegnen kann, in jenem des Herzogs mehr als einmal mit der etwas ärgerlichen Bemerkung «Oddy kam heute wieder nicht ...»[13]. Das Verhältnis zwischen dem Herzog und Jacques hat spürbar eine gewisse Freundschaftlichkeit angenommen; anlässlich einer abendlichen Besprechung zeigte er dem jungen Mann einen Goldbarren, ein andermal darf er seine berühmten Diamanten sehen, die ihm den Spitznamen «Diamantenherzog» eingetragen hatten und mit denen er auch spekulierte, indem er über die Zeitung «den grössten und schönsten Brillanten der Welt» für 15 000.– £ zu verkaufen suchte[14]. Umgekehrt durfte Jacques dem Herzog seine Freunde vorstellen, wie Freiligrath, Schapper, Trübner oder den Maler Becker, der daraufhin den Auftrag für ein Porträt erhielt; einmal bringt Jacques seinem Herrn ganz kameradschaftlich ein Stück Schweizer Käse zum Versuchen mit.

Die «Deutsche Londoner Zeitung»

Wir sahen Karl von Braunschweig in einer selbstgewollten Isolation leben, als Folge der tiefen gegenseitigen Ablehnung, die ihn von seinen, den Kreisen des englischen Hofes trennte, ferner durch sein unablässiges Pochen auf Legitimität und Thronanspruch. In diametralem Gegensatz dazu stand sein militanter Republikanismus, dank dem er, ebenso wie mit seinem Erkennen und Benützen des Einflusses gedruckter Medien und dem im Sinne von Louis Philippe betriebenen «enrichissez-vous», ein wahrhaftes Kind seiner Zeit war. Liebenswürdig ironisiert Freiligrath die Situation Karls, wenn er gegenüber Schabelitz bemerkt: «Der Bürger Herzog ist ein ordentlicher Mann und soll republikanisch bedankt sein.»[15] Der Herzog wollte, woran ihn seine zerbrochene Laufbahn hinderte, in der Politik weiterhin eine Rolle spielen und unterstützte daher in Paris die Zeitung «Le National», und an seinem Wohnsitz hielt er sich die «Deutsche Londoner Zeitung», die vor allem sein Sprachrohr war.

Nachdem Wagner, wie aus der Zeitung hervorgeht, politisch eher einen flauen Kurs steuerte, behagte Karl der frische Wind, den Schabelitz brachte, durchaus. Dass das Blatt für die «Arbeiter», an die es sich wendete und für die es sich einsetzte, zu intellektuell war, musste nicht beachtet werden, da man in der auf 50 000 Menschen geschätzten deutschen Kolonie Londons genügend Leser fand, die ein höheres Niveau verlangten. Das Deutsche galt in gewissen Kreisen als «fashionable», dank der Verbindung des Hauses Hannover mit dem von Sachsen-Coburg und dessen Anhang, so dass die «Deutsche Londoner Zeitung» ungeachtet ihres Kurses, auch von der «Gentry und Nobility» gelesen wurde.[16]

Die Zeitung erschien wöchentlich am Freitag und umfasste durchschnittlich acht Seiten politischer Nachrichten und eine vierseitige kulturelle Beilage, in der etwa die Opernkritiken, Freiligraths Gedichte oder Novellen und Biographien abgedruckt wurden. Der Leser erhielt konzentriert einen sehr abwechslungsreichen Lesestoff geboten, nicht zuletzt wohl, weil der neue Redaktor ohne Mühe private Korrespondenzen und Artikel anderer Zeitungen aus dem Englischen und Französischen übersetzen und adaptieren konnte[17]. Leider scheinen keine ganz vollständigen Jahrgänge der Zeitung erhalten zu sein.

Den Zweck dieser Auslandspresse beschreibt Freiligrath im Moment, in dem sie durch die Februarrevolution ihre Bedeutung zu verlieren beginnt. «Wahrscheinlich ist es jetzt doppelt schwer, dem Blatte ... einen ausgedehnteren Leserkreis hier [in London] zu verschaffen, wo die französischen und die deutschen so inhaltsschwer sind und wo die letzteren überdies bei zum Teil freier Presse ein gut Stück von dem sagen können, was sonst nur durch die freie deutsche Presse des Auslandes seinen Weg ins Publikum finden konnte.»[18]

Die Zusammenarbeit zwischen dem Herausgeber und dem Redaktor war sehr eng: Gemeinsam freuen sie sich über den vermeintlichen Tod von Louis Philippe und beraten die nun mögliche Übersiedlung nach Paris. Artikel werden abends redigiert, Zeitschriften liegen zur Lektüre auf und neue Aufsätze werden geplant. Gelegentlich berichtet der Herzog aus seinem Leben, so etwa über die Begegnungen mit Metternich 1823, der, was ihn wohl für Schabelitz nur sympathischer machte, die «Augsburger Allgemeine Zeitung» als eine «politische Hure» bezeichnet habe[19].

Auch wenn der Vergleich der Tagebücher von Jacques und dem Herzog keine völlige Übereinstimmung der Begegnungen ergibt, lässt sich feststellen, dass man sich oft mehrmals wöchentlich sah, und dass Karl über alles, was publiziert wurde und das ihm auch durch Boten vorgelegt werden konnte, informiert sein wollte. Lakonisch stellt er am 8.10.46 fest: «Erste Zeitung ohne Wagner.» Eine Woche später hat sich der neue Redaktor die Freiheit genommen, etwas «ohne Wissen» des Herzogs abzudrucken, was zu einer Rüge führt, die sich nur noch einmal wiederholt. Das eine Mal handelte es sich nur um eine Kritik über das Künstlerpaar Bochsa-Bishop, dem der Herzog mehr gewogen war als, aus verständlichen Gründen, Jacques, der sich entschuldigt, «durch Nichtvorlegen des Artikels gefehlt zu haben».[20] Das andere Mal war die Situation kritischer: Karl wollte seine problematischen Memoiren in der Zeitung weiter veröffentlichen, wogegen sich der Redaktor aus Qualitätsgründen wehrte. An ihrer Stelle wünschte er die im Vorjahr abgeschlossenen Lebenserinnerungen von Gustav von Kombst abzudrucken, welche dessen Vater um 100 £ anbot[21]. Jacques hatte am Manuskript Interesse, weil Kombst in den 30er Jahren als Redaktor der «Neuen Zürcher Zeitung» und des «Republikaners» und auch späterhin eifrig in den Schweizer Parteienkampf eingegriffen hatte[22]. Beim Erwerb hätte Jacques eine hübsche Gratifikation gelacht. Er durchging daher das Manuskript eingehend mit Trübner, aber beide befanden, dass es den Erwartungen nicht entspreche und politisch unergiebig sei. Die Diskussion, welche sich hinzog, endete mit dem definitiven Nein des Herzogs. Amelie Bölte liess die Erinnerungen wenig später im «Grenzboten» erscheinen[23].

Guten Einblick in die Vertrauensstellung von Schabelitz gibt ein Briefwechsel mit Karl Heinzen. Unter dem Motto: «Sie wollen die deutschen Fürsten ruinieren, ich will es auch!» bot sich dieser Autor von Zürich aus als Redaktor der «Deutschen Londoner Zeitung» an, da ihm hier der Boden zu heiss geworden war. Scharf kritisiert er, dass das Blatt bloss Republikanismus in fürstlichem Interesse treibe – was hauptsächlich dann zutraf, wenn Karls legitimistische Proklamationen erschienen. Kurz darauf empfahl auch Vater Schabelitz aus Basel Heinzen und sendete dessen Schriften, wobei er aber nur von «Mitarbeit» an der Zeitung schreibt, während Heinzen sich im Januar 1847 bereit erklärte, «die Hauptredaktion [des] Blattes zu übernehmen». Er würde dies «selbständig» tun müssen, «denn es kommt bei der Wirkung des Blattes darauf an, erstens, dass ein republikanischer Mann an der Spitze steht, und, zweitens, dass dasselbe kompetent aus einem Prinzip heraus redigiert wird».[24] Der Herzog, der Interesse an der Mitarbeit des bekannten Autors hatte, nicht aber an dessen Ansprüchen, liess ihm durch Schabelitz als seinen Sekretär antworten, man sei empört über die Verfolgung, welcher er in der Schweiz ausgesetzt sei, fährt dann aber vorsichtig weiter: «Bekanntlich bestehen hier [in London] ungeachtet die Presse völlig frei, sehr strenge Gesetze gegen Libelle oder vielmehr Verunglimpfungen von Personen». Auch bei «Gegenständen der Religion» seien die Gesetze streng. Alle Vergehen gegen diese Regeln, welche bei Heinzens Ton entschieden zu befürchten waren, hätte «der verantwortliche Redaktor, welcher Sie nicht sein können» (weil dies letztlich der Herzog ist) zu verantworten, was er ablehne. Jacques überarbeitete den Briefentwurf des Herzogs, der mit dem Vermerk «to give to His Highness immediately» ins Brunswick-House ging[25]. Karl Heinzen stand im Ruf, höchst hemdsärmelig zu sein. Wenn Marx ihn als einen «Rüpel» bezeichnet[26], scheint er der allgemeinen Ansicht entsprochen zu haben. Er war ein Feind aller Bürokratie, des herrschenden Systems und vertrat seine Ansichten mit Vehemenz. Grundsätzlich galt er als gewaltbereit, aber auch als ehrlich und tapfer[27]. Heinzens Einstellung liess sich schwer einordnen, denn er passte weder zu einem Kommunisten als Mitarbeiter, ja schien dieser Richtung bisweilen sogar entgegen zu arbeiten, aber auch mit dem «demokratischen Kommunismus» würde er nicht zusammengehen, und den liberalen Bourgeois gehe er entschieden zu weit.[28]

Schabelitz und Heinzen sind sich begegnet, und von diesem wurden häufig Aufsätze in der Londoner Zeitung abgedruckt. Eine letzte, briefliche Beziehung lässt sich 1877 im Zusammenhang mit der Ausgabe von Herweghs Gedichten im Verlags-Magazin feststellen.[29]

Ein weiteres gemeinsames Vorgehen des Herzogs und des Redaktors zeigen die Kontakte zum Journalisten Börnstein, der Anfang Januar 1848 eine Zusammenarbeit anbot. Eine undatierte, in diese Tage gehörende Notiz von Schabelitz lässt den Herzog wissen: «Sollten Sie gelegentlich wegen Börnstein zu sprechen wünschen ... vor 8 Uhr heute Abend könnte ich kommen, [da ich] um halb 9 in das Meeting der fraternal Democrats gehen muss, wo heute die bewusste Resolution gefasst werden wird.»[30] Am 4. Januar schien der Herzog auf die Angelegenheit «eingehen zu wollen». Mit Baron Andlau aus des Herzogs Umgebung wird das «Arrangement» weiter besprochen, und dann kann Jacques Börnstein die nötigen Instruktionen geben und ihn, was die Honorierung betrifft, an den Baron verweisen. Zehn Tage später liest der Redaktor dem Herzog einen Brief des Journalisten vor, den vor längerem schon Vater Schabelitz zur nun endlich zustande gekommenen Mitarbeit empfohlen hatte. Ein anderes Mal hatte der

63

Herzog die Anstellung eines weiteren Mitarbeiters an der Zeitung klar abgelehnt.[31]

Dass Neider in des Herzogs Umgebung dem jungen Schweizer seine Stellung streitig zu machen suchten, war unvermeidlich: unklar ist die Rolle des Sekretärs Oddy, der sich gegen Jacques in Fragen des Schriftankaufes mischte und aus Ungeschick oder Intrige die Stelle eines Faktors für die Herstellung der Zeitung zweimal vergab. Louis Bamberger setzte sich als Mitbetroffener heftig und erfolgreich zur Wehr und aus seinem Brief an den Herzog erfahren wir, dass auch er nicht nur im Deutschen und Englischen, sondern auch im Französischen und in den alten Sprachen «bewandert» war[32], sich also für den Posten, den ihm Jacques zugehalten hatte, bestens eignete. Ein andermal wurde ausgestreut, Schabelitz wolle heimkehren, und ein Nachfolger meldet sich auch gleich. Der Herzog begab sich deswegen persönlich ins Büro der Zeitung. Hier scheint der ehemalige Redaktor Wagner mitgemischt zu haben, da er gerne wieder Einfluss auf die Zeitung bekommen hätte.

In allen Scharmützeln stand Karl hinter seinem Redaktor, und das geistige Spektrum der Zeitung, welches aus der ungestörten Zusammenarbeit hervorging, darf sich durchaus sehen lassen. Dass die Person des Herzogs im Urteil der Zeitgenossen und der Nachwelt als Schatten auf dieser Leistung liegt, ist bedauerlich. Wenn der Journalist v. Bornstedt den Herzog nachdrücklich um Geld für das weitere Fortkommen der «Brüsseler Deutschen Zeitung» bat[33] und dabei bemerkte, sie sei keine Konkurrenz zur «Londoner Zeitung», so ist sie dies, zumindest in der Geschichtsschreibung, trotzdem geworden: die Literatur um Marx bezieht sich auf das in Belgien erschienene Blatt sehr häufig, während sie, vermutlich wegen des Eigentümers, dasjenige aus London nahezu totschweigt, obwohl es inhaltlich ebenbürtig war.[34]

Die Gesinnung der «Deutschen Londoner Zeitung» war, je länger Schabelitz tätig war, desto eindeutiger geworden. Die Kritiken aus dem radikalen Lager scheinen verstummt zu sein, dafür begannen sich liberalere Kreise zu Wort zu melden. Eine Zuschrift spricht von «gemässigtem Fortschritt, der zur politischen Entwicklung» führe, und empfiehlt eine gewisse «Unparteilichkeit». Dieser Brief wird zum Anlass genommen, deutlich Farbe zu bekennen: «Unser Blatt ist Partei!»[35] hiess die Überschrift. «Wir sind nun aber gar kein unparteiisches Blatt und halten jeden, der nicht Partei nimmt, für eine schlaffe Natur. Unser Blatt ist durch und durch Partei, denn es vertritt eine scharf ausgeprägte Ansicht. Wir würden es für eine grosse Beleidigung ansehen, wenn man uns für ein unparteiisches, das heisst farbloses Blatt halten könnte!» Wir spüren die Inspiration durch Herwegh: «Partei! Partei! Wer sollte sie nicht nehmen, / Die doch die Mutter aller Siege war! / Wie mag ein Dichter solch ein Wort verfemen / Ein Wort, das alles Herrliche gebar!»

Die Stellung zwischen dem Inhaber der Zeitung, den verschiedenen konkurrierenden radikalen Formationen und dem Willen, den Inhalt möglichst vielseitig und in dieser Hinsicht «liberal» zu gestalten, konnte nicht einfach sein, was aus den Dokumenten zu spüren ist. So ist es dem jungen Redaktor nicht zu verdenken, wenn er da und dort die Gelegenheit wahrnahm, an politischen Versammlungen auf die Verdienste seiner Zeitung hinzuweisen oder ein Lob zu provozieren und dies dann in seinen Spalten abzudrucken![36]

Der Einfluss des Herzogs, der sich mit der Zunahme seines Vertrauens in den Redaktor zu vermindern scheint, lässt sich nicht genau nachweisen. Unzweifelhaft bestand er da weiter, wo Proklamationen eingerückt wurden, die jedem Republikanismus Hohn sprechen: «Wir, Carl von Gottes Gnaden, souveräner Herzog von Braunschweig, Lüneburg, etc. etc. thun kund und zu wissen ...» ist zum Beispiel in der Neujahrsausgabe 1847 zu lesen[37]. Die «Untertanen» im Braunschweigischen wurden davor gewarnt, Domänen zu kaufen, die zu Karls praktisch enteignetem Vermögen gehörten. Unter Berufung auf das Recht seiner Geburt, die Garantien der Wiener Verträge und die deutsche Bundesakte protestiert der Herzog abschliessend gegen die Usurpation des Throns durch seinen Bruder. Im Laufe des gleichen Jahres kommt Karl auf die Nachfolgefrage zurück und behauptet: man habe ihm eine hohe Abfindung (aus dem ihm vorenthaltenen Erbe) angeboten, wenn er vertraglich darauf verzichte, sich ebenbürtig zu vermählen ...; die deutschen Monarchen sorgten vor, dass kein eventueller Nachkomme die legitimen Ansprüche für eine weitere Generation geltend mache[38]. Ebenso unrepublikanisch nimmt sich ein Schreiben von Hamburg aus, welches, dem Herausgeber schmeichelnd, dem «durchlauchtigsten Herzog» für eine Spende dankt, als ob er «regierend» wäre![39]

In die entgegengesetzte, sozialkritische Richtung zielten die Artikel, welche sich gegen Karls Verwandte am englischen Hofe richteten. Da entsprechen die Pfeile genau den gegenüber Heinzen erwähnten «Verunglimpfungen», etwa wenn der Herzog von Cambridge, ein Onkel der Königin, ungestraft als «Dummkopf» oder «Vielfrass», als «Plappermaul mit Kastratenstimme» bezeichnet werden darf[40]. An anderem Ort werden die Kosten von Viktorias Hofhaltung polemisierend beleuchtet: 77mal soviel wie dem Präsidenten der Vereinigten Staaten, nämlich 385 000 £ würden der Queen vom Parlament zugesprochen. Zudem erhalte Prinz Albert, dessen arg profitierende, ärmere Coburger Verwandten, die man als Schmarotzer empfindet[41], besonders aufs Korn genommen werden, weitere 30 000 £, «was ein Teil des sauern Verdienstes des ... übermässig angestrengten, schlecht bezahlten Arbeiters» sei. Dank dem, was wir heute Recherchier-Journalismus nennen würden, ist der «Deutschen Londoner Zeitung» ein Papier in die Hände gekommen, aus welchem hervorgeht, dass für die Bewirtung von Ibrahim Pascha 2615 £ verbraucht worden seien, «während das Volk in Irland und Schottland in einem Zustand des Verhungerns» sich befunden habe.[42]

Vermutlich sah der Herausgeber auch die genüsslichen Polemiken, welche gegen die «Times»[43] – die eine seiner Proklamationen nicht abgedruckt hatte –, die «Augsburger Allgemeine» oder eine Bremer Zeitung geführt wurden, mit einigem Vergnügen. Auch die Bemerkung des Grafen de Montalembert vor der Nationalversammlung in Paris, dass die Ordnung Europas gefährdet sei «par une nouvelle invasion des barbares»[44], veranlasst die radikale Seite zu einer höchst empfindlichen Reaktion, auch wenn man selbst mit seinen Gegnern alles andere als zimperlich umging. Die Lehre für den künftigen Redaktor der Basler «National-Zeitung» war höchst vielseitig. Dieser rüde Ton der DLZ fand auch in der «National-Zeitung» seine Spiegelungen: Louis Philippe wird als «Schacherjude der europäischen Freiheit» zitiert, und auch die spöttische Verballhornung Mitternacht-Metternich findet Verwendung[45].

Die Absicht, der DLZ auch in Deutschland und der Schweiz Leser zu finden, geht aus dem Bestreben von Vater Schabelitz hervor, sie in Frankreich, Deutschland und der Schweiz zu vertreiben,[46] wo immer möglich wohl unter Umgehung der wachsamen Zensur, und vor allem durch entsprechend interessierende Artikel. Die starke Beachtung der schweizerischen Vorgänge war naheliegend; in Frankreich dürfte, wenn überhaupt, nur das deutschsprechende Elsass als Leserkreis in Frage gekommen sein, während deutsche Käufer, sofern sie der Ausgaben habhaft werden konnten, mit manchem bekannt wurden, was ihre Zeitungen verschweigen mussten.

Als Beispiel sei etwa das «Deutsche Hospital» in London herausgegriffen. Es war dies eine soziale Gründung, deren Initiant und leitender Arzt Dr. Freund war. Die Institution, die etwas mehr als 40 Betten zählte, wurde «unter die schwarzen Fittiche des preussischen Kuckucks gestellt», und der Gesandte von Bunsen mit seinem Anhang machte sogleich seinen religiösen und königstreuen Einfluss geltend. Nach gut zwei Jahren zeigte sich, dass das Spital zu klein war, und nun entstand eine unerfreuliche Auseinandersetzung zwischen dem Komitee unter dem Herzog von Cambridge und den Vereinsmitgliedern. Dabei wurden religionskritische, soziale und politische Gesichtspunkte hart gegeneinander ausgespielt, im Jargon der Zeitung «pfäffisch-jesuitisch-politische». Schabelitz war mit den Freunds bekannt und öffnete dem Streit, der nach einigen Monaten mit dem erzwungenen Weggang des Arztes endete, gerne seine Spalten. Der unverhohlene Zorn der «Deutschen Londoner Zeitung» scheint seine Berechtigung gehabt zu haben, was ein fernes Echo aus Berlin zeigen mag, welches Amalie

Bölte, zeitweilige Mitarbeiterin von Schabelitz, bei Varnhagen von Ense bewirkte: «Ganz abscheulich aber sind die Ränke und Gewaltstreiche, die gegen den wackeren und tüchtigen Dr. Freund geführt worden, dessen Geschichte ich ... mit Empören gelesen hatte»[47]: die Anteilnahme an der deutschen Kolonie in London scheint über Zeitungen wie die DLZ und Briefe beachtlich gewesen zu sein; auch die «National-Zeitung» in Basel bat in einem ausführlichen Artikel um Naturalgaben für den Bazar zugunsten des Hospitals.[48]

Sonderbundskrieg

Ein besonderes Anliegen war es für Schabelitz, über die Schweiz zu berichten, was ihm sicher gerne zugestanden wurde, weil die Entwicklungen in der Eidgenossenschaft, auch wenn Schabelitz die Redaktion nicht innegehabt hätte, ein Thema für die Londoner Zeitung gewesen wären: hier drängte eine Auseinandersetzung zur Entscheidung, deren Austrag man für ganz Europa erhoffte: der Gegensatz zwischen dem konservativen Sonderbund und den erneuerungswilligen Kräften verschiedener liberaler Schattierungen beschäftigte nicht nur die Schweiz, sondern unter anderen Vorzeichen auch die Monarchien. Unter diesen mit einer bewaffneten Intervention spielenden Mächten war es einzig das englische Kabinett unter Palmerston, welches eine gewisse Sympathie für die progressiven Kräfte in der Schweiz zeigte – des Redaktors Aufatmen, als dieser im Februar 1847 seine Stellung bewahren konnte, ist sehr verständlich.

Im Zeitpunkt, als Schabelitz die Arbeit an der Londoner Zeitung aufnahm, hatte die Tagsatzung unter dem Freunde Zehnder in Zürich getagt, musste aber, trotz der offenen Kontroversen, ohne entscheidende Beschlüsse in der Sonderbunds- und Jesuitenfrage gefasst zu haben, auseinandergehen. Noch waren zu viele Stände durch Konservative bestimmt. Im Juli kamen, dank der neuen liberalen Welle, in Bern Ochsenbein und Stämpfli an die Regierung und Schabelitz' verbannter Rechtslehrer Wilhelm Snell wurde zurückberufen. Die Sympathien seiner Heimatstadt Basel waren nach wie vor auf seiten des Sonderbundes. Im Oktober dann schien, wohl unter dem Einfluss der revolutionären Ereignisse in Genf, die den Radikalen James Fazy an die Regierung brachten, auch Basel-Stadt für Neuerungen offener zu werden. Ein Verfassungsrat wurde einberufen, aus dessen Verhandlungen im April 1847 eine mässig erneuerte Verfassung hervorging.

Über diese kantonalen Umwälzungen und kleinen Revolutionen suchte Schabelitz die Londoner Deutschen systematisch auf dem laufenden zu halten, nicht ohne den gewissen Stolz, dass in seiner Heimat die Dinge sich in Richtung auf den Liberalismus in Gang befanden. Er umschreibt auch die Ziele der Radikalen, welche auf legalem Weg einen Bundesstaat und eine gestärkte Tagsatzung zu erreichen suchten, ohne aber die Kantone in einem Einheitsstaat aufgehen lassen zu wollen.[49]

Neben der allgemeinen politischen Entwicklung finden die individuellen Schwierigkeiten der Flüchtlinge Beachtung, unter denen sich in der DLZ vor allem Karl Heinzen profilieren kann, der von verschiedenen Exilstationen aus berichtet, dass man ihm wegen seiner Angriffe gegen Deutschland Asylmissbrauch vorwerfe. «Revolution wird und muss mein deutsches Vaterland umgestalten. Dies ist allerdings nach meiner Überzeugung eine geschichtliche Notwendigkeit und die habe ich ausgesprochen.»[50] Zugleich erschienen in der DLZ Auszüge aus dem inkriminierten «Deutschen Tribun» und anderen seiner Aufsätze.

Heinzens Beobachtungen zum Verhältnis der deutschen Flüchtlinge und den schweizerischen «Gastgebern» blieb leider zu unbekannt, um Schule zu machen: Es sei, beginnt er, für Deutsche eine missliche Sache, «sich in die Schweizer Angelegenheiten zu mischen». Die zum Teil berechtigte, zum Teil kleinliche und ungerechte «Eifersucht der Schweizer auf ausschliesslich eigene Betreibung ihrer politischen Wirtschaft» sei so gross, dass sie den «Fremden, insbesondere den Deutschen, nicht bloss hassen, wenn er ihnen opponiert, sondern ihm auch mitunter keinen Dank dafür wissen, wenn er ihnen hilft». Der Zugereiste ist «fremd, und diese Qualität stellt ihn stets zur Disposition» [in eine unsichere Position]. Sogar das erworbene neue Bürgerrecht schütze nicht «vor der Gefahr, isoliert und angefeindet zu werden, sobald er [eine] Partei ... einige Selbständigkeit» fühlen lasse. «Es sollte daher keinem Teutschen einfallen, in der Schweiz eine politische Rolle spielen zu wollen.» Er gefährde sonst nur seine und die Existenz seiner Landsleute. Die Schweiz habe «jene ‹nationale› Eifersucht, welche vor allen Dingen danach fragt, wo man an das Licht der Welt hervorgekrochen sei.»[51] Die Fortsetzung des Aufsatzes, dessen Inhalt sich mancher der damaligen Zugewanderten hätte merken sollen, betrifft die diplomatischen Ränkespiele um das Fürstentum Neuenburg und die Flüchtlingsfragen.

Sein Wissen über die heimatlichen Verhältnisse bezog Schabelitz aus der ihm regelmässig zukommenden «National-Zeitung» (die bei stürmischem Wetter allerdings verspätet über den Kanal kam) aus privaten Korrespondenzen und Kommentaren. Zu Handen der Schweizer Leser – wie zahlreich sie waren, ist nicht feststellbar – wurden im März 1847 Warnungen vor den Jesuiten und ihrer Absicht, den Waffengang unter den Kantonen zu provozieren, ausgesprochen.[52] Wohldokumentiert weist die Zeitung auf die zunehmende Bedrohung durch die europäischen Mächte hin: «Unsere Aristokraten, oder nach der neuen Benennung ‹Conservativen›» hätten gut lachen, da sie das «absolutistische» Ausland auf ihrer Seite wüssten. Aber, der «freisinnige Schweizer» werde notfalls noch «über den Trümmern seiner Heimat, verschmolzen mit anderen Staaten» den Absolutismus bekämpfen, er werde «nicht das alte wieder herstellen, sondern im neuen das alte Vaterland zu schaffen suchen».[53]

Über den Besuch des erklärtermassen auf seiten des Sonderbundes stehenden französischen Botschafters Bois le Comte bei Ochsenbein und dessen beherzte Antwort auf die ausländischen Drohungen wird eingehend berichtet[54]. Wie sehr die schweizerischen Probleme die politisierenden Kreise in London bewegten, zeigt eine Diskussion, welche die «Fraternal Democrats» über dieses Thema führen. Auch die Argumentation der Mächte, dass sie 1815 die Existenz der Schweiz nur als einen Staatenbund souveräner Kantone garantiert hätten und dass die innere Umgestaltung des Landes zum Bundesstaat ihnen nun freie Hand zum Eingreifen gäbe, wird den Lesern erläutert. Natürlich wird auch die diesbezügliche, stete Zurückhaltung Englands entsprechend gewürdigt.

Im Juli endlich ist die Tagsatzung dank den nun mehrheitlich von liberalen Verfassungen bestimmten Ständen in der Lage, den Beschluss zur Auflösung des Sonderbundes zu fassen: Wir dürfen «auf die diesjährige Tagsatzung mit mehr Hoffnung hinblicken als auf viele früheren. Es ist Aussicht vorhanden, dass sich eine Mehrheit von Stimmen für die Bundesrevision aussprechen werde, trotz Nikolaus und Metternich, trotz dem Berliner Komödianten und dem elenden Louis Philipp; es ist Gewissheit da, dass ein Zwölfstimmenbeschluss dem Treiben der Ultramontanen ein Ziel setzen, den Sonderbund auflösen und die Jesuiten aus dem Lande weisen wird. Die liberale Mehrheit der Tagsatzung wird allen Niederträchtigkeiten der monarchischen Mächte gegenüber zu ihren Beschlüssen stehen und es darauf ankommen lassen, ob über einem Interventionsversuche der lang verschlossen gehaltene Krater der Revolution sich über ganz Europa ausgiessen und alle moderne Tyrannei in seinen Flammen begraben werde.»[55]

Ob sich Schabelitz in der DLZ nicht auch gewissen Illusionen über die Volksstimmung hingab[56], wie ein gutes halbes Jahr später Hecker, Struve und ihre Mitstreiter bezüglich Deutschlands, musste zum Glück nicht bewiesen werden.

Das stete Wachsen der Kriegsgefahr in der Schweiz wird registriert, und die Wahl des «loyalen Konservativen» Henri Dufour zum General begrüsst[57]; von ihm, aber auch vom Führer des Sonderbundes, Ulrich von Salis-Soglio, werden biographische Notizen gegeben; auf die Leistung der Dufour-Karte wird verwiesen, aber auch auf Dufours Sympathie für Louis Napoleon. Das fortgesetzte Zögern von Basel-Stadt, sich mit einem Truppenkontingent den liberalen Kantonen anzuschliessen, wird kommentarlos gemeldet.

In diesen aufregenden Wochen vertraut Jacques dem Tagebuch an: «Ich wäre gern zu Hause!»[58] Den Jubel dann über den Fall von Freiburg, die Einnahme Luzerns und die Auflösung des Sonderbundes kann der Schweizer nicht nur am wichtigen Abend, welchen Marx und Engels besuchten, in den Bildungsverein tragen (s. S. 45 und 81), sondern er findet auch in der Zeitung ein entsprechendes Echo. Nun wurde die bereits im Sommer erwähnte Adresse der «Fraternal Democrats» an die Tagsatzung endgültig redigiert, welche das Lob der englischen Radikalen für ihre erfolgreichen schweizerischen Gesinnungsgenossen ausdrückt; die Zeitung druckt sie in der Übersetzung ihres Redaktors ab (s. S. 46).

Der kurze, siegreiche Krieg hatte dem kleinen Land, dem Sonderfall einer Republik inmitten von feindlichen oder zumindest skeptischen Monarchien, den Weg zu einer neuen, zeitgemässen Verfassung und Umgestaltung geöffnet[59]. Mit kritischer Aufmerksamkeit wurde aber das Verhalten der Mächte weiterverfolgt, so Frankreichs erneute Forderung nach Rückberufung der Jesuiten, der sich weitere Monarchien, ausser England, anschlossen – bis dann die Februartage in Paris die Regierungen urplötzlich mit Sorgen konfrontierten, neben denen die durch die Schweiz bedingten völlig verblassten.

Die Behauptung, dass Palmerston ein Teilungsplan für die Schweiz vorliege[60], welchen Frankreich und Österreich in Form eines geheimen Abkommens vorgesehen hätten, dürfte die Gemüter im Januar 1848 erregt haben. Dann trat die Berichterstattung über die Schweiz zunehmend in den Hintergrund, während eine allgemeine Erregung spürbar wird, die sich vor allem in Reden und Berichten über die Versammlungen der verschiedenen radikalen Vereine spiegelt. Die Adresse an die siegreichen Republikaner in Paris wurde unmittelbar nach dem grossen Ereignis der Revolution mit Schabelitz' Unterschrift abgedruckt[61] und bis zu seiner Abreise aus London durfte Freiligrath in der «Deutschen Londoner Zeitung» mehrere seiner besten Revolutionsgedichte publizieren, zu denen ihn das laufende Geschehen immer neu inspirierte.

Vermutlich noch von Schabelitz veranlasst, aber erst abgedruckt, nachdem er London verlassen hatte, ist die Nachricht in der DLZ von ersten Flüchtlingen, die nach Gefechten im Badischen in Basel Zuflucht suchten[62]. Unter ihnen werden Struve, Börnstein, die Herweghs und Bornstedt erwähnt, Hecker wurde sozusagen stündlich da erwartet. Ohne Erwähnung übernahm nun Louis Bamberger die Redaktion der Zeitung, während Schabelitz ihr einstweilen mit Meldungen aus Paris treu bleiben wird.

1 MS Br. 20, 424
2 TB Neujahrstag 1847
3 TBH 28.1.47
4 TBH 30.9.46
5 Treitschke II, Ss. 99, 124
6 Böse, S. 60
7 Treitschke I, S. 100 ff., vgl. auch Böse
8 HBLS
9 TBH 29.10.46
10 Brief JS an den Herzog, 1.1.47, MS Br. B 11, 228/229; «Verfassung» zit. nach Denes, Journal de Genève, 3.6.1945
11 TB z. B. 7.4.47
12 Stammbuch, AS, «Andert, Lavierer»; MS Br. 20 f., 8; TB 23.1.; 27.1.; 7.3. und 9.3.1847
13 TB 9.3.; 3.9.1847; DLZ
14 DLZ 1847, S. 1178; Schweizer Käse: TB 30.1.47
15 Freiligrath an JS, ohne Datum, UBB
16 NZ, 1847, S. 447
17 TB 31.1.; 3.3.47
18 Freiligrath an JS, 22.3.48, UBB; Karl II. hatte die DLZ Ende 1845 gekauft; Dénes, S. 57
19 TB 1847 2.7.: Louis Philippe; 3.7. Übersiedlung; 7.10. Metternich
20 MS Br. 38, 76; TBH 15.10.46
21 TBH 23.3.47
22 vgl. Weisz
23 TB 1847: 23.3.; 26.3.; 1.4.; 26.6.; 7.7.
24 MS Br. 38, 336, Briefe Heinzen an DLZ 1 7.11.46; 10.1.47; J. Ch. Schabelitz an DLZ 14.12.46
25 MS Br. 391, JS an Heinzen, 15.1.47
26 Marx an Engels, 8.8.51
27 Huch, 1848: S. 266; Freitag: S. 46
28 NZ 1847, S. 851; DLZ 25.2.48
29 Brief JS an Emma Herwegh, 23.2.77, Archiv Liestal
30 JS an Herzog, MS Br. 38, 74 f.; TB 4.1.48; MS Br. 38, 368, J. C. Schabelitz an DLZ
31 TBH 18.1.48; TB 4./5.8.47
32 MS Br. f. 218; Bambergers Brief muss um den 16.11.46 zu datieren sein
33 TB 13.3.47; DLZ 16.7.47; MS Br. 20 f. 213, Bornstedt an Herzog
34 Dénes S. 50 f.
35 DLZ 3.9.47
36 DLZ 7.1.48
37 DLZ Nr. 1, 1847
38 DLZ 13.8.47
39 DLZ 20.8.47
40 DLZ 28.1.48
41 DLZ 9.7.47
42 DLZ 9.7.47
43 DLZ 8.1.47
44 DLZ 22.1.48
45 NZ 1847, Ss. 555 und 955
46 MS Br., 20 390, 13.10.46; NZ 2.1.47
47 Varnhagen: S. 87, 16.3.48
48 DLZ 22.10.; 5.11.; 17.12.47; 21 .1.; 28.1.; 1.2.48; NZ 1847, S. 295
49 DLZ 6.11.46
50 DLZ 8.1.47
51 DLZ 22. 10.47; 29.10.47
52 DLZ 5.3.47
53 DLZ 2.4.47
54 DLZ 11.6.47
55 DLZ 16.7.47
56 DLZ 22.8.47
57 DLZ 5.11.; 12.11.47
58 TB 7.11.47
59 DLZ 17.12.; 24.12.47; Dierauer V, S. 805 f.
60 DLZ 7.1.48
61 DLZ 12.5.48
62 DLZ 12.5.48

Die Beziehung zu Ferdinand Freiligrath

Ferdinand Freiligrath war längst ein berühmter und bewunderter Dichter, als ihm Nikolaus Trübner am 13. April 1847 den jungen Schweizer Freund vorstellte. Er hatte sich vom Konformisten zum Oppositionellen gemausert, hatte den Romantiker, die orientalisch-balladesken Gedichte hinter sich gelassen und kürzlich die vehement revolutionären Fanfarenstösse «Ça ira!» veröffentlicht, die ihm den Verbleib in der Schweiz verunmöglichten. Da war er mit Follen, Herwegh und anderen Radikalen zusammengewesen, hatte zeitweise im «Meienberg» in Rapperswil und in Zürich gelebt. Im Juli 1846 siedelte er nach London über[1]. Jacques kannte und verehrte dieses Genre von Gedichten und stand nun dem Berühmten gegenüber; erstaunt, vielleicht auch erleichtert notiert er: «Ich fand in ihm einen einfachen, gewöhnlichen Mann, mit dem ich gleich ganz familiär wurde.»[2] Freiligraths Begabung zur freundschaftlichen Begegnung wird auch von anderen erwähnt, und seine Kenntnis der Schweiz vermochte wohl erstes Vertrauen zwischen den beiden zu bilden. Hatte der Ältere seine Berühmtheit in diese neue Beziehung einzubringen, so war es beim Jüngeren seine Eigenschaft als Redaktor, dem die Möglichkeit gegeben war, neue Gedichte zu publizieren. Um ein solches ging es denn auch bei diesem ersten Kontakt; es sollte gedruckt und verteilt werden, wozu die Mittel fehlten. Jacques bekam sie am gleichen Abend vom Herzog, was er dem Dichter sofort mitteilte und von ihm ebenso postwendend «eine verbindliche Antwort» erhielt, die er «als interessantes Dokument unter die Aktenstücke meiner Londoner publizistischen Karriere» legte.[3] In Jacques' Nachlass befinden sich über ein Dutzend Briefe und Gedichte von Freiligrath, mehr als von allen andern Bekannten, was vielleicht auch damit zusammenhängen könnte, dass, als Schabelitz am Jahrhundertende starb, der Name Freiligrath noch immer einen besonderen Klang hatte und man sie daher behielt. Im erwähnten ersten Brief wird der um 17 Jahre Jüngere als «Hochgeschätzter Herr» angeredet, dann fährt Freiligrath fort, zwar werde «das Gedicht ... sein Teil dazu beitragen, die Berliner Polizei in Atem zu halten», aber, «was das Ästhetische desselben angeht, so kennen Sie meine Meinung darüber und werden aus *diesen* Gründen mich nicht missverstehen, wenn ich Sie freundlich bitte, mich keinesfalls ... als Einsender des Liedes zu bezeichnen. Schon *deswegen* müssen wir die Tyrannen aus der Welt schaffen, weil sie uns zwingen, schlechte Gedichte gegen sie zu schreiben!»[4] Kurz zuvor finden wir in einem Brief Varnhagens, dem die neuen Töne in Freiligraths Gedichten offenbar Missklänge sind, die Bemerkung, der Dichter sei «unbedachterweise in einen Irrgang geraten, zu dem nicht einmal das eigene Naturell ihn trieb und in welchem sein Talent keine Nahrung findet; ich bedaure ihn herzlichst, denn er ist innerlich gut und brav und es ist hart, dass blosse Geschmacklosigkeit solche Folgen haben kann.»[5]

Mitte Mai ergab sich ein weiterer Kontakt, denn beide, Freiligrath und Schabelitz, waren um das berufliche Fortkommen ihrer Bekannten eifrig bemüht. Bald sendete ihm Schabelitz einen Basler zu, bald empfahl Freiligrath einen Setzer oder einen Literaten: «Herr Burckhardt brachte mir gestern Ihre [Schabelitz'] einführenden Zeilen, als ich eben eilig vom Comptoir gehen wollte. Doch hab' ich ihm noch gesagt, dass ich mich für ihn umhören ... wolle. Nur fürchte ich, dass wenig Chance ... da sein wird. Auf dem Office ... ist das Personal übercomplet, und meine sonstigen Verbindungen in der City sind weder zahlreich noch einflussreich ... ich werde mich für Herrn Burckhardt gewissenhaft bemühen.»[6] Der Sänger der Revolution lebt, wie der Brief zeigt, bürgerlich-schlicht als kaufmännischer Angestellter in der City.

Als typische Zeiterscheinung taucht ein hochstaplerischer Agent oder Literat auf, der sich bei beiden mit «Grüssen» von gemeinsamen Bekannten eingeführt hat und sie mit seinem Auftreten ärgert. Schabelitz versucht ihn mit einem Zeitungsbericht abzuhalftern, indem er ihn als «Seine Exzellenz, den homme de lettres hongrois, Bakos Palotai Karoly Maria Grafen von Kertbeny»[7] apostrophiert. Freiligrath bezieht sich auf eine bereits früher erschienene Erwähnung: «Erst gestern las ich in Ihrer Zeitung einen Artikel über einen Ungarn oder Wiener, Benkert. Sollte die Zeitung unter dieser Person einen Herrn Kertbeny verstehen, der sich bei mir ... mit Grüssen Heines und einiger Zürcher Freunde einführte ... so ... muss ich gestehen, dass mir auch ohne Ihre Warnung in der Zeitung schon allerlei Zweifel an der Wahrhaftigkeit ... des Herrn ... gekommen waren ... [für] deren Aufklärung durch eine einfache Mitteilung dessen, was sie ... authentisch wissen, ... ich Ihnen aufrichtig dank wissen würde.»[8] Die gewünschte Benachrichtigung erfolgte dann mündlich, ein angenehmer Anlass für eine persönliche Begegnung.

Schabelitz war es zur Auflockerung der Texte in der Zeitung lieb, wenn Freiligrath seinen Pegasus sattelte, die Briefe sind dafür Zeugnis; dass die eher leicht sprudelnde Produktivität auch empfindlich gestört werden konnte, beklagt der Dichter: «Ich wollte Ihnen gern Etwas für Ihre nächste Nummer schicken, wurde aber gegen Abend wieder so unwohl, dass ich mich kaum rühren, geschweige denn meinem ‹hohen Genius› die Flügel frei lassen konnte. Ich gehe heute früh nach Hause und werde mich dann wahrscheinlich ein paar Tage im Zimmer halten, um meine furchtbaren Kopf- und Brust- und Rückenschmerzen los zu werden. Hoffentlich kann ich Ihnen im Lauf der Woche doch noch etwas geben, was dann gleich als fliegendes Blatt gedruckt und darauf in die Zeitung von künftiger Woche aufgenommen werden könnte, sofern Ihnen dies Arrangement recht wäre.»[9] Mittlerweile ist die Beziehung bereits soweit gediehen, dass Freiligrath vom «verehrten Herrn» zum «Bürger» als Anrede übergegangen ist und mit «republikanischem Gruss» endet.

Auch wenn eine gute Freundschaft zwischen Marx und Freiligrath bestand und der Dichter sich zur Sozialrevolution bekannte – nicht ohne sich immer primär als Künstler zu sehen –, verkehrte er offenbar in den revolutionären Zirkeln kaum, zumindest wird er in diesem Zusammenhang bei Schabelitz nie erwähnt. Er hat, dank der Zeitung, wohl mehr persönliche Kontakte mit Freiligrath gehabt, als wir nachweisen können; dies geht auch aus den Briefen hervor, die leider zumeist nicht datiert und daher nicht genau einzureihen sind. Nach Weihnachten 1847 notierte er im Tagebuch: «Am Montag Abend war ich mit Trübner, Becker und Freiligrath zu Herrn Levin in Cumberwell zum Supper eingeladen. Da ging's hoch her! Und welche Unterhaltung! Wie gemütlich ist Freiligrath! Es wurde von diesem letzteren der Vorschlag gemacht, einen kleinen Club zu bilden und jede Woche einmal zusammen zu kommen. Natürlich wurde dies mit Glanz beschlossen und Herr Levin mit Aufsuchung eines Lokals beauftragt. Unter Gesang und Fidelität verstrich uns die Zeit sehr schnell und es war Mitternacht, als wir von Levin weggingen.»[10] Der kleine Club formierte sich tatsächlich: «Samstag Abend begab ich mich nach der White Hart Tavern, Liverpool Street, wo der von Freiligrath proponierte Club sich zum ersten Mal versammelte. Wir waren nur sieben: Freiligrath, Levin und ein Fremder, Becker, Trübner, Krauss und ich. Der Abend verging uns bei sehr angenehmer Unterhaltung, wobei ich besonders Freude an dem gemütlichen Wesen Freiligraths hatte.»[11] Man trennte sich, nachdem man beschlossen hatte, sich jeden Freitag so zu treffen. Nach einem nächsten Zusammensein des Clubs vermerkt Jacques: «nach einem sehr angenehmen Abend» ... «ich bin mit Freiligrath schon sehr befreundet.»[12] Dass auch diesem am formlosen «Club» lag, geht aus einem der Briefe hervor: die «augenblickliche Dumpfheit» nach einem eigentlich «soliden» Abend, zwang ihn ins Bett. Zwar hofft er, am «Montag wieder auf Strümpfen» zu sein, aber «es tut [ihm] nur leid, dass die dumme Geschichte [ihn] verhindert, bei dem Bürger Levin diesen Abend [seine] Schuldigkeit zu tun».[13]

In einem der Nachrufe auf Schabelitz wird seine Freundschaft mit Freiligrath erwähnt und mit der hübschen Anekdote bereichert, als erstem habe der Dichter ihm jene bekannten Zeilen vorgelesen, zu denen ihn die Ereignisse in der Schweiz inspiriert hatten:

Im Hochland fiel der erste Schuss
Im Hochland wider die Pfaffen!
Da kam, die fallen wird und muss,
Ja, die Lawine kam in Schuss –
Drei Länder in den Waffen!
Schon kann die Schweiz vom Siegen ruhn
Das Urgebirg und die Nagelfluhn
Zittern vor Lust bis zum Kerne!

Sie rollt – sie springt – O Lombardei
Bald fühlst auch Du ihr Wälzen!
Ungarn und Polen macht sie frei,
Durch Deutschland dröhnen wird der Schrei
Und kein Bannstrahl kann sie schmelzen!
Einzig in der Freiheit Wehn
Mild und leis wird sie zergehn
Des alten Zorns Lawine

Ja, fest am Zorne halten wir,
Fest bis zu jener Frühe!
Die Träne springt ins Auge mir,
in meinem Herzen singts:
«Mourir, Mourir pour la Patrie!»
Glück auf, das ist ein glorreich Jahr,
Das ist ein stolzer Februar –
«Allons enfants» – «Mourir, mourir,
Mourir pour la Patrie!»

Das Gedicht ist vom 25. Februar datiert, einem Freitag, an dem der kleine Club zusammenkam und des Dichters neustes Werk anhörte, und Schabelitz veröffentlichte die Strophen in der nächsten Ausgabe der Zeitung, am 3. März. Allerdings brauchte er einen entschuldigenden Nachsatz: «Wir bitten unsere Leser zu beachten, dass dieses Gedicht von dem berühmten Verfasser geschrieben wurde, ehe die Nachricht von Louis Philipps Absetzung in London bekannt war.»[14]

In der nächsten Ausgabe sehen die Leser ebenso flammende Verse von Freiligrath, die nun auf die Ereignisse in Paris Bezug nehmen. «Wie gefällt Ihnen das zweite Lied? Das Schlagwort ‹Republik› wird den tauben Ohren gehörig drin eingepaukt. Vielleicht wiederholt es sich zu oft, doch war das Absicht. Zudem rollt das Ding durch diese ewige ‹Republik› wie zwanzig Trommeln. Ich wollte, ein ordentlicher Componist machte sich drüber!»[15]

Die Republik, die Republik!
Herr Gott, das war ein Schlagen!
Das war ein Sieg aus einem Stück!
Das war ein Wurf! Die Republik!
Uns alles in drei Tagen! ...[16]

Wie die ganze Londoner Emigration, sieht auch der Dichter die «eine deutsche Republik» schon voll verwirklicht und Mitte März können sich die Leser der Zeitung an einem weitern Jubelruf Freiligraths begeistern:

In Kümmernis und Dunkelheit,
Da mussten wir sie bergen.
Nun haben wir sie doch befreit
Befreit aus ihren Särgen
Ei wie das blitzt und rauscht und rollt
Hurrah, du Schwarz, du Rot, Du Gold!
Pulver ist schwarz
Blut ist rot
Golden flackert die Flamme!

In Basel wunderte man sich, wie unerwartet rasch das neue Werk auch in der «National-Zeitung» erscheinen konnte – dem Chronisten war offenbar entgangen, dass das Londoner und das Basler Blatt sozusagen in «Personalunion» verbunden waren. Eine Handschrift des Gedichtes findet sich in Schabelitz' Nachlass.[17]

«Die Ereignisse überstürzen sich jetzt und agitieren selbst so gewaltig, dass es der Agitation durch Verse überhaupt nicht mehr bedarf. Wenn die Geschichte und das Volk Gedichte loslassen, wie eben jetzt, so darf der Poet schon das Maul halten. Wer möchte auch *Lieder* hören, wenn die Welt von *Taten* dröhnt! Ça va! In 4 Wochen von heute an wissen wir mehr!»[18] Und in eben diesem Drang des Geschehens meldete Freiligrath dem Redaktor am 21. März, der König von Preussen habe abgedankt und befinde sich auf der Flucht, immerhin mit der Einschränkung, dies bedürfe noch der Bestätigung. Es war, wie so manches in diesen Monaten, reines Wunschdenken der auf die Heimkehr hoffenden Emigranten[19]. Auch den Dichter zieht es heim nach Deutschland, und er möchte am Freiheitsrausch teilhaben, aber «aus elenden ökonomischen Rücksichten» kann er nicht vor Ende April «flott werden», das heisst: reisen[20]. Dass er sogar bis Anfang Mai warten musste, wissen wir dank dem Stammbuchblatt, das er im uns eher ferngerückten Abschiedspathos der letzten Strophe des Gedichtes «Berlin» für den jungen Schweizer auf den 3. Mai datiert:

Wir treten in die Reiseschuh,
Wir brechen auf schon heute;
Nun, heil'ge Freiheit, tröste du
die Mütter und die Bräute!
Nun tröste Weib, nun tröste Kind,
die Witwen und die Waisen –
Wie derer, die gefallen sind,
So unser, wills das Eisen!

Meinem lieben Schabelitz zum Andenken vor seiner und meiner Abreise von London   F Freiligrath
Vive la République[21]   3. Mai 48

Während Jacques in Paris blieb, reiste Freiligrath nach Deutschland weiter und arbeitete mit an der «Neuen Rheinischen Zeitung» (s. S. 83 u. 114) bis diese verboten wurde. Von Mitte 1851 an lebte er wieder in London und betätigte sich auch als Übersetzer, bis er 1868 endgültig heimkehrte.

Auch diese Beziehung aus Jacques' Londoner Tagen scheint nach und nach versickert zu sein: aus Düsseldorf meldete sich, nachdem die politischen Wogen alle geglättet zu sein schienen, Freiligrath beim «lieben Schabelitz» in Basel im August 1850, um ihm einen Landschaftsmaler zu empfehlen und um Nachrichten über sein Ergehen zu erhalten. Ihm habe seine Frau vor einer Woche einen Jungen geboren, «ich habe jetzt zwei Pärchen».[22] Ob Schabelitz «bald einmal von sich hören liess», wissen wir nicht, auch nicht, ob sich die beiden im August 1851 in London wieder getroffen haben (s. S. 85 f.). Freiligraths Beziehungen zu Marx waren in jenem Zeitpunkt noch ungetrübt, aber er hielt sich vermutlich vom damals stattfindenden Kongress fern wie ehemals von den erwähnten Vereinsversammlungen. Die Sympathie jedenfalls hatte er Schabelitz bewahrt und verteidigte ihn gegen den Zorn von Marx (s. S. 92). Später dann versuchte er, sich aus dem näheren Umfeld von Marx zurückzuziehen und im Zusammenhang mit dessen Polemiken nicht mehr genannt zu werden; «Bist du Poet, so bin ich Kritiker» wirft ihm Marx entgegen.[23] Der Dichter kehrte zurück zu den bürgerlichen Demokraten, denen er ursprünglich entstammte. Dass Schabelitz an seinen patriotischen, das Reich nach 1871 besingenden Gedichten Freude gehabt habe, bezweifeln wir.

Man kann sich fragen, wie Schabelitz auf den Nachruf reagierte, den die «Neue Zürcher Zeitung» dem Dichter 1876 widmete[24], in dem die eindrücklichsten Gedichte des einstigen Revolutionärs aus den Jahren 1847 und 1848, die damals in der «Deutschen Londoner Zeitung» und dann in der «National-Zeitung» in Basel aus der Taufe gehoben worden waren, schamvoll totgeschwiegen wurden!

Abkürzungen: F = Freiligrath

1. Baechtold, Gottfried Keller, I, S. 230
2. TB 13.4.47
3. TBH 13.4.47; TB 14.4.47
4. F an JS, 14.4.47, UBB. Das Gedicht wurde nicht in alle Werkausgaben aufgenommen.
5. Varnhagen, Briefe, 11.3.47
6. F an JS, 14.5.47, AS
7. DLZ 22.5.47; TB 28.4.; 29.4.; 3.5.; 27.5.47
8. F an JS, 14.5.47, AS
9. F an JS, ohne Datum, AS
10. TB 27.12.47
11. TB 8.1.48
12. TB 21.1.48
13. F an JS, ohne Datum, UBB
14. DLZ 3.3.48
15. F an JS, ohne Datum, UBB
16. DLZ 10.3.48, datiert von F. am 24.2.48
17. Paul Siegfried, 1926, S. 17; zwei Tage nach dem Erscheinen in London wurde es in der NZ vom 26.3.48 abgedruckt; Manuskript UBB
18. F an JS, ohne Datum; Mitte März 1848, UBB
19. F an JS, 21.3.48, UBB
20. F an JS, ohne Datum, wohl April 1848
21. Stammbuch, AS
22. F an JS, 16.8.1850, AS
23. Marx an F, 29.2.60
24. NZZ 23.3.76

Beziehung zu Marx und Engels

Die Zugehörigkeit von Schabelitz zu den Zirkeln, in welchen in den verschiedensten Formen ein prä- oder paramarxistischer Radikalismus oder Kommunismus diskutiert wurde, haben wir oben beschrieben. Was verhältnismässig spät in Schabelitz' Londoner Zeit erfolgte, war die persönliche Bekanntschaft mit den Führern der Bewegung. Am 1. Juni 1847 hörte Schabelitz einen Vortrag, den «der Verfasser der Geschichte des englischen Proletariates», Friedrich Engels, hielt, und sicher lernte er dabei den Vortragenden auch kennen, da die Begegnung im Rahmen der Bildungsgesellschaft erfolgte[1]. «C.M.», von dem wegen eines Manuskripts in eher geheimnisvollem Ton bei Trübner die Rede ist[2], bezieht sich auf Carl Marx, den Jacques auch später mit «C» schreibt, die Initialenkombination kann unter allen Bekannten nur für ihn passen.

Am 29.11. dann kann Schabelitz im Tagebuch vermerken: «Montag traf ich bei Schapper den Dr. Carl Marx (früher Redacteur der rheinischen Zeitung), Engels und Tedesco (von Lüttich). Diese Leute, besonders Marx und Engels, sind bekannte Leiter der Communisten.» Tags darauf[3] konnte Schabelitz in der «Gesellschaft» die gute Nachricht vom Sieg der Radikalen gegen den Sonderbund in seiner Heimat verkünden – Marx, Engels und Tedesco waren anwesend und ergriffen das Wort. Seinem Bericht über diesen Anlass in der «Londoner Zeitung», der sehr ausführlich ist (s. S. 45), mass er den Charakter eines Ereignisses bei, und auch die Tagebuchnotiz weist auf sein volles Anerkennen des Führungsanspruches der beiden hin.

Acht Tage später[4] hielt Engels in der Gesellschaft einen weiteren Vortrag über «die verschiedenen Handelskrisen in England und deren Ursachen und Wirkungen», den Jacques mit den Schweizer Freunden Wirz, Merian und Stadler besuchte.

Vom 3. März des Jahres 1848 an publizierte Schabelitz das «Kommunistische Manifest» in der «Deutschen Londoner Zeitung» (s. S. 52), was ohne Zweifel zu Begegnungen zwischen ihm und den beiden Autoren führte, denn die für uns belegbaren hätten weder die Voraussetzung für den freundschaftlichen Ton noch vor allem für das damals wesentlich seltenere «Du» zwischen ihm und Engels geschaffen.

Ende August 1849[5] meldete sich Engels offenbar nach längerem, fluchtbedingtem Unterbruch aus Lausanne bei Schabelitz in Basel und dankte ihm dafür, dass er ihm, der nicht wagte, direkt angeschrieben zu werden, als Deckadresse diene. Er war mit der Niederschrift seiner Erlebnisse in der «pfälzisch-badischen Revolutionsposse» beschäftigt, an der er sich, da sie «von vornherein verloren» gewesen sei, politisch nicht beteiligt habe. «Ich habe mich in Karlsruhe und Kaiserslautern ganz gemütlich über die Schnitzer und die Unschlüssigkeit der provisorischen Regierung lustig gemacht, ... und erst als die Preussen kamen, ging ich nach Offenbach zu Willich und machte als sein Adjutant die Kampagne mit. Bald im Hauptquartier, bald vor dem Feind, stets die Korrespondenz mit dem Oberkommando führend, in steter Verbindung mit d'Ester, der als ‹rote Kamarilla› die Regierung vorwärtstrieb, in verschiedenen Gefechten und zuletzt in der Schlacht bei Rastatt hatte ich Gelegenheit, viel zu sehn und viel zu erfahren.» Was er zu erzählen habe, werde «anmutig zu lesen sein», «manche Lumperei mehr an den Tag bringen» und in Deutschland gekauft werden. Nun sucht er einen Verleger: «In der Schweiz mit dem Buchhandel wenig bekannt, hab' ich an Dich schreiben wollen, ob Dein Alter vielleicht zu den für dergleichen Schriften passenden und – nota bene – *zahlenden* Verlegern gehört, denn Geld muss ich haben ... Wenn also ein Geschäft mit Deinem Herrn Papa abzuschliessen ist, so verlasse ich mich auf Dich, und wenn nicht, so ist es auch gut.» Eine Gefährdung durch Konfiskation bestehe nicht, trotzdem wagt er das Manuskript wegen «postalischen Unterschlagens» nicht zu senden ...

So ganz nur auf den Basler will er aber doch nicht setzen und bittet, verpackt in einen ebenfalls heiteren Schlachtbericht, gleichzeitig den Freund Weydemayer in Frankfurt um die Adresse eines geeigneten Buchhändlers[6].

Vermutlich hätte Jacques die Broschüre «Die deutsche Reichsverfassungskampagne» gerne verlegt, aber die Erfahrungen des Vaters sprechen dagegen; auf Engels' kameradschaftlich-studentischen Ton eingehend, wenn auch weniger gekonnt in der Formulierung, teilt er diesem die Absage mit[7]:

«Auf Deine Anfrage wegen Verlagsübernahme Deiner Memoiren aus Baden und der Pfalz kann ich Dir keine sehr tröstlichen Berichte geben. Was in erster Linie meinen Alten [man bedient sich des Studentenjargons der Zeit] betrifft, so hat derselbe in letzter Zeit alle Verlagsanerbieten, die ihm von diversen Führern des badisch-pfälzischen ‹Aufstandes› gemacht wurden, von der Hand gewiesen. Er hat nämlich in Bezug auf Verlag sehr bittere Erfahrungen gemacht und zwar in neuester Zeit, so dass er sich entschlossen hat, *nichts* mehr zu verlegen. Von der ‹Erhebung des badischen Volkes von Hecker› sind ihm z. B. einige hundert Exemplare, die *per transit* durch Baden nach Stuttgart und Leipzig gehen sollten, konfisziert worden und alle dessfallsigen Reklamationen unnütz gewesen. Durch die National-Zeitung ist unsre Firma dem deutschen Zoll- und Polizeipersonal als polizeiwidrig angewiesen worden, daher sie alles von uns Kommende mit Hast durchspüren, um Verdächtiges herauszufinden.» Er versucht für Engels das Manuskript bei geflohenen Buchhändlern unterzubringen, aber «Geld und Courage fehlen den Leuten», und so gibt er ihm einige schweizerische Adressen an und empfiehlt ihm zugleich, sein Manuskript der

«Deutschen Londoner Zeitung» anzubieten, deren «Redacteur» nunmehr Louis Bamberger ist; er will ihn benachrichtigen; er nennt Engels auch gleich die Höhe des Honorars, das er fordern könnte. Bamberger «ist ein braver Kerl, Sozialdemokrat, und wird thun, was in seinen Kräften steht. Ich habe ihm auch Marx, Blind und Seiler, die vor 8 Tagen von Paris nach London reisten, empfohlen». Diese Bemerkung zeigt nicht nur die anhaltende Unklarheit in der Bezeichnung der politischen Schattierung, sondern auch, dass die Bekanntheit von Marx noch nicht ohne weiteres vorausgesetzt werden konnte.

«Hast Du vielleicht einmal Zeit, Stoff und Lust, so bedenke die Nationalzeitung mit einer Correspondenz. Würdest Du nach Paris gehen, so liesse sich vielleicht ein Correspondentverhältniss arrangieren», für den Flüchtling, der Engels ist, immerhin ein angenehmes Angebot!

Nun folgen die üblichen kleinen Benachrichtigungen über den Bekanntenkreis, der immer wieder, polizeilich-politisch gezwungen, Ortswechsel vornehmen musste, eine Strafe abbüsst, im «Untergrund» lebt oder nur unter einer Deckadresse zu erreichen war. Dadurch erfahren wir auch über die Vermittlungen der Basler: «Schabelitz schrieb mir beiläufig, der wackere Bundesbruder Gebhard, tailleur, sei bei ihm durchgereist aus dem badischen Kerker entsprungen, und arbeitet in Locle auf den wälschen Bergen bei M. Ulrich, doch solle nicht Gebhards Namen auf der Adresse gesetzt werden; das beste ist, man schreibe an Jacques Schabelitz fils in Basel, der besorgt den Brief.»[8] Die Situation war für die «polizeinotorischen» Führer der 48er, zu denen auch Engels gehörte, schwierig. Er wechselte Anfang Oktober nach Genua, ärgerte sich über die gute piemontesische Polizei und schiffte sich dann nach London ein, was ihn als «grosse Weltumsegelung fünf Wochen auf dem Wasser hielt».[9]

Die stetigen Aktivitäten um Druckschriften, durch die einigermassen zensurunverdächtig das Gedankengut – die Polemiken von Marx – nach Deutschland eingeschleust werden könnten, veranlasste diesen, eine «monatliche Revue zustande zu bringen»[10], die dann unter dem Namen «Neue Rheinische Zeitung. Politisch-ökonomische Revue» erscheinen wird. In dieser Sache wandte sich Engels auch an Schabelitz[11]: «Dass ich mein Manuskript damals nicht an Bamberger gab, kommt daher, dass ich es entweder als eigene Broschüre oder, wenn das nicht ginge, in unserer schon damals beabsichtigten ‹Revue› drucken lassen wollte.» Diese soll im Januar in Deutschland erscheinen. «Es wäre uns nun lieb, wenn Du oder Dein Alter Euch des Vertriebs in der Schweiz einigermassen annehmen und direkt mit uns in Rechnung treten wolltet ... Ihr ... könntet vielleicht eine Art Generalagentur für die Schweiz übernehmen, da wir vorziehen, nur mit soliden Häusern zu arbeiten ... Die beifolgende Annonce lass gefälligst in die

‹National-Zeitung› einrücken, und wenn Du von Zeit zu Zeit eine Füllannonce nötig hast, so zieh diese vor» (s. S. 114). Er gibt Angaben über den vorgesehenen Inhalt, der sich vorwiegend mit den Ereignissen der abgelaufenen Jahre aus ihrer Sicht befassen werde. «Im übrigen geht's hier ganz gut. Struve und Heinzen intrigieren gegen den Arbeiterverein und uns bei Gott und der Welt, aber ohne Erfolg. Sie halten mit einigen aus unserer Gesellschaft herausgeschmissenen moderierten Heulern einen aparten Klub, wo Heinzen seinen Groll über die verderblichen Lehren der Kommunisten loslässt.» Damit wusste Schabelitz, dass die beiden Führer auch den ihm vertrauten Kreis zu beherrschen begannen und dass die Richtungskämpfe auch seine Bekannten berührten. Zum Abschluss bittet Engels um eine Sendung von Büchern über «die Geschichte in Baden», die *Tatsachen* und keine «Deklamationen» enthielten.

Engels' Brief geriet unter Schabelitz' Papiere und «hätte ich nicht heute ‹gewühlt›, so wären diese Zeilen noch einige Tage liegen geblieben». Bereits unter dem 21. Januar hatte die Buchhandlung – vermutlich Amberger – einen Vertrag über den Vertrieb der «Revue» fertiggestellt[12], der nun, unter dem 8. Februar, mit einem Begleitbrief nach London ging. «Was nun euer Unternehmen betrifft, so glaube ich, dass demselben ein guter Fortgang nicht fehlen wird; ich werde mich auf hiesigem Platze eifrigst dafür verwenden und glaube, es dürfte gut sein, wenn Ihr uns wenigstens 15 Ex. von dem 1. und 2. Heft ... zuschicken würdet. Euere Anzeige habe ich schon wenigstens ein halbdutzend Mal in die Zeitung genommen; trotzdem aber bis jetzt nur 2 festbestellte Abonnements erhalten, weil die Leute erst einmal sehen wollen, was das 1. Heft enthält; item, s'wird schon besser kommen.»

Weniger optimistisch scheint Schabelitz die Lage seiner Heimat zu beurteilen: In Paris tagten die Mächte, die sich ungern mit der Schweiz in ihrer neuen Form als Bundesstaat abgefunden hatten und nun wegen des Treibens der Flüchtlinge, unter denen manche das gewährte Asylrecht missbrauchten, sogar Bereitschaft zu einem Waffengang vermuten liessen[13]. «Es scheint der Reaction nachgerade Ernst werden zu wollen mit einer Intervention in der Schweiz; ich glaube, damit würden die Fürsten ihren letzten Trumpf ausspielen. Wir werden uns verzweifelt wehren; unterliegen wir aber, und die Schweiz wird als selbstständiger Staat vernichtet, so könnt ihr mich in London als Flüchtling sehen; denn meines Bleibens wäre hier unter keinen Umständen mehr.» Zu gut weiss er, wie die möglichen Eroberer mit seinesgleichen umzugehen pflegten[14].

«Wie steht ihr zur ‹Westdeutschen›, und zur ‹Berliner Demokratischen Zeitung› und zur ‹Neuen Deutschen›? Ich halte diese Blätter zur Benützung für die National-Zeitung, deren Redaction ich seit Dr. Brenners Ausscheiden im October *allein* besorge.» Und nicht ohne einen gewissen Stolz, der an «viel Feind, viel Ehr» erinnern mag, fährt er fort: «Gegenwärtig fallen alle ‹legal-radicalen› Blätter im Verein mit den reactionären wüthend über die Natztg. her: sie stehe im Solde der sozialistisch-kommunistischen (sic!) Propaganda! und dergleichen Blödsinn mehr, worum ich mich übrigens verdammt wenig kümmere. Wir werden diesen Schreihälsen wohl auch noch einmal das Maul stopfen. – Und nun Adio! Grüsse mir meine Freunde in London bestens!»

So ganz unberührt lassen den jungen und – wie wir sehen werden – aggressiven Redaktor die innerschweizerischen Massnahmen aber doch nicht. Im Juni reist ein Abgesandter der «Central-Behörde des Bundes der Kommunisten» aus London, dem Jacques auch angehörte, durch Deutschland und die Schweiz. Dort bemängelte er etwa, dass «die Weydemeyersche Bundes-Gemeinde völlig schlapp und faul war ... und Leute besass, die ... gar direkt kleinbürgerliche Interessen zu predigen suchten.» In Basel ist er bei Schabelitz: «Er meinte, es sei jetzt nichts da zu machen, hatte überhaupt viel zahme Vorsicht durch die letzten Arbeiterausweisungen bekommen.»[15] Da er Schabelitz offenbar nicht mehr für aktiv genug hält, beauftragt er einen Arbeiter mit der Bildung einer Gemeinde. Die Auflösung zahlreicher linksorientierter und von Ausländern frequentierter Arbeitervereine durch den Bundesrat, um die Gefahr einer Intervention der Mächte abzuwenden, hatte auch den Redaktor der «National-Zeitung» hellhörig gemacht. In der Zeitung allerdings steuerte er unverdrossen seinen Kurs, und Marx sendet Engels «einliegend ... eine Erklärung des Oswald Dietz gegen Pfänder und Bauer in der Basler National-Zeitung» und bittet ihn, «in höchstens 2 Tagen den Dreck zurückzuschicken»[16] mit der Anweisung, was dagegen zu machen sei. Die Richtungskämpfe machen auch vor Basel keinen Halt, wobei Pfänder und Heinrich Bauer zu Schabelitz' Londoner Bekanntenkreis gehört hatten und offenbar aus dem «Deutschen Arbeiterverein» ausgetreten waren[17]. Etwas gereizt stellt Marx weiter fest: «Ich habe noch keine Nachricht, ... von Schabelitz, der die Fortsetzung unserer ‹Revue› übernehmen wollte.» Rund ein Jahr später wird er vom Basler hören, dass Schweizer Arbeiter nicht sehr empfänglich für die kommunistische Infiltration seien, was auch für die Intellektuellen galt, die als Abonnenten der «Revue» angesprochen waren.

Dank ausführlichen Berichten von Marx an Engels erfahren wir, dass im August 1851 Schabelitz wieder in London war, offiziell wohl für die erste Weltausstellung, die ein völlig unverdächtiges Teilnehmen am gleichzeitig stattfindenden Kongress der «Emigration», d. h. Radikaler, erlaubte, der laut «National-Zeitung» vom 22. bis 24. Juli stattfand und zu dem auch die Jacques vertrauten Verbrüderten Demokraten gehörten[18]. Marx, der die Emigranten als «Esel» bezeichnet, wusste von diesen «Meetings», die «schon seit zwei bis drei Wochen» stattfänden. Wie lange Schabelitz in London verblieb, ist weder aus Briefen noch aus der Zeitung ersichtlich. «Der Same der Zwietracht wuchert aber schon so reichlich [in den diversen Kreisen], dass Herr Sigel mir durch Schabelitz, der jetzt zur Exhibition hier ist, einen Besuch ankündigen liess.»[19] «Am Freitag, 8. August fand die erste offizielle Versammlung der verbrüderten Emigration» statt, von der Marx eine höchst anschauliche, von bissigem Humor geprägte Darstellung gibt und sich eigener Intrigen nicht schämt[20]. Die Beteiligten werden reihum als Idiot, Spion, Imbecile, Kakerlak, Kanaillen oder kleinjüdisch bezeichnet[21]. Zu diesen Anlässen tauchen nahezu alle bekannten Personen der oppositionellen Seite auf, unter denen wir nur jene erwähnen wollen, die mit Schabelitz in Berührung gekommen sind, wie Karl Schurz, Goegg, Schapper, Albert und Franz Sigel, Willich, Borkheim, Ruge, Kinkel, auch Semper[22]. Die Diskussionen drehen sich um die Repräsentation der Emigranten, um Stellungnahmen zu Tagesfragen und wie immer auch um politisch-theoretische Differenzen, wobei sich die Gruppen laut Marx unter anderem in die «höhere Emigration» und die «niedere Emigration» einteilen liessen. Am Ende einer dieser Zusammenkünfte «kommt Kinkel auf Schabelitz zu (der hier durchaus als unser Agent tätig war und als ein sehr nützlicher Agent, da er das Vertrauen sämtlicher Biedermänner besass), erklärt ihn für einen braven Demokraten [was weniger im Sinne von Marx gewesen sein dürfte!], erklärt die ‹Basler National-Zeitung› für ein ausgezeichnetes demokratisches Blatt und erkundigt sich u. a. nach den Finanzen desselben. Schabelitz: Schlecht. Kinkel: Aber tun die Arbeiter denn nichts? Schabelitz: Alles, was wir von ihnen verlangen, sie lesen das Blatt. Kinkel: Die Arbeiter müssten mehr tun. Sie unterstützen auch uns nicht, wie sie sollten. Und Sie wissen, wir tun doch so viel für die Arbeiter. Wir tun alles, um sie zu ‹respektablen›, Sie verstehen mich wohl, um sie zu ‹ehrbaren Bürgern› zu machen.» «En voilà une bonne!» ist Marx' Kommentar – genau zu dem sollten sie sicher *nicht* werden!

Im Verlauf der Zusammenkünfte scheint Schabelitz auch als Zwischenträger missbraucht worden zu sein, «General Sigel [Franz] und Goegg teilten das [es handelt sich um eine Machenschaft Kinkels um gesammeltes Geld] angeblich au secret ihrem Freund Schabelitz mit, in der Tat aber, wie ich glaube, um es Dir zukommen zu lassen.»[23]

Die verschiedenen Auseinandersetzungen, die er in London miterlebte, scheinen Schabelitz weder menschlich noch gesinnungsmässig dem Marxschen Kommunismus entfremdet zu haben. In einem verlorenen Brief vom Februar 1852 hatte ihm dieser zugesagt, «ausführlich über die dortigen Zustände zu schreiben, sobald [er] ein Lebenszeichen gegeben haben würde». Dass dieses Zeichen auf sich warten liess und ihn am Anfang seines Briefes die Bitte aussprechen lässt, der immer treue Bamberger möge ihm «baldmöglichst» die englischen Zeitungen nach St. Louis an einen Herrn Klenck senden, hängt mit dem schwebenden Prozess wegen eines Artikels in der «National-Zeitung» zusammen (s. S. 117), dessen Ursache er aber offensichtlich nicht als mitteilenswerte Heldentat betrachtete. Nun bittet er Marx, im Ton wesentlich zurückhaltender als gegenüber Engels, sein «Versprechen zu erfüllen, und es wäre mir namentlich auch lieb, eine richtige Darstellung des strike zu erhalten, die ich entweder in der Natztg oder im ‹Grütlianer› veröffentlichen würde. Letzteres Blatt erscheint seit 5 Monaten bei mir und zwar alle 14 Tage 8 Seiten stark; da dasselbe in 1400 Exemplaren gedruckt wird und von jedem Mitgliede des Grütlivereins gehalten werden muss, so begreifen Sie, dass man in demselben gehörig Propaganda machen kann, was wir auch bestmöglichst tun. Nur sind unsere Schweizerarbeiter noch nicht so intelligent wie die Deutschen, weshalb wir gradatim mit der Tendenz herausrücken müssen, damit wir nicht verstossen. Beiträge für dieses Arbeiterorgan wären mir sehr erwünscht und gewiss von Wirkung.»[24]

Die Grüsse gehen an die Freunde, «sowie namentlich auch Ihre geschätzte Gattin»; offenbar war er mit den häuslichen Verhältnissen Marx' vertraut, während er vermutlich Engels' Freundin nie kennen lernte. Und selbstverständlich ist Freiligrath nicht vergessen, mit dem Marx lange befreundet war und der diesen denn auch wenige Tage später bittet, nach Basel das Erscheinen eines seiner Gedichte im «Morgenblatt» zu melden. Auch Schabelitz müsse «das Zeug alsbald reproduzieren, da es durch seine Zeitung in Winkel der Schweiz gelangt, wohin das Morgenblatt nicht dringt – in die Höhle d'Esters z. B. und anderer Bürgen der [Revolutions-]Anleihe, des Reichsregenten Vogt p.p.»[25], das heisst zu den in der Schweiz lebenden Flüchtlingen.

Gegen Ende des Jahres 1852 bot Marx dem Schweizer ein Manuskript für den Verlag an, was dieser offensichtlich als eine besondere Auszeichnung empfunden hat. Es handelte sich um die «Enthüllungen über den Kommunistenprozess zu Köln». Marx nannte seine Bedingungen, die im Autograph verloren sind, die wir aber aus späteren Schreiben einigermassen rekonstruieren können. Die begeisterte Zusage von Schabelitz, das Übernehmen des Verlages um der politischen Sache willen und sein Versprechen höchster Eile bei der Herstellung der Broschüre stehen am Anfang einer für alle Beteiligten höchst unerfreulichen Angelegenheit:

«Lieber Marx! Ich gehe auf alle Ihre Bedingungen ein und bitte Sie nur, mir *umgehend* das Manuskript zu schicken; lassen Sie es, da es fertig ist, am Tage des Empfanges dieses Briefes, also nächsten Samstag, noch abgehen, damit ich es Montags erhalte. Eile tut not und ich werde dafür sorgen, dass in 14 Tagen die ganze Auflage (die wir auf 1500–2000 stellen wollen) versendet werden kann. Dringend muss ich aber bitten, von dem Unternehmen *nichts* verlauten zu lassen, damit die preussische Regierung nicht Wind davon kriegt und uns die ganze Auflage an der Grenze schon konfiszieren lässt. Auf welchem Wege soll ich die 200 Ex. nach London schicken? – Sie werden wissen, dass ich mit der Nationalzeitung nichts mehr zu tun habe und jetzt ausschliesslich den Buchhandel betreibe; obschon ich mich sonst nicht mit *Verlag* abgebe, so mache ich diesmal eine Ausnahme der Sache wegen. Die Grüsse Freiligraths und Engels' erwidere ich bestens und verbleibe Ihr J. Schabelitz Sohn. (*Firma:* Schabelitz'sche Buchhandlung).»[26]

Nicht ohne Erstaunen nimmt der heutige Leser zur Kenntnis, dass Marx bereits am 3. Dezember den Inhalt des Schreibens vom 1. Dezember aus Basel an Engels weitergeben konnte. Er hatte den Text diktiert, und dieser würde «aller Wahrscheinlichkeit nach in der Schweiz gedruckt, bei Schabelitz junior, der sich von seinem Alten separiert und eine Buchhandlung etabliert hat. Ausserdem kann Cluss, wenn er die Produktionskosten damit herauszuschlagen meint, die Sache in Washington drucken lassen. Gedruckt *muss* die Sache werden, schon um als öffentliches Dokument nach Ausbruch der Revolution vorhanden zu sein»[27]. Das gleichzeitige Versenden des Manuskriptes in die Vereinigten Staaten war bei der grossen deutschsprachigen Bevölkerungsgruppe des Landes durchaus sinnvoll – und der Gedanke an einen Import der amerikanischen Exemplare nach Deutschland kann nicht von der Hand gewiesen werden.

Dass Marx bei seinem kritischen Blick für so vieles noch immer, wie seine Umgebung 1847, an den unmittelbar bevorstehenden Ausbruch *der* Revolution glaubte, ist überraschend.

Im gleichen Brief wird auch eines gewissen Bangya Erwähnung getan, um dessen Zwielichtigkeit die beiden Freunde genau wussten, sich vor ihm und seinem Anhang aber trotzdem in einer gewissen Naivität viel zu wenig in Acht nahmen. Am 9. Dezember war das Manuskript «unversehrt in meine Hände gekommen», erfahren wir von Schabelitz, «und heute», am 11., «lese ich bereits den ersten Korrekturbogen. Die Brochure wird aus *ganz neuer Schrift splendid* gesetzt und in 16° gedruckt ... Das Ganze wird 70–80 Seiten im Druck geben und ich glaube, wir dürfen den Preis pr. Exemplar auf 10 Silbergroschen festsetzen, da jedenfalls ein Teil der Auflage [von 2000 Exemplaren] konfisziert werden dürfte ... Ich bin überzeugt, dass die Brochure ungeheures Aufsehen machen wird, denn sie ist ein *Meisterwerk*. Wir waren 4 Personen, als wir das Manuskript durchlasen und darunter 2 sehr kompetente, urteilsfähige Männer; und wir waren alle einstimmig in unserem Lobe. Allerdings ist der preussischen Regierung ein ‹Denkmal› dadurch gesetzt! Mit herzlichen Grüssen an die Partei Marx.»[28]

Die Begeisterung des jungen Verlegers, dass er an der Publikation von Marx' Werken beteiligt sein darf, scheint ihn gewaltig zu beflügeln.

Der Autor selbst bemerkte zum Inhalt: «Die ‹Enthüllungen› ... befreien die ehemaligen Mitglieder des Bundes selbst von dem Schein juristischer culpa und enthüllen das preussische Polizeisystem, das, einmal installiert durch den ‹Kölner Prozess› und die infame Feigheit der Kölner Geschworenen, zu einer Herrschaft Preussens erwuchs, die jetzt endlich den Bourgeois selbst und dem Ministerium Auerswald sogar unerträglich geworden.»[29]

Umgehend gab Marx das Lob aus der Schweiz an Engels weiter, indem er den erhaltenen Brief vollständig kopierte; der Lorbeer scheint ihn zu freuen, auch wenn er es nicht lassen konnte, sich sarkastisch zu fragen «ob Schabelitz sich wohl selbst unter diese ‹Kompetenten› zählt?»[30] Den Gruss «an die Partei Marx» erklärt der Briefempfänger damit, dass er, Marx, «einigermassen fürchtete, Schabelitz werde Anstoss nehmen an der rüden Behandlung der Partei Willich-Schapper, zu der er selbst plus ou moins gehörte».

«Da Geheimhaltung die Hauptsache ist, damit die Sache nicht gleich an der deutschen Grenze konfisziert wird, habe ich hier allgemein verbreitet, es erscheine eine Broschüre über die Kölner Angelegenheit in Amerika.» Erinnern wir uns der allgemeinen Gesprächigkeit seiner Umgebung und der bestehenden Zweifel an der Lauterkeit eines Bangya, verhielt er sich hier ausgesprochen nachlässig.[31]

Bis zum Brief des 10. Januar lief eigentlich alles nach Wunsch mit dem Werk, bereits hatte Marx ein weiteres Manuskript, «Der 18. Brumaire des Louis Bonaparte», nach Basel geschickt. Schabelitz «unterliess es, davon Anzeige zu machen, weil ich mich im Geschäftsdrang der Festzeit befand und dann warten wollte, bis ich zugleich 1 Ex. der ‹Enthüllungen› mitschicken konnte. Ich kann auch jetzt darüber [ob er den ‹Brumaire› auch verlege] noch keinen Entschluss mitteilen; zuerst wollen wir das andere vom Hals haben. Morgen wird der letzte Bogen fertig gedruckt.» 92 Seiten seien es geworden und sollten 12 oder 15 Silbergroschen kosten. «Ich will Ihnen in einigen Tagen 1 Exemplar direkt per Post zusenden, mit den 40 Exemplaren dagegen noch warten, bis wir die für Deutschland bestimmten glücklich über die Grenze gebracht haben. Sonst werden die deutschen Polizeien von London aus avisiert und fassen die Geschichte ab, ehe sie ins Publikum gekommen.» Die «Eile vor Postschluss» vermag den leicht nervösen Ton nicht voll zu begründen, es scheinen Schabelitz und seinem Drucker Krüsi doch einige Bedenken aufgestiegen zu sein. Zudem beunruhigt ihn, dass Freund Bamberger, der eigentlich nach Basel kommen wollte, bis jetzt nichts von sich hören liess, und auch Interna der Parteien scheinen ihn zu bewegen. «Seit wann hat sich Imandt von Willich & Comp. getrennt? Ist Schily in London und zu wem hält er?»[32]

Dass sich Engels nach den ersten Meldungen über das rasche Entstehen der Schrift nachgerade wunderte, dass noch kein Exemplar in

London eingetroffen sei, ist verständlich[33]. Marx gab eher beruhigend zurück: «Die Broschüre bei Schabelitz wurde erst fertig 11. Januar. 6 Bogen ungefähr. Er scheint aber nichts nach London schicken zu wollen, bis er die Sache glücklich nach allen Punkten in Deutschland spediert und Avis erhalten hat.»[34] Rund einen Monat später, die Ungeduld wuchs zusehends, vermerkt er: «Von Schabelitz noch immer nichts gehört, ausser dass die Sache in Deutschland zirkuliert. Er wagt noch nichts herzuschicken, aus Furcht, dass die französische Polizei das Paket erbrechen und die Geschichte der preussischen denunzieren möchte»[35]. Erneut taucht Bangya in diesem Brief auf, er habe «nun Beweise in der Hand, dass der Edle Agent der österreichischen Regierung» sei. Aus der Schweiz hatte er immerhin von «einem Dritten» erfahren, «dass das Schmuggeln auf unerwartete Hindernisse gestossen», dass aber «ungefähr Anfang Februar alles drüben sei».[36] Das beruhigende Wissen darum, dass die Sache in Deutschland zirkuliere, muss ihm ein Mitwisser, deren es offensichtlich zu viele gab, hinterbracht und ihn damit belogen haben, denn der nächste Brief aus Basel zerschlägt alle Hoffnungen:

«Lieber Marx! Soeben vernehme ich, dass die ganze Sendung der ‹Enthüllungen›, die aus 2000 Ex. bestand und schon seit 6 Wochen jenseits der Grenze in einem Dorfe lag, gestern beim Weitertransport abgefasst wurde. Was nun geschieht, weiss ich nicht; in erster Linie Reklamationen der badischen Regierung beim Bundesrate, dann wahrscheinlich meine Abfassung oder wenigstens In-Anklagezustands-Versetzung u.s.w. In jedem Fall ein grossartiger Lärm! Das in Kürze Ihnen zur Nachricht; weitere Mitteilungen sollen, wenn *ich* daran verhindert sein sollte, durch eine dritte Person erfolgen. Wenn Sie an mich schreiben, so benützen Sie auf dem Couvert die Adresse: ‹Mad. Brenner-Guéniard, magasin de modes, Bâle›, und schreiben auf die für mich bestimmte versiegelte Inlage bloss: ‹für Jacques›. – Das Manuskript über den Staatstreich [Marx' ‹18. Brumaire›] werde ich an einem sichern Orte deponieren.» Ferner bittet er um eine «sichere Adresse», da diejenige von Marx und von Louis Bamberger zu bekannt seien[37]. Die Spannung, die im Januarbrief spürbar wurde, hatte durchaus ihre Berechtigung: kaum ein Jahr nach der letzten unerfreulichen Affäre wegen einer Presseangelegenheit gerät Schabelitz erneut mit dem Gesetz und der herrschenden konservativen Gerichtsbarkeit in Konflikt.

Es würde nicht Marx' Misstrauen entsprochen haben, wenn er den von Schabelitz abgegebenen Bericht einfach hingenommen hätte. Der Zorn des reizbaren Mannes war durchaus berechtigt, nicht nur über den missratenen Coup gegen die deutschen Regierungen, sondern, wie wir sehen werden, auch wegen der finanziellen Erwartungen, aber er wurde sofort mit Verdächtigungen gewürzt. Nachdem er den «angenehmen» Brief in extenso Engels mitgeteilt hatte, lautete sein Kommentar: «Nun, qu'en pensez-vous, mon cher maître renard? Hat der ‹suisse› für bar Geld mich an die preussische Regierung verkauft? 6 Wochen jenseits der Grenze in einem Dorfe, die affektierte Ängstlichkeit, kein Wort über die in der Schweiz gebliebenen Exemplare, trotz meinem Dringen kein Exemplar hierhergeschickt! Soll einem unter solchen Umständen nicht die Lust zum Schreiben vergehn. Immer zu arbeiten pour le roi de Prusse! Que faire? Denn so darf der ‹suisse› nicht durchschlüpfen.» Nun folgt eine Aufzählung von offenen Honoraren und Schulden: «Auch diese wären zu einem bedeutenden Teil abgetragen worden, hätte der elende Schweizer mich nicht wieder ins néant gestürzt.» ... dann vermag er, zu Alltäglichkeiten überzugehen[38]. Nicht so seine Frau Jenny, die sich, unter Berufung auf ihres Mannes Gesundheitszustand, an den Drucker Cluss in Washington wendet und ihm eine «lange und breite Erzählung» des «Peches» mit Schabelitz sendet, in dem sich laufend die politischen und die finanziellen Hoffnungen, welche in die Schrift gesetzt waren, vermengen. Wir «konnten ... ohne alle Täuschung auf wenigstens 30 Pfd. Sterling rechnen» und sie wollten auch gleich einen Wechsel auf Schabelitz ziehen. Dann kam der Brief, den auch sie für den Empfänger kopiert. Dass die Basler Deckadresse eine «Modistin» ist, scheint ihr besonders zu missfallen. «Sind die Sachen gedruckt worden [woran sie offenbar zweifelt], hat die preussische Polizei sie mit schwerem Geld aufgekauft, oder Gott weiss was? Genug, dies ist die 2te völlig geburkte [unterdrückte] Broschüre.» Sie wäre innenpolitisch «von der kolossalsten Wirkung gewesen ... [und] wie ein thunderbolt zwischen die zitternden und bebenden deutschen Polizisten gefahren» – was wohl doch eine Überschätzung der eigenen Wirkung sein dürfte. Dass man gerne zu Schabelitz gegangen war, weil «der Druck in Europa fast unmöglich geworden» war und «die Druckkosten ... in der Schweiz gering»[39], erfährt man aus Nebensätzen. Schabelitz' Aussage vor der Untersuchungsbehörde wird dies bestätigen.

Postwendend antwortet Engels auf Marx' Brief vom 10. März, geneigt, die Wogen etwas zu glätten: «Was Monsieur Jacques angeht, so ist es sehr möglich, dass der Kleine den Streich des Herrn Jenni[40] (dem er sehr ähnlich sieht) mit der badischen Regierung nachmachen will, nämlich einen Teil der Auflage an die deutschen Regierungen verkaufen und nachher mit dem andern ein desto besseres Geschäft machen. Ich halte ihn nicht für so schlecht, dass er das ganze direkt verkauft habe. Die Angst mag bei dem Baseler etablierten Buchhändler doch richtig sein, die Baseler Regierung versteht keinen Spass und hält gute Nachbarschaft mit Baden. Vor allen Dingen bestehe darauf, dass er Dir jetzt unverzüglich wenigstens einige Exemplare in einem Paket per Messagerie schickt, d. h. per Eisenbahn, adressiert direkt nach London oder meinetwegen an mich, care of Ermen & Engels, Manchester. Kein Mensch denkt daran, ein solches Paket zu öffnen, und selbst wenn es geschähe, so ist doch die Geschichte jetzt einmal heraus. Verdächtig ist, dass er *kein Exemplar* bisher hat aus den Händen geben wollen. Kennt er denn keinen Baseler Fabrikanten, der Bänder pp. nach London verschickt und dem er beipacken könnte?»[41] Auch da ist der Verdacht auf Mogeleien seitens des «Kleinen» vorhanden; hatte man ihn vielleicht nie ganz ernst genommen? Was den Fabrikanten betraf, so vergass Engels wohl, dass man in Basel unter diesen Leuten *sein* seltsames Doppelspiel, zugleich Fabrikant und Kommunist zu sein, nicht spielte und dass Schabelitz bei diesen konservativ oder liberal Denkenden mit seiner politischen Richtung kaum Freunde hatte. Auch Freiligrath, dessen Sympathien für Schabelitz Marx bekannt waren, wurde in die Sache hereingezogen und antwortete, wie zu erwarten war, dem Aufgebrachten beschwichtigend: «Es schwebt ein eigener Unstern über Deinen Broschüren. Übrigens ist die Grenze und die ihr zunächst liegende Gegend am Gefährlichsten, und die Sache kann immer so geschehen sein, wie Schabelitz sie darstellt ... Jedenfalls hat [er] den Fehler begangen, dass er die *ganze* Sendung *Einen* Weg hat gehen lassen. Sie hätte verteilt und an verschiedenen Punkten über die Grenze geschickt werden müssen. Wurde dann auch ein Packet konfisziert, so blieben doch die andern noch übrig.»[42]

Unterdessen hatte sich Marx' Zorn in zwei leider nicht erhaltenen Briefen über den jungen Mann ergossen: «Lieber Marx, Ihre beiden Schreiben vom 9. und 10. d. sind mir geworden und ich habe mit Erstaunen daraus ersehen, dass ich in den Augen Ihrer Freunde suspect geworden bin; das fehlte noch, dass man *mich* so beurteilt. Ich kann jedoch nicht glauben, dass Freiligrath und Andere, die mich persönlich kennen, nur im Entferntesten von einem solchen Unsinn Notiz nehmen könnten; auch *Sie* nicht, wie ich zu meiner Freude sehe. Nun, ich will mich darüber nicht weiter aussprechen, sondern einfach zur Darstellung des Sachverhalts übergehen, wodurch hoffentlich alle Zweifel gehoben werden.» Zu seiner Überraschung war Jacques nun selbst in den Hexenkessel von Verdächtigungen und übler Nachrede geraten, den er bereits im langen Londoner Aufenthalt, wie auch beim Kongress von 1851 und im Verkehr mit den Flüchtlingen erlebt hatte, gegen den er sich aber offenbar gefeit fühlte.

Nachdem der Druck, etwas verspätet, vollendet und die Pakete für über 270 Buchhändler[43] (die Versandliste liest sich wie ein «Gotha» des deutschen Buchhandels) adressiert und geschnürt waren, «liess ich einen badischen Contrebandier kommen, mit dem ich über die Sache accordierte; er verpflichtete sich mit seinen Kameraden den Transport über die Grenze zu übernehmen und dann die Weitersendung nach Leipzig und Stuttgart ebenfalls zu besorgen. Dafür sollten pro Pfund 6

Kreuzer und ein gutes Trinkgeld bezahlt werden.» Der Transport in den ersten Februartagen schien zu klappen, aber nach zwei Wochen erfuhr er, dass die Kontrollen an der Bahnstation Haltingen momentan zu scharf seien. «Ich machte den Mann aufmerksam, dass Eile sehr not tue und mir jeder Tag Zögerung am Absatz der Schrift schade.» Mehrmals muss er den Schmuggler mit Trinkgeldern versehen, aber «der Kerl ... log mich an nach allen Dimensionen und erschien dann gar nicht mehr». Schabelitz selbst könne die Grenze nicht überschreiten, da er 15 Monate Zuchthaus auf sich sitzen habe[44]. Dann erfuhr er am 7.3. von der Beschlagnahme und schrieb sofort an Marx. «Natürlich schwebten mir da allerlei unangenehme Aussichten vor, denn ich kenne unser Pressgesetz und unsere Richter, sowie die Willkür unseres Polizeidirektors Bischoff, mit dem mein Alter nichts weniger als ‹intim› steht. (Hier muss ich einschalten, dass mein Alter nicht ein Wort von der ganzen Sache wusste, bevor dieselbe öffentlich wurde.)» Beim Polizeiverhör am 8. März, dem er und der Drucker Krüsi unterworfen wurden, erfuhr er dann, dass die Schmuggler die Broschüren «noch in einer Kammer liegen hatten». «Von guter Seite wird uns versichert, dass ein Kind des Marx (so heisst merkwürdiger Weise der eine Schmuggler ...) von Büchern geplaudert hätte, die bei ihm liegen ...», wodurch die Behörden aufmerksam wurden. Bei der «Haussuchung» durch einen Landjäger gab ihm Jacques 19 Exemplare, die er «als Rest der Auflage deklarierte»[45]. Die Akten seien an den Bundesrat geschickt worden und «en attendant hat die Baslerzeitung den Reigen der Denunzianten eröffnet und mich als ‹gewissenlosen und pflichtvergessenen Schweizer› proklamiert, worauf ich in der Nationalzeitung [mit der er ja nur noch indirekt zusammenhängt] und den hiesigen Lokalblättern eine Erwiderung vom Stapel liess, die ich allerdings zahm halten musste, denn die ganze Philisterschaft schrieb ihr Kreuzige über mich und die Broschüren waren samt und sonders ‹Mazzinische Proklamationen› etc. geworden!»[46]

Die Einsicht in die Basler Polizeiakten ergibt ein leicht abweichendes Bild des Geschehens: am 7. März wurde man im Badischen auf das Schmuggelgut aufmerksam, worauf Marx in die Schweiz entwich und da am folgenden Tag von der Polizei aufgegriffen wurde. Am 8. März wurden Krüsi und Schabelitz einzeln von der Polizei verhört; das Aufgebot erfolgte so, «dass der Vorgeladene zu Hause nichts mehr vornehmen konnte»[47] – was beim Verleger nicht ganz wirkungsvoll war, denn Kontakte mit Gerichtsbehörden waren für den gewesenen Redaktor der «National-Zeitung» nichts Ungewohntes: in den vergangenen drei Jahren waren, als Folge von persönlichen Attacken, Geldbussen und eine Gefängnisstrafe nicht ausgeblieben[48].

Krüsi und Schabelitz sagten übereinstimmend aus, dass das Manuskript schon am 6. Dezember vorgelegen habe und dass in grosser Eile die 2000 Exemplare bis Ende des Monats fertiggestellt gewesen seien. Den Preis hätten sie mit Fr. 450.– eingesetzt. Anfang Januar seien die Broschüren durch die Schmuggler behändigt worden und um den 20. im Badischen eingetroffen, wo sie dann rund sechs Wochen bis zur Entdeckung liegen blieben. In den erwähnten Datierungen liegen die Unterschiede zum Bericht an Marx. Warum die Pakete gefunden wurden, erfahren wir leider nicht.

Schabelitz erklärt frei, er habe zum ersten Mal zum Schmuggel Zuflucht genommen, weil in Deutschland so viel von dem konfisziert würde, was seinen (seltenen) Namen trage. Was den Inhalt der Schrift anbelange, so hätten auch konservative deutsche Blätter das Verfahren der preussischen Regierung «höchlich» getadelt. Dass es ihn weniger störte als den Polizeibeamten, wenn der Verfasser von «infamen Mitteln» der preussischen Regierung und von Beamten schrieb, aufgrund von deren Meineid der Prozess konstruiert worden sei, ist verständlich. Den Namen des Autors gab er erst zum Schluss der Verhandlung preis. Die Angelegenheit wurde für gravierend genug erachtet, dass Bürgermeister Sarasin die Akten «mit einem Begleitschreiben dem Bundespraesident» mitteilte![49]

An einem «sichern Ort» sind noch Broschüren gestapelt, die nach und nach in London eintreffen sollen. Bevor er diesen Versand machte, wollte Schabelitz sicher sein, dass die deutschen Exemplare ihr Ziel erreicht hätten. «*Dies* allein ist der Grund, warum ich Ihnen noch nichts schickte; das versichere ich Sie auf Ehre. Ich bitte Sie einstweilen noch an keinen Verrath zu glauben, der in meiner unmittelbaren Nähe geübt worden wäre; allerdings forsche ich nach und werde Ihnen das Resultat mitteilen. Bis jetzt habe ich keinen Grund zum Verdacht und schreibe den ganzen Unfall der Fahrlässigkeit der Schmuggler zu. Nehmen Sie einstweilen mit diesen Aufklärungen vorlieb ... Meine freundschaftlichen Grüsse an Freiligrath und die andern Freunde, besonders aber an Sie und Ihre verehrte Gemahlin» – dies trotz allem.[50]

Die «Baslerzeitung» hatte sich entrüstet, dass es auch in Augenblicken, wo das Vaterland bedroht sei, Leute gebe, die ihr wühlerisches und verderbliches Treiben fortsetzten, und wollte damit sowohl den Täter als die Radikalen treffen, was ihr sicher gelang. Die Tatsache, dass im Januar Mazzini in Mailand einen Aufstand gegen die Österreicher angezettelt hatte und die Vermutung bestand, dass das Tessin als Basis für die Aktion gedient habe, hatte zu politischen Spannungen geführt, die die Schärfe der Zeitungsreaktion erklärlich machen[51].

Dem Bedrängten kam seine Redaktionstätigkeit zu Hilfe, indem die «National-Zeitung» seine Verteidigung abdruckte – sie hat Marx doch soweit beeindruckt, dass er sie in seinen Papieren aufhob![52] Schabelitz betont darin, dass es sich nicht um ein Flugblatt für die Massen handle, sondern «um eine 92 Seiten starke Broschüre, die eine Kritik des Kölner Kommunistenprozesses enthält und für gebildete Leser, namentlich für das juristische Publikum in Deutschland ... geschrieben ist ... Da jedoch mein Name bei den badischen Behörden nicht am besten angeschrieben ist und mir von den Grenzzollämtern schon Mehreres ohne Grund [?] konfisziert wurde, so wollte ich dies nicht wieder riskieren und liess daher die ganze Sendung als Kontrebande über die Grenze gehen.» Zudem sei die Broschüre in einem Zeitpunkt fertiggestellt worden, als der Mailänder Aufstand und die Tessiner Neutralitätsverletzungen noch nicht stattgefunden hätten. Im gegenwärtigen Moment würde er die Bücher nicht versendet haben. Er meint, die «Baslerzeitung» hätte «damals mehr ... Anlass gehabt, ihrer ‹Entrüstung Luft zu machen›, als die Kunde von der barbarischen Vertreibung unserer 6000[?] Mitbürger aus der Lombardei» zu ihr drang.[52]

Nachdem Marx und Freiligrath endlich je ein Exemplar der ominösen Drucksache und damit den Beweis, dass sie hergestellt worden war, erhalten hatten, zog der Verfasser Bilanz. Aus dem Brief von Schabelitz gehe hervor: «1., dass er zwar nicht politisch verraten, aber unendlich albern verfahren hat; 2. dass er mich wenigstens kommerziell bemogeln wollte und noch will. Ursprünglich und kontraktlich sollte er nur 2000 Exemplare abziehen. Aus seinem Brief folgt, dass er mehr abgezogen hat. Wieviel? sagt er auch jetzt noch nicht ... Dr. Feddersen ... bestätigt Schabelitz' Brief, teilt aber zugleich mit, dass seiner Ansicht nach der gerichtlichen Untersuchung gegen Schabelitz keine weitere Folge gegeben werde», was mit Hinblick auf die Pressefreiheit wohl zutraf. Offenbar wolle die preussische Regierung die Sache völlig vertuschen, fahnde aber nach einer «Theorie des Kommunismus», die in Basel publiziert worden sei. «Also sogar der Titel soll dem Publikum verheimlicht bleiben. Que faire?»[53] Es fehlt auch hier wieder nicht an Verdächtigungen, und der Zorn ist noch keineswegs verraucht, wie ein Brief nach Washington an Cluss zeigt, der seinerseits auch Ärger bereitete, weil er zu kleine Abschnitte des Manuskriptes und in einer ungeeigneten Zeitung abdruckte! Zur Angelegenheit Schabelitz meint er: «Der Esel, statt einen sichern Mann sich drüben zu halten, überliess alles dem Schmuggler, der, nachdem er ihm nach und nach ein gehöriges Quantum Geld ausgepresst, sich schliesslich selbst der badischen Regierung verriet ... Ich springe vor Ärger fast aus der Haut, dass das Pamphlet einstweilen geburkt [unterdrückt] ist.» Cluss soll nun die Broschüre in Amerika für Europa drucken – wäre er, Marx, nicht «ganz von Mitteln entblösst», er liesse sie gleich in Altona drucken.[54]

Einen Monat später, am 25. April, meldete sich Schabelitz nochmals in der leidigen Angelegenheit, begütigend beginnend mit: «Mein lieber Marx!». Nun gibt er klar die gedruckten Exemplare an, offiziell 2000 und ferner 500, die er vor dem Verhör «noch an einem sichern Ort verborgen hatte ... Es liegt nun am Tage, dass ich ... keine Exemplare mehr zum Verkauf ausbieten durfte, ohne nicht sofort neuerdings in Untersuchung genommen zu werden.» Er versuchte aber über Bekannte in der Schweiz den Handel abzuwickeln. «Diese Leute fürchten aber, sie könnten sich dadurch kompromittieren und wollen nichts davon wissen.» Ein Freund in Genf sei nun halb und halb geneigt, etwas in der Sache zu tun. Der Versuch, grössere Mengen an Marx zu senden, scheitert am Öffnen der Pakete an der französischen Grenze, vielleicht ginge es besser, wenn sie in Neuenburg oder Genf die Grenze passierten, da dort die Zöllner «kein Deutsch verstehen wie in St Louis an unserer Grenze».[55]

Auch sein Versuch, die konfiszierten Exemplare in Basel auszulösen, ging fehl, «der Prozess sei durchaus nicht niedergeschlagen, sondern noch in der Schwebe». Für die Gerichtsangelegenheit interessiert sich Marx insofern, als er anregt, von «Hirschs Selbstbekenntnissen» Schabelitz ein Exemplar zu senden, der dies brauchen könne «im Fall sein Prozess weitergeht».[56]

In Lörrach will Jacques anbieten, «gegen Erstattung der Strafgelder für die Zolldefraudation die Broschüren zurückzunehmen». Auch die Nachschrift müsste Marx davon überzeugt haben, dass keinerlei Bemogeln geplant war: «Soeben gibt mir Dr. Feddersen Ihren Brief vom 25. dieses Monats [nicht erhalten]. Ich habe Obigem nichts beizufügen als das: es liegt mir aus politischen wie pekuniären Gründen gewiss sehr viel daran, die Broschüren zu verkaufen und Sie können daher sicher sein, dass ich auf jede Weise das zu erreichen suche. Wenn Sie beiliegende Druckrechnung ansehen [sie beläuft sich auf Fr. 434.95], und dazu noch die Schmuggelprämien etc., rechnen, so wird es Ihnen gewiss einleuchten, dass mir am Absatz etwas gelegen ist.»[57] Dass er für die Druckkosten in London auf kein Verständnis hoffen konnte, zeigen gleichzeitige Briefe von Frau Jenny, die wieder mit bewegten Worten den Freund Engels um dringende finanzielle Hilfe angehen musste[58]; man kann sich allerdings denken, dass ein Betrag von 434.– Franken damals für den jungen Buchhändler eine beträchtliche Summe war. Diese Ansicht schien Friedrich Hermann Amberger zu teilen, als er sich entschloss, «in Abwesenheit meines Associé» Marx daran zu erinnern, dass er versprochen habe, «für etwaigen Schaden etc. zu haften». Die Zahlung an Krüsi, die «grosse Last der Unannehmlichkeiten» und die Schmuggelgebühren mache sicher verständlich, dass die Buchhändler «auf den Einzug des für Sie [Marx] vorgelegten Capitals bedacht sein müssen». Ob Schabelitz, wie entschuldigend bemerkt wird, wirklich abwesend war oder auf seinem – nach allem vielleicht auch nicht so guten – Recht beharren wollte, muss offen bleiben. Den Brief an Marx vermittelt der immer hilfsbereite Louis Bamberger, der das Geld in Empfang nehmen soll[59]. Dieser nahm die Sache ernst, indem er, erfolglos mahnend, gegen den Herbst «den Auftrag von Schabelitz», Marx «hier zu verklagen wegen einer Stelle in einem Briefe, worin [er] die Hälfte der Kosten zu übernehmen verspricht», durchzuführen droht, wie Jenny Marx klagt[60]; Engels scheint noch ein diesbezügliches Dokument zu besitzen.

Wie alles ausging, ist merkwürdigerweise nicht überliefert. Mit einiger Sicherheit kann man annehmen, dass Marx nichts bezahlte und Schabelitz seinerseits sich an den restlichen Exemplaren schadlos zu halten suchte, um den nicht ganz unverschuldeten Verlust einigermassen auszugleichen. Marx standen im Laufe des Jahres 1853[61] die in Boston gedruckten Ausgaben zur Verfügung.[62] Jedenfalls fand mit dem Absenden von Ambergers Mahnung die direkte Beziehung zwischen Schabelitz und Marx ihr Ende, Briefe sind keine weiteren mehr überliefert[63], aber im Tone fernen Nachgrollens wird sich der nachhaltig verärgerte Autor noch verschiedentlich Dritten gegenüber an die unerfreuliche Sache erinnern. So etwa in einem Brief an Freiligrath, der sich, wie aus dem gleichen Schreiben hervorgeht, aus dem politischen Umkreis von Marx zurückziehen wollte[64]. Ferner beklagte sich Marx im gleichen Jahr, als er einen Berliner Anwalt in einer prozessualen Angelegenheit instruieren musste, ein weiteres Mal über «die Albernheiten in der Versendung», die Schabelitz begangen habe, «dass die ganze nach Deutschland expedierte Auflage an der badischen Grenze konfisziert wurde».[65] Was den Beteiligten verborgen blieb, aber später ruchbar wurde, ist, dass der verschiedentlich von Marx erwähnte Bangya im «durchlässigen» Umkreis des Autors vom Entstehen der Broschüre erfahren hatte und dies an die Polizeiorgane verriet, die daher entsprechend aktiv wurden![66]

Im Zusammenhang mit dem Vertrieb von Marx' Hauptwerk, dem «Kapital», taucht Schabelitz (versehentlich als in Basel wohnend erwähnt) wieder in der Korrespondenz auf: «Dem Borckheim sagte [er], er habe auf 5 Exemplare, die er für bar bestellte, 5 Kommissionsexemplare verlangt ...»[67] – es wäre interessant zu wissen, ob auch andere Zürcher Buchhandlungen gewagt haben, von dem sehr speziellen Werk 10 Exemplare ins Sortiment zu nehmen. Aus dem «Buchhändlerbörsenblatt» erfährt Marx auch, dass Borkheim bei Schabelitz eine Broschüre herausbringt, die Marx einen gewissen Ärger bereitet, aber, «seine literarische Eitelkeit abgerechnet, ist er ein tüchtiger und wohlmeinender Mann und als homme d'action gut ...»[68] Eine leichte Missgunst ist nicht zu verkennen, wenn er Engels meldet: «Schabelitz hat eine höchst renommistische Anzeige von Borkheims ‹Perle› im ‹Buchhändlerbörsenblatt› gemacht» ... dann aber findet er zum Spott zurück, wenn es im folgenden heisst, dass er seinem Schwiegersohn Lafargue beim Korrigieren von Borckheims Französisch habe beistehen müssen, «namentlich für die Zitate aus Kant, Fichte, Hegel, die B.

selbst im Deutschen wohl nicht ganz verstand. Aber die Leute stehn in seiner Bibliothek».[69]

Dies dürften die letzten Male gewesen sein, an denen Marx vom Schweizer Bekannten von einst Kenntnis genommen hat; 1883 stirbt Marx, und man hätte erwarten können, dass Schabelitz in der bei ihm gedruckten «Züricher-Post» einen mit persönlichen Erinnerungen bereicherten Nachruf veröffentlichen würde. Zwar wird des Todes gedacht, aber aus der Feder des regulären Redaktors. Als Schabelitz seinerseits starb, wurde manches an Tatsachen und Legenden über ihn berichtet. Die Namen Marx und Engels aber sind nirgends erwähnt, was vermuten lässt, dass Schabelitz den Bruch mit dem ersten um 1853 für vollzogen empfand und seinen Zürcher Freunden gegenüber von dieser unzweifelhaft bedeutungsvollsten Begegnung aus den heroischen 48er Zeiten kaum sprach.

Einen kleinen Nachhall erlebte die versunkene Beziehung, als Engels 1884 an den in Zürich lebenden Karl Kautsky gelangte und sich nach einem Verleger für sein Werk «Der Ursprung der Familie und des Privateigentums und des Staates» umsah. Es handelt sich um die herstellerischen Details: «Wenn unsere Arbeiter Antiqua ebensogut lesen können wie deutsche Schrift, so ist mir natürlich Antiqua lieber.» Was das Format betreffe, so war «Bebels ‹Frau› [das im Verlagsmagazin 1879 erschienene Werk «Die Frau und der Sozialismus», später «die Frau in Vergangenheit und Gegenwart»] zu gross. Wenn Ihr glaubt, 5000 absetzen zu können, kann mir's recht sein ... Die Einrichtung wegen Schabelitz ist ebenfalls ganz gut,»[70] Dabei ging es um Regelungen bezüglich des Absatzes in der Schweiz und Deutschland, der bald zu stocken begann, da das Gerücht ausgestreut worden war, das Werk sei verboten, was Engels mit Recht nicht glaubte[71]. Das Leipziger Zollamt hatte eine Anzahl der Bücher konfisziert, was mit der Anwendung der Sozialistengesetze zusammenhing, dann jedoch wieder freigegeben. Dies veranlasste den Kommissionär, das Buch nicht weiter zu verbreiten, da er dadurch Unannehmlichkeiten befürchtete. Aus Zürich konnte man es jedoch auch in Deutschland beziehen[72]. Als sich der Verleger Dietz für das Buch interessierte, schreibt Engels: «Ich hätte nichts dagegen, vorausgesetzt, dass er sich mit Ihnen [Schlüter] und Schabelitz einige.» Engels stellt den Entscheid frei, meint immerhin, Dietz habe lange gezögert und komme nun, «nachdem andere [sprich Schabelitz] das Risiko gelaufen»[73] seien; er war bestrebt, die Sache anständig zu lösen. Denn «Schabelitz kenne ich seit vor 48, wo er hier in London und im kommunistischen Verein war. Wenn Sie ihn sehn, bitte ich, ihn von mir bestens zu grüssen».[74] Dies sozusagen als freundliches Erinnern an den jungen Anhänger von einst.

Wenn auch der menschliche Kontakt zu den Führern des Kommunismus nach dem missglückten Unternehmen mit dem «Kölner Prozess» abgebrochen ist, verband den ewig oppositionellen Verleger doch fast lebenslang eine Sympathie für deren Denken, dem er zwar Mitte der 50er Jahre seine engere Heimat Basel geopfert hat, aber weiterhin manche der von ihm verlegten Bücher widmete.

Abkürzungen: M Karl Marx
E Friedrich Engels

[1] TB 1.6.47 (kontr)
[2] TB 5.3.47
[3] TB 30.11.47
[4] TB 7.12.47
[5] E an JS, 24.8.49
[6] E an Weydemeyer, 25.8.49
[7] JS an E, 30.8.49
[8] Ewerbeck an M, 25.1.50
[9] E an JS, 22.12.49
[10] M an Freiligrath, 5.9.49
[11] E an JS, 22.12.49
[12] JS an E, 21.1.50
[13] Bonjour I, S.329
[14] JS an E, 8.2.50
[15] Dronke an Zentralbehörde, 3.7.50
[16] M an E, 22.1.51
[17] NZ 7.1.51
[18] NZ 22.–24.7.51
[19] M an E, 8.8.51
[20] M an E, 25.8.51
[21] vgl. auch M an E, 21.8.51
[22] M an E, 31.8.51
[23] Briefe M an E, 25.8. und 31.8.51
[24] JS an M, 6.3.52
[25] Freiligrath an M, 13.3.52
[26] JS an M, 1.12.52
[27] M an E, 3.12.52
[28] JS an M, 11.12.52
[29] M an Freiligrath, 29.2.60
[30] M an E, 14.12.52; einer der Leser soll Arland Goegg gewesen sein
[31] M an E, 14.12.52
[32] JS an M, 10.1 .53
[33] E an M, 11.1.53
[34] M an E, 29.1.53
[35] M an E, 23.2.53
[36] Jenny M an Cluss, 10.3.53
[37] JS an M, 7.3.53
[38] M an E, 10.3.53
[39] Jenny M an Cluss, 10.3.53
[40] bezieht sich vermutlich auf den Verleger Jenni Sohn in Bern
[41] E an M, 11.3.53
[42] Freiligrath an M, 14.3.53
[43] JS an M, 14.3.53; Paketzahl laut Versandliste, STAB, PA 212 L 36
[44] Entsprechende Urteile scheinen keine (mehr?) vorzuliegen
[45] was er auch vor der Untersuchungsbehörde tat
[46] JS an M, 14.3.53
[47] STAB, PA 212 L 36, «Actum Polizei Bureau Basel» 8.3.53
[48] Kantonsblatt Basel-Stadt: 19.10.1850, Busse Fr. 200.–; 10.5.1851, 4 Wochen Gefängnis und Fr. 40.– Busse; 6.3.1852, Busse Fr. 50.–.
[49] STAB, PA 212 L 36, STAB, PA 212 L 21, Bd. 4
[50] JS an M, 14.3.53
[51] MEGA, Kommentar zu Briefe JS an M, 10.3.53; die Aussage von Schabelitz vor der Behörde entspricht dieser Verteidigung.
[52] NZ 10.3.53
[53] M an E, 22./23.3.53
[54] M an Cluss, 25.3.53
[55] JS an M, 25.4.53
[56] M an E, 21.5.3
[57] JS an M, 25.4.53
[58] Jenny M an E, 27.4.53
[59] Amberger an M, 7.7.53
[60] Jenny M an E, 9.9.53
[61] M an Weber, 3.3.60
[62] M an Freiligrath, 29.2.60
[63] lt. freundlicher Auskunft von Dr. H. Pelger, Marx-Haus, Trier
[64] M an Freiligrath, 29.2.60
[65] M an Weber, 3.3.60
[66] MEGA 11, Apparatband, S. 804
[67] M an E, 4.10.67
[68] M an Kugelmann, 15.10.67
[69] M an E, 19.10.67
[70] E an Kautsky, 19.7.84
[71] E an Schlüter, 17.1.85
[72] MEGA 31, Anm. 384
[73] E an Schlüter, 11.11.85
[74] E an Schlüter, 22.2.85

Paris, Mai bis Oktober 1848

Frankreich, das Schabelitz gegen Mitte Mai 1848 betrat, hatte sich in den letzten Februartagen nicht nur von einem Regime, sondern auch, was noch nicht abzusehen war, für immer von seiner angestammten Dynastie losgesagt; aber noch war keine Partei von der neuen Republik befriedigt, und das Land, vor allem Paris, noch keineswegs beruhigt. Möglich, dass die weiterhin gespannte Atmosphäre der Hauptstadt dem jungen Journalisten nach der Londoner Zeit, während der sozusagen nur in der Retorte Revolution gespielt worden war, behagte. Nun befand er sich auf dem Kontinent und also mitten im Geschehen.

Das Julikönigtum hatte rund 18 Jahre Bestand gehabt und in dieser Zeit ein gerüttelt Mass an innenpolitischer Unruhe durchlebt: die Legitimisten mit der Duchesse de Berry, die Bonapartisten mit Louis Napoléon und die Republikaner hatten sich, wenn auch ohne den erhofften Erfolg, reihum gegen die regierende Monarchie gestellt. Louis Philippe, anfänglich als «Bürger-König» populär, wurde dank der von ihm gewährten Pressefreiheit rasch zur Zielscheibe berechtigter und unberechtigter Kritik und hatte offensichtlich nicht genügend Persönlichkeit, um die herrschende Vielfalt der Meinungen richtig zu werten oder sie gar zu zügeln. Eigentlich konstitutioneller Herrscher, zeigte er bald Tendenzen zu einem persönlichen Regiment; allzurasch lösten sich seine Ministerien ab, Skandale vergifteten die Atmosphäre, und das Parlament musste um die ihm rechtlich zustehende Position kämpfen. Allzusehr stützte man sich auf das vermögliche Bügertum und vernachlässigte die bedrohlich rasch anwachsende Schicht der Arbeiter. Einzig auf wirtschaftlichem Gebiet hatte das Land kräftig aufgeholt: vom Freipass zur Bereicherung war eifrig Gebrauch gemacht worden. Grossindustrien entstanden, der Bahnbau florierte – aber die soziale Rücksichtnahme war, wie allenthalben im blühenden Kapitalismus des 19. Jahrhunderts, eine äusserst geringe gewesen; die Agitation fiel unter Arbeitslosen und Hungernden, vor allem in der Hauptstadt, auf fruchtbarsten Boden.

Diesem bedrohlichen Problem stand man kurz vor der Jahrhundertmitte gegenüber: 1841 hatte Louis Blanc, dessen regimekritisches Buch «Histoire de dix ans» Jacques in London gelesen hatte[1], sein Werk über die Organisation der Arbeit erstmals veröffentlicht. In diesem entwirft er den Plan für staatliche Arbeitsstätten, welche auf gemischtwirtschaftlicher Basis, mit egalisierten Löhnen und sozialer Absicherung funktionieren sollten. Blanc wurde nach der Februarrevolution Mitglied der Regierung, und nachdem diese das Recht auf Arbeit verkündet hatte, wurden die seinen Plänen nachgebildeten sogenannten Ateliers Nationaux in Paris eingerichtet. Sie beschäftigten Arbeitslose durch öffentliche Arbeiten wie Strassenbau, Erdarbeiten für Bahnhofbauten u. ä. und entlöhnten sie mit staatlichen Geldern. Ihre Anzahl war innert weniger Monate von einer kleineren Gruppe zu einem Heer von gegen 120 000 angewachsen. Da die Organisation unzulänglich war und der Erfolg gering, kostete das Experiment den Staat die damals erkleckliche Summe von 150 000 Francs im Tag. Der offensichtliche Fehlschlag veranlasste die Assemblée Constituante am 21. Juni, diesen sozialen Versuch sofort abzubrechen, die jüngeren Arbeiter in die Armee zu übernehmen und die älteren in die Provinz zu schicken, wo Arbeit leichter zu finden sei.

Mit dem Ruf nach Arbeit und Brot war ein Aufstand rasch beschlossene Sache, der denn auch tags darauf entflammte. Die demokratische und soziale (sozialistische) Republik wurde gefordert, Barrikaden wurden errichtet. Die Regierung beauftragte General Cavaignac mit dem Wiederherstellen der Ordnung, und letzte Kämpfe wurden am 26. Juni durch ihn beendet. Aber im Gegensatz zu den nahezu unblutigen «Trois Glorieuses», den drei Tagen der Februarrevolution, waren nun Tausende von Opfern zu beklagen, was die Kluft zwischen den Klassen weiter vertiefte.

In der Basler «National-Zeitung» finden wir Spuren von Jacques' Korrespondenzen während der ersten Wochen seines Aufenthaltes, die wenig aussagen. Immerhin hat er, wie er später festhielt, täglich von der Journalistentribüne aus die Verhandlungen der Assemblée Nationale verfolgt[2]. Neben dem Blatt des Vaters hat er offenbar auch die «Neue Rheinische Zeitung» des Marx-Kreises mit Artikeln beliefert[3]. Er schloss sich rasch dem Kreis um Moses Hess an, den Marx zwar bereits ablehnte, der aber Schabelitz trotzdem freundschaftlich aufnahm. Zahlreich waren die Kontakte, die Hess ihm vermitteln konnte, von denen allerdings nicht alle belegbar sind; er stand in Beziehung zu Herwegh, zu den Publizisten um das ehemalige Winterthurer «Literarische Comptoir», dem Arzt Ewerbeck, Struve und anderen mehr. Eine durchaus mögliche Begegnung mit Heine hat offenbar nicht stattgefunden.

Moses Hess entstammte vermöglichen, jüdisch-bürgerlichen Kreisen des Rheinlandes, hat sich aber von seinen Ursprüngen nie so losgesagt wie Marx und wurde späterhin zum Vorläufer des Zionismus. Beeinflusst von Saint-Simon und den Chartisten – dies sicher eine Verbindung zu Schabelitz – hatte er durch seine frühen Schriften Marx angeregt. Er gehörte auch zu den Gründern der «Rheinischen Zeitung» 1842. Einst hatte ihn Engels, mit dem er gemeinsam im Rheinland agitierte, den «ersten Kommunisten der Partei» genannt[4], dann sagten sich die «Dioskuren» unter wenig stichhaltigen Gründen recht schnöde von ihm los. Vom jugendlichen Marx war Hess in Berlin begeistert gewesen, meinte später aber, dass es bedauerlich sei, dass dieser «unbestreitbar genialste Mann unserer Partei» sich nicht mit Anerkennung begnügen könne, sondern «eine persönliche Unterwerfung zu fordern» scheine, zu der er, Hess, sich nie herablassen werde.[5]

In den von Georg Herwegh gesammelten Aufsätzen «21 Bogen aus der Schweiz», die 1843 im «Literarischen Comptoir» in Winterthur erschienen waren[6], hat Moses Hess drei Beiträge veröffentlicht, in denen er seine Ideen darlegt. Da er, wie Schapper, Einfluss auf Schabelitz ausübte, seien daraus einige wesentlichen Punkte angeführt:

Hess ist «in seinem tiefsten Innern ... von der wesentlichen Gleichheit aller Menschen überzeugt».[7] Davon ausgehend sieht er für die Zukunft einen «Zustand, in welchem die absoluteste Freiheit aller Menschen und jeder Tätigkeit herrsche, ohne dass ein äusseres Gesetz, eine Regierung irgendwelcher Art, diese Freiheit vor Willkür schütze».[8] Die Arbeit, die Gesellschaft solle nicht organisiert werden, sondern sie organisiere sich von selbst, «indem jeder tut was er nicht lassen kann und unterlässt, was er nicht tun kann.»[9] Die Freiheit, die Einheit von Arbeit und Genuss, ist «Sittlichkeit, Vollziehung des Gesetzes des Lebens überhaupt»[10] – beiden Begriffen wird kein genauerer Inhalt gegeben. «Ohne die Sittlichkeit ist kein Zustand der Gemeinschaft denkbar, aber ohne Gemeinschaft auch keine Sittlichkeit.»[11] «Die Schranken, die der Geist sich selber setzt, bilden den Inhalt seiner freien Tätigkeit.»[12] Der Staat wird «dem einigen sozialen Leben, dem Zustande der Gemeinschaft, Platz machen»[13].

Absolute Gleichheit und Aufhebung des Eigentums gehören mit zum Bild dieser zukünftigen Daseinsform, die möglicherweise «nur durch Blut erkauft werden» könne[14], dann aber, wie man als Leser annehmen darf, zu einem irdischen Paradies würde, einem Paradies, in dem kein göttliches Wesen walten würde, da Hess jede Form der Herrschaft ablehnt, zudem ja auch den «Atheismus als Zustand der Geistesfreiheit»[15] bezeichnet.

Vielleicht hätten die Hess noch nicht bekannten Erkenntnisse von Darwin und Mendel seinen von Rousseau beeinflussten Glauben in die positiven Fähigkeiten aller Menschen zu korrigieren vermocht. Erstaunlich bleibt, dass er das Problem, auf welche Weise die hoch entwickelte, komplexe und organisationsbedürftige Welt der Grossstädte, der Fabriken, der Eisenbahnen usw. ohne «Herrschaft», ohne Hierarchien, ohne Staat weiter zu funktionieren vermöchte, einfach im Raum stehen lässt.

Dass diese mit Marx' «Manifest» verwandten Konzepte in Hessens kommunistischen Zirkeln und unter den stets zureisenden deutschen Revolutionären mit Schabelitz diskutiert wurden, ist nicht zu bezweifeln, wobei wir vermuten, dass er sich wesentlich weniger mit den Theorien als mit dem politischen Geschehen der Stunde auseinandersetzte.

Die also bereits in getrübten gegenseitigen Verhältnissen stehenden linksradikalen Lager liessen Schabelitz, dank seiner Jugendlichkeit und seiner Umgänglichkeit, offenbar gewähren. Er begründete, Schapper vergleichbar, den «Deutschen Verein» und war dessen erster Präsident. Die Gesinnung dieser Vereinigung bewegte sich im Spektrum von Demokratie, Sozialismus und Kommunismus – dessen «Bund» Schabelitz in London beigetreten war –, für politische Schattierungen bestanden damals und noch für länger keine scharfen Trennungen. «Die jetzigen Demokraten Deutschlands sind keineswegs mit jenen deutschtümelnden Demagogen einer vergangenen Zeit zu verwechseln, welche gegenwärtig grösstenteils Renegaten der Freiheit und Feinde aller echten deutschen Demokraten geworden sind. Die jetzigen Demokraten Deutschlands sind Arbeiter und Freunde der Arbeiter, Brüder der Demokraten *aller* Länder. Sie wissen, dass nur durch die Befreiung Italiens und Polens vom Joche des deutschen und russischen Despotismus die deutsche, europäische Demokratie sichergestellt werden kann vor den Angriffen der Reaktion und dem Einbruche nordischer Barbaren. Sie wissen, dass der Brudergruss und das Losungswort aller Demokraten der Ruf ist: ‹Es lebe die französische Republik!›»[16]

Die «Erklärung» vom 12.9.1848, der wir diese Feststellung entnehmen und die sich (in völliger Verkennung der Zeitströmungen) gegen den «für immer erloschenen Nationalismus» wendet, den ein legitimistisches Blatt «wieder entfachen» wolle, hat, neben Moses Hess, dem Arzt Ewerbeck und andere, auch «Schabelitz, Journalist» unterschrieben. Seine Nachfolge im Präsidium des «Deutschen Vereins», der ihm offenbar sehr viel bedeutete, übernahm nach seiner Abreise Moses Hess.[17]

Nach den missglückten revolutionären Unternehmungen in Baden hatten sich verschiedene der dortigen Aktivisten nach Paris gerettet und befanden sich zum Teil in prekären Verhältnissen. Gustav von Struve sandte einen Hilferuf an die «Deutschen Brüder in England», die «Deutsche Londoner Zeitung» sollte das Papier veröffentlichen und dazu ein weiteres von Schabelitz, in welchem um die Finanzierung eines Handstreichs von deutschen Offizieren und «500 Verwegenen» im Schwarzwald gebeten wurde. Man hat den Eindruck, er habe dieses Ersuchen nur halbherzig an den Herzog gerichtet, und erinnert sich an den Brief Bambergers, der bestätigt, dass dieser schon häufig schlechte Erfahrungen mit seinen grosszügigen Hilfeleistungen gemacht habe.[18] Dementsprechend schreibt Jacques ins Brunswick-House: «Nachdem ich mich meiner Aufträge entledigt habe, bitte ich Ew. königliche Hoheit, mir in jedem Fall eine Antwort zukommen zu lassen, damit ich mich Struve und Genossen gegenüber legitimieren kann, dass ich deren Bitte erfüllt und Ihnen über deren Pläne geschrieben habe.»[19]

Am Sonntag, dem 25. Juni, wird in Basel ein «Extra-Bülletin» zur «National-Zeitung» geliefert, in dem gemeldet wird: «Die Reorganisation der Nationalwerkstätten und die bonapartistischen Umtriebe haben einen Aufstand herbeigeführt, der aber wahrscheinlich bereits wieder unterdrückt ist.» Die aufständischen Arbeiter werden von Schabelitz als «Insurgenten» bezeichnet, was zeigt, dass er in diesem Fall nicht auf seiten einer ihm zweifelhaften Opposition steht, sondern auf der der eben eingeführten, jungen Republik. Das Zeitungs-Bulletin wird als «Privatbrief» bezeichnet, der unzweifelhaft vom Korrespondenten und Sohn des Verlegers stammt. Er schildert für den 23. Juni eine Stadt in vollem Aufruhr, bei der Porte St-Denis und auf der Place de la Concorde wird geschossen, auch im Faubourg St-Antoine sind Kämpfe im Gang. «Der Krieg zwischen Bourgeoisie und Proletariat beginnt, er wird schrecklich sein, denn es wird ein Kampf auf Leben und Tod» – die politischen Meinungsverschiedenheiten seien aber weniger die Ursache der Auseinandersetzung als der Hunger. Dieses selbstsichere Diagnostizieren des Ausbruchs der grossen Umwälzung ist aus vergleichbaren Prophetien von Marx vertraut.[20]

Im «Nachläufer» (einem Extrablatt) zur Montagausgabe der «National-Zeitung» vom 26. Juni scheint sich diese Ansicht zu bewahrheiten, denn hier lesen wir von einem Samstag voller blutiger Kämpfe allerorten in der Stadt. Der Häuserkampf, die Erstürmung der Barrikaden und die Strassenschlachten sind für den Journalisten kaum überblickbar, insbesondere, weil ihn die Nationalgarden am Schlachtenbummel behindern. Nochmals, am Dienstag, erscheint ein «Nachläufer», der die Kämpfe vom 25. weiter beschreibt. Die Bevölkerung hat sich einem strengen Ausgehverbot zu fügen. Das im gleichen Beiblatt abgedruckte Telegramm vom 26. Juni abends kann dann die Beendigung des Aufstandes melden, den Schabelitz nicht billigt.[21]

Wenig später folgte ein lebendiger Bericht über Zustand und Leben der Stadt nach den drei Fiebertagen; der Autor ist verwundert darüber, dass die «Insurgenten», die er «nicht rechtfertigen will», das Privateigentum achteten und «Mort aux pillards» und «Respect aux propriétés» an Läden und Häuser schrieben. Sie haben für eine «socialdemokratische Republik» ihr Leben gelassen, was immer sie in diese Begriffe hineininterpretiert haben mögen.[22]

Im Juli lesen wir einen weiteren Bericht aus Paris, der eine überraschende Prognose für die Zukunft des Landes enthält. «Das vorhandene Material ... ladet mich durchaus nicht zum Schreiben ein, denn ich kann es kaum über mich bringen, den offenbaren Zerfall der Republik zu schildern. Wir schreiten rüstig auf der Bahn der Reaktion vorwärts und machen dadurch den Feinden der Republik den Weg frei, um ihre unpatriotischen Pläne zur Ausführung zu bringen ... Während seit dem ‹Siege der Ordnung über die Anarchie› ... die Börsenspekulanten über das Steigen der Kurse ... Hosiannah singen, steigt das Elend in den unteren Schichten der Gesellschaft immer mehr und die kleinen

Bourgeois, die Boutiquiers, sehen mit Schrecken, dass sie täglich dem Proletariate näherkommen ... Sie schreiben ihre Verarmung der republikanischen Staatsform zu ... und sehnen sich nach dem monarchischen Regime zurück». Schabelitz sieht, dass Anstrengungen im Gange sind, einen Verweser aus dem Hause Orléans an die Macht zu bringen, «der Bürgerkrieg ist nicht beendigt, er hat erst begonnen».[23]

Dass solche Tendenzen sich nicht auf die Hauptstadt beschränkten, belegt er durch ein ausführliches Zitat eines Mitglieds der Nationalversammlung. Und ferner beklagt er die Beschränkungen des Vereinsrechtes und der Presse, auch das Fortdauern des Belagerungszustandes. Schabelitz erlebte kein munteres Paris, in dem neben der Politik auch das Amüsement zu pflegen gewesen wäre: Noch am Juli-Ende bedauert er, dass die Theater wohl geöffnet, aber kaum frequentiert seien und dass das Musikleben ganz darniederliege. Zudem bedrückte ihn wohl auch das Schicksal seiner Bekannten unter den zahllosen Gefangenen aus dem Juni-Aufstand; es sollten gegen 15 000 «in den Paris umgebenden Forts» schmachten und es drohe ihnen die Deportation.[24]

In den erhaltenen Papieren findet sich ein unscheinbarer Zettel, der von Schabelitz später als «von Hartmann, Schriftsetzer, Opfer der Juni-Insurrektion, aus den Casematten» beschriftet worden ist: «Fort de l'Est, 10.7.1848; Lieber Freund! meinen herzlichen Dank für deinen lieben Brief, den ich gestern erhielt. Es ist ein wahrer Balsam für einen Gefangenen zu erfahren, dass er nicht von seinen Freunden vergessen ist; man liest ihre Briefe zehn, zwanzig Mal und labt sich immer von Neuem. – Dürfte ich dir ein Bild entwerfen, wie es hier unter uns aussieht, aber – still! die Herren, die alle Briefe die an uns kommen so wie die, welche wir wegschicken, erst durchlesen, wollen nicht haben dass man klagt, sie wollen nicht vor der Welt haben, dass ... sie Unschuldige von ihren Familien reissen und ihnen zu aller Qual ... den schneidenden Kummer ins Herz drücken, dass auch ihre Frau, ihre Kinder elend gemacht sind!»[25] Er bittet Schabelitz, seiner Frau zu sagen, dass er noch nicht krank sei, und hofft, dass er ihr auch 20 Francs vorschiesse, damit sie zu leben habe.

Gegen Ende August bekräftigte Schabelitz die Vermutung von der Unterminierung der Republik damit, dass er Wind von einem Plan bekommen habe, wonach der legitime Erbe aus dem Hause Bourbon auf den Thron gebracht werden solle, da die Republik in ihrer gegenwärtigen Form völlig unpopulär sei. Man sage: «Die Republik sei der Hunger, das Elend. Einer könne diesem allein abhelfen und der sei Heinrich V.», dem man förmlich messianische Eigenschaften zudenke.[26] Das Bedürfnis der Bürger, nach den beiden bewaffneten Auseinandersetzungen innert weniger Monate, wieder zu einer beständigeren Ordnung zurückzukehren, ist verständlich, und die Meinung des

Durchschnittsbürgers, dass die vorrevolutionären Verhältnisse, die er nur unter dem Zwang der Ereignisse verlassen hatte, besser als die Gegenwart gewesen seien, kennt man auch aus der neusten Geschichte. Worin Schabelitz einstweilen irrt, ist, welche der Dynastien als erste den Griff nach der Krone wagen werde.

Für die ganz persönliche Zukunft des Journalisten aus Basel ist das kleine Nachwort wichtig, welches die Redaktion der «National-Zeitung» seinem Kassandraruf über den baldigen Untergang der republikanischen Ordnung in Frankreich anfügt: «Uns will scheinen, der verehrliche Korrespondent sehe die Lage der französischen Republik etwas zu düster an», schliesslich sei «nach den blutigen Ereignissen begreiflich, dass militärische Vorsichtsmassregeln wegen der Gefahr einer Wiederholung nötig seien», und Carl Brenner verweist als mögliche Ursache dafür auf die «irrigen Begriffe, welche die von der Monarchie erzogenen oder vielmehr vernachlässigten Arbeiter vom Wesen eines Freistaates haben, [und] deren Wahn, dass er ihnen allein sein Dasein zu verdanken habe ... Wir sind überzeugt, das Volk wird auch noch die Reaktion überwinden und die republikanische Freiheit aus allen momentanen Schwierigkeiten ihrer Lage siegreich hervorgehen».[27] Damit weist der gemässigte Brenner Jacques als seinen präsumtiven Nachfolger eindeutig in die Schranken, womit er in der Gesinnung recht hatte, in der Sache aber leider irrte. Bald darauf belehrten ihn die Ereignisse eines andern: Nachdem schon Mitte Juni auf Kundgebungen zugunsten des noch in London weilenden Louis Napoléon hingewiesen worden war, hatte das Volk den Erben Bonapartes zum Abgeordneten gewählt, und er nahm, wie Schabelitz sofort nach Basel berichtete, unvermittelt seinen Sitz in der Kammer ein: «26.9. Da sich eben ein interessanter Zwischenfall in der Versammlung zuträgt, so säume ich nicht, Ihnen unverzüglich darüber zu berichten ... Um halb 3 Uhr tritt Louis Napoléon Bonaparte in den Sitzungssaal und setzt sich auf eine Bank in der Mitte der Linken. Natürlich entstand dadurch grosse Aufregung im Saale und auf den Galerien; von allen Seiten wurden Lorgnetten und Operngucker auf das neue Mitglied gerichtet; man deutete sogar mit Fingern auf ihn.» Nach einigen Formalitäten wird er als Repräsentant des Departements Yonne anerkannt. Er «steigt auf die Tribüne, wo er gegen alle gegen ihn ausgestreuten Verleumdungen protestiert und beteuert, dass er nur das Wohl der demokratischen Republik und in derselben Ruhe und Wohlstand wolle».[28]

Jacques hatte mit seinen Artikeln über Frankreich ergänzt, was Brenner laufend über die Ereignisse in Deutschland in der «National-Zeitung» berichtete. Dieser gab eine genau kommentierte Chronik, verbarg nicht, dass Hecker und Struve die erhoffte breite Unterstützung nicht gefunden hätten, da das Volk die Vorurteile seiner monarchischen Erziehung noch nicht abgestreift habe.[29] Dann hoffte er, dass nur «eine Wolke am Stern der Republikaner» vorüberziehe[30] und bedauerte, dass die Revolutionäre auf ein betörtes, für Grosses unempfängliches Volk blicken müssten.[31] Ende September dann ging er mit dem Misslingen des badischen Aufstandes streng ins Gericht und schonte dabei dessen Führer, die er offensichtlich persönlich kannte, in keiner Weise.[32]

Der letzte bedeutsame Bericht für die «National-Zeitung», den Jacques ihr aus Paris sandte, ist der Hinweis auf den bevorstehenden Aufstieg Louis Napoléons, der denn auch am 12.12. zum Prinz-Präsidenten der Republik gewählt wurde. Mit allen Künsten der Interpretation kann aus seinen Berichten keine persönliche Beziehung oder auch nur Begegnung mit Louis Napoléon herausgelesen werden, wie dies später behauptet wurde.

Von Ende September an werden in Basel Agenturberichte abgedruckt; erst nach der Oktobermitte scheint sich wieder ein neuer Korrespondent zu etablieren: kein Geringerer als Moses Hess stellte sich als solcher zur Verfügung. Die Berichte, wenn sie wirklich von ihm stammen, sind aber wesentlich weniger persönlich als die bisher von Schabelitz verfassten.[33]

Weshalb das Ende von Jacques' Pariser Monaten ähnlich abrupt war wie seinerzeit dasjenige in Aarau, können wir nur vermuten. Der Vater hatte wohl schwere Bedenken, als sich der einzige Sohn den Gefahren des Juniaufstandes aussetzte, und musste nun befürchten, dass sich dieser mit seinem auf der äusseren Linken angesiedelten «Deutschen Verein» in einen bevorstehenden Kampf um die Republik gegen den neuen Monarchen werfen könnte. Anzeichen für Jacques' aggressive Haltung finden sich in einem höchst kritischen Artikel der «National-Zeitung» über Emile Girardin, der sich für Louis Napoléons Aufstieg stark gemacht hatte. Schabelitz bekennt sich gegenüber Hess als Autor[34], und auch wenn der angriffige Artikel erst nach Jacques' Heimkehr nach Basel publiziert wurde, zeigt er, wie leicht dieser bereit war, sich gegen den kometenhaft aufsteigenden dritten Napoleon und für die gefährdete Republik zu exponieren.

Jahrzehnte später wird Schabelitz schreiben, er sei bis zum Einzug Louis Napoléons in die Kammer in Paris geblieben, das hiess bis zum absehbaren Ende der Republik. Dies war wegen der persönlichen Gefährdung ein klarer Beweggrund für die Abreise aus Paris, die Mitte Oktober erfolgte. Dass der Vater, wie an verschiedenen Orten angenommen wird, ihn «heimbeorderte», halten wir weder für wahrscheinlich noch für wirkungsvoll – der Sohn war mittlerweile zu selbständig geworden. Vielmehr dürfte sich abgezeichnet haben, dass Carl Brenner ein Amt im neuen Bundesstaat zugedacht war – die Grütlianer portierten ihn als Nationalrat[35] –, und der als sein Nachfolger vorgesehene Jacques musste in die Redaktionsarbeit der «National-Zeitung» eingeführt werden. Beides erklärt allerdings nicht ausreichend, weshalb die Abreise so «unerwartet schnell» erfolgte, dass Schabelitz den «Brüdern» des «Deutschen Vereins» durch Moses Hess «aus der Ferne sein Lebewohl zuruft», mit der Bitte: «Erinnert Euch zuweilen an mich, der ich stets in geistigem Verkehr mit Euch bleiben werde.»[36]

---

[1] TB, Louis Blanc 12.9.47
[2] Brief B. v. Suttner, 13.9.1888
[3] Dénes, S. 77
[4] Hirsch, Engels, S. 30
[5] Blumenberg, S. 73
[6] Nachdruck Berlin 1989
[7] Bogen S. 157
[8] Bogen S. 164
[9] Bogen S. 172
[10] Bogen S. 451
[11] Bogen S. 451
[12] Bogen S. 446
[13] Bogen S. 174
[14] Bogen S. 183
[15] Bogen S. 166
[16] Erklärung vom 12.9.48; Hess, Br, S. 200; ein handschriftlicher, leicht abweichender Text in UBB
[17] vgl. NZ, 1847, S. 575
[18] MS Br. 12f., 26, Brief an JS (vermutlich unrichtig datiert)
[19] MS Br. 20f., 97, JS an Herzog, 12.6.48; 20 402: Aufruf von Struve
[20] NZ 25.5.48
[21] NZ 26. u. 27.6.48
[22] NZ 1848, S. 628
[23] NZ 1848, S. 664 f.
[24] NZ 1848, S. 665
[25] AS
[26] NZ 1848, S. 804
[27] NZ 1848, S. 665
[28] NZ 1848, S. 934
[29] NZ 18.4.48
[30] NZ 18.5.48
[31] NZ 11.5.48
[32] NZ 19.9.48
[33] Hess, Br, S. 210
[34] Hess, Br, S. 210
[35] Gruner, S. 490
[36] Hess, Br, S. 205

Basel 1848–1854

Bei seiner Heimkehr nach Basel traf Schabelitz eine veränderte Schweiz an, die er erst aus Zeitungsberichten und Briefen kannte: der Sonderbund war verschwunden, die neue Verfassung, die das Land zum Bundesstaat machte, war eingeführt, an die Stelle der von seinen Parteigängern immer als zu schwach kritisierten Tagsatzung waren die beiden Kammern und eine handlungsfähige Exekutive getreten. Insgesamt sah Jacques seine radikalen Hoffnungen für eine neue Schweiz erfüllt[1]. Die engere Heimat, Basel, dürfte sich weniger verändert haben: nach wie vor war der Stadtkanton konservativ regiert, und nachdem der junge Mann die Weltstädte London und Paris erlebt hatte, musste ihn das einheimische Milieu mehr als je einengen. Dies wirkte keineswegs zähmend auf seine Ansichten, sondern liess diese noch radikaler werden. Die erreichten politischen Ziele genügten ihm nicht mehr, er tendierte entschieden zur sozialen Revolution hin.

Blickte er über die Grenzen, so hatte mancherorts die Revolution bereits ihren Zenith überschritten, nur in der Nachbarschaft Basels mottete es weiter, und in Wien dauerte die Oktoberrevolution an.

Der Sohn, in der über zwei Jahre dauernden Abwesenheit erwachsen geworden, musste sich nun wieder in die heimischen Verhältnisse einfügen, was er in bewegten Worten nach Paris berichtete: «Ich bin hier vielen Leuten wegen meiner ‹roten› Gesinnung ein Greuel; man weiss, dass die Δ-Artikel [sein Signet] in der ‹National-Zeitung›, welche ich doch zahm halte, von mir sind, und besonders schlecht verdauen sie meinen jüngsten Δ-Artikel unter Deutschland, über Robert Blum und den Berliner König, mit der Aufforderung am Schlusse, die Maxime ‹quod ferrum non sanat etc. etc.› in praktische Anwendung zu bringen. Du kannst Dir dabei denken, dass es mir nicht sonderlich in Basilea gefallen will, abgesehen von dem einförmigen Leben. Es kommen mich manchmal Durchbruchsgelüste an, und – the devil knows, ob ich nicht eines schönen Morgens nach Paris ausreise. Um mir nun meine Grillen zu vertreiben und um nach Kräften für unsere Sache zu wirken, habe ich mich als Mitglied in den patriotischen und in den Grütliverein aufnehmen lassen.»[2]

Die Erwähnung des Mottos aus Schillers «Räubern», «Was Arzneien nicht zu heilen vermögen, heile das Eisen, was das Eisen nicht heilt, das Feuer!», eine schlichte Aufforderung zum Kampf, liess wohl auch das liberale Leserpublikum der «National-Zeitung» aufhorchen. Jacques erkundigt sich bei Hess auch nach den versprengten Flüchtigen, unter anderen nach Engels, der sich erst im Sommer 1849 wieder bei ihm melden wird. Und wenn er den Brief, mitleidheischend, beendet: «Lebe wohl und bedaure Deinen Freund, der hier wie im Kloster lebt», so kann dies, bei aller Dramatisierung, auch die beginnende Wirkung der Schranken sein, die er sich durch seine radikalisierte Gesinnung zu schaffen begann. Ihr zufolge musste sich der gesellige und kommunikationsfrohe Jacques einen neuen Bekanntenkreis aufbauen, den er bei den «Grütlianern» und andern Vereinen zu finden hoffte. Er erwähnt weiter den «patriotischen», in welchem sich sein Schwager Wilhelm Klein und die freisinnige Opposition Basels sammelte[3] und der die Eroberung Wiens begeistert feierte. Bedacht auf den Kontakt mit Arbeitern, besucht er die «Deutsche Gesellschaft», die er wenige Monate später mit dem «Arbeiterverein» zum «Demokratenverein» fusionieren wird.[4] Da ihn die Aura dessen umgibt, der die Verbindungen zu London und Paris hat, leistete er sich seine «Auftritte» in diesem Kreis, den er «etwas herunterrüffelte.»[5] Sobald er «einige tüchtige Kerle» gefunden haben werde, gedenke er auch eine «Gemeinde», das heisst einen Ableger des «Communistenbundes» in Basel zu gründen. In die gleiche Kategorie von Gesellschaften gehörte auch der im August von der «National-Zeitung» erwähnte «Deutsche Agitations-Verein» in London, dem nahezu alle dortigen Bekannten von Schabelitz angehörten – etwa Ruge, Ronge, Goegg und Sigel –, die Palmerston alle der «ultrarevolutionären Partei» zurechnete.[6]

Wie sich der Vater als radikaler Grossrat zu diesen Aktivitäten des Sohnes stellte, ist leider nicht belegt, wir müssen aber annehmen, dass sie Anlass zum allmählichen Auflösen der geschäftlichen Bindungen werden mussten. Nicht unbeachtet möge die Bemerkung an Hess über die Mitglieder der «Deutschen Gesellschaft» bleiben: «Ihre Verhandlungen waren lahm und ohne Würde, keiner stand zum Beispiel auf, wenn er sprach, zog auch seinen Hut dabei nicht ab. Das sind Förmlichkeiten, aber sie verletzten mich, da ich in London und Paris in den Sitzungen unserer Vereine immer die schönste parlamentarische Haltung sah.»[7] Sollte er bei allen aussenseiterischen Bestrebungen doch im stillen aus seiner ursprünglichen Bürgerlichkeit heraus ähnlich wie Gottfried Keller empfinden: «Borniertere und brutalere Kerle sind mir noch nicht vorgekommen als die deutschen Republikaner zweiten und dritten Ranges ...»?[8]

Die Unruhe des Jahres 1849 beförderte die Aktivitäten der radikalen Kreise um Schabelitz. Brenner und seiner Zeitung wurden engste Verbindungen zum Badischen Aufstand und zur deutschen Revolution nachgesagt[9], und dies sicher nicht ohne Grund, denn der Redaktor betont, sich der «aktiven und passiven Solidarität» in den Zeitkämpfen nie entzogen zu haben.[10] Während die Ereignisse in Wien und Ungarn bis zu einem gewissen Grad auch in Berlin und Dresden kaum direkten Einfluss auf Basel hatten, liessen, wie bereits im Vorjahr, jene in Baden und in der Pfalz Wellen von Flüchtlingen die Grenze überschreiten. Das Schabelitzsche Haus stand ihnen offen, während beider Revolutionsjahre verkehrten die «Demokraten» hier[11] und fanden

Unterkunft, neue Kleider und Betreuung. «Da aber meine Barschaft keinen längeren Aufenthalt im Hotel erlaubte, wies mich der Wirt an den radikalen Regierungsrat Stumm, der einen Zigarrenladen hielt. Ebenso lernte ich Dr. Brenner, den Redakteur der freisinnigen National-Zeitung und Buchdrucker Schabelitz kennen. Diese Herren veranlassten mich, ein billiges Logis im nahen Dorfe Muttenz zu beziehen.»[12] Man war später im Erwähnen bekannter Namen wie Hecker, Struve, Bornstedt und anderer nicht zu knapp, aber da überall polizeiliche Kontrollen und Verrat durch Spitzel drohten, fehlen zeitgenössische Belege für die sowohl soziale als auch indirekt revolutionäre Tätigkeit von Vater und Sohn.

Der Vater hatte sich auch verlegerisch für die Revolutionäre eingesetzt, damit aber «sehr bittere Erfahrungen gemacht», insbesondere durch die Konfiskation von Heckers «Erhebung des Badischen Volkes».[13] Auch wenn Berichte in der «National-Zeitung» auf die Anwesenheit von Flüchtlingen schliessen lassen, werden nie Aufenthaltsorte erwähnt oder, wider besseres Wissen, erklärt, diese befänden sich nicht in Basel[14]. Durch den eifrigen Verkehr in diesem Milieu scheint Jacques seine Londoner und Pariser Tage wieder aufleben zu lassen, und gerne nimmt er die Gelegenheit wahr, mit dem uniformierten Badener Doll im Sommercasino aufzutreten, um die da versammelte konservative Basler Gesellschaft zu provozieren.[15]

Im September 1849 veröffentlichte die «National-Zeitung» eine Abrechnung über die von ihr organisierte Geld- und Naturalienspende zugunsten von Flüchtlingen; es wird besonders darauf hingewiesen, dass auch Vermittlung von Briefen an Flüchtlinge unbekannten Aufenthaltes übernommen wurde, was eindeutig auf deren engste Verbindungen mit Redaktion und Verleger hinweist.[16] Auch späterhin bekümmerte sich Schabelitz, nun auch mit Amberger, um die Flüchtlinge und organisierte für sie Zusammenkünfte.[17]

Mittlerweile ist «J. Schabelitz, Sohn,» neben Dr. C. Brenner als verantwortlicher Redaktor in der Zeitung aufgerückt[18], der Druck des Blattes wird weiterhin im Betrieb des Vaters gemacht, und am 31. Oktober gibt der scheidende Hauptredaktor, welcher sein Amt als Bundesrichter antritt, eine Abschiedserklärung ab: schon seit einiger Zeit habe er geplant, das Unternehmen der Sorge des Verlegers zu überlassen und nach nahezu neun Jahren aus der Zeitung, deren Existenz nun gesichert sei, auszuscheiden. Er habe «Zeit, Mühe, Freiheit und Geld» für die Zeitung «geopfert», was ein Hinweis auf seinen unbeirrbaren Idealismus ist. «Wer ... den in der ... Jugend erfassten Glauben an eine Fortentwicklung des menschlichen Geschlechtes zum Besseren festhält, der wird ... scheinbare Niederlagen seines Prinzips mit männlicher Würde zu ertragen wissen und unbekümmert, wie weit es ihm gelinge, die sich gestellte Lebensaufgabe zu lösen, wenigstens in dem Gefühle seine höchste Befriedigung finden, stets nach Kräften das Seinige an dem grossen Werke mitgewirkt zu haben.»[19] Diese Worte, die Brenner wie ein persönliches Bekenntnis seinem späteren Nachfolger Jacques 1845 zum Bedenken in die Fremde mitgab, scheint der junge Mann beherzigt und der altgewordene unausgesprochen auch zu seinem Leitsatz gemacht zu haben.

Brenner äussert in seinen Abschiedsworten seine Freude darüber, dass «die Verjüngung der Eidgenossenschaft auch in Basel angestrebt» wurde, ein Ziel, für das er gekämpft hatte. Nun seien «andere da, welche nunmehr diese Stelle mit verjüngtem Erfolge einnehmen könnten. Der Tag der europäischen Demokratie wird einst noch blutig rot anbrechen ... Sehen wir Schweizer zu, dass wir nicht nur jetzt in vielen Beziehungen als Vorbild, sondern dereinst auch nach dem ... Siege der uns verwandten, ja in unserem Vaterlande grösstenteils schon in Mark und Blut übergegangenen Grundsätze der Freiheit als würdiges und ebenbürtiges Brudervolk anerkannt und geachtet bleiben.» Dies waren für den Nachfolger Richtlinien, und der Verlegervater doppelte nach, dass die Zeitung mit «unveränderter Tendenz» fortgesetzt werde.

Die «National-Zeitung» war als Sprachrohr der Opposition gegründet worden und Brenner hatte sie als solches auch erfolgreich geführt. Dass sie schon während seiner Aktivität wegen des «jakobinischen» Tons den Konservativen missfiel, kann nicht erstaunen, aber, wenn man seine Berichterstattung zu den Ereignissen von 1847 in der Schweiz und während der beiden folgenden Jahre im Ausland durchgeht, fällt immer auf, dass er bei aller Sympathie für die liberale und radikale Seite, aus der heutigen Sicht, ausgewogen und sachlich blieb, was sicher der Zeitung zu ihrer Verbreitung verhalf. Die Zusammenarbeit mit Jacques hatte sich offenbar gut angelassen, die Gedichte Freiligraths, welche die «Deutsche Londoner Zeitung» bereicherten, wurden bisweilen auch von Brenner für die «National-Zeitung» übernommen (s. S. 77).

Jacques als nunmehr alleiniger Redaktor vermochte es mit seinen gut 22 Jahren dem über 35jährigen Brenner nicht gleichzutun. Die Popularität eines Mannes zu ersetzen, den seine Anhänger wegen einer als ungerecht empfundenen Strafe einst aus dem Lohnhof befreit hatten, war dem jungen Mann nicht möglich: jugendlich unbekümmert um die Meinungen der vorhandenen Leserschaft und um seinen Ruf, liess er seinem Oppositionsgeist freien Lauf und steuerte die Zeitung zusehends ins linksradikale Fahrwasser[20]. Symptom dafür dürfte ein im Januar 1850 erschienenes, gemäss dem Versprechen an Marx aufgenommenes Inserat für die «Neue Rheinische Zeitung» sein, eine politisch-ökonomische, von Karl Marx redigierte Revue. Als Monatszeitschrift erscheinend, erlaube sie «ein wissenschaftliches Eingehen auf die ökonomischen Verhältnisse, welche die Grundlage der ganzen politischen Bewegungen bilden». Sie werde auch «über den Charakter der ringenden Parteien, über die gesellschaftlichen Verhältnisse, welche das Dasein und den Kampf dieser Parteien bedingen», aufklären. Dieses Credo dürfte den zeitgenössischen Lesern nicht so leicht durchschaubar gewesen sein wie den heutigen. Immerhin begannen Name und Gesinnung des Redaktors Marx in jener Zeit allgemein bekannt zu werden.

Der erhaltene Band der «National-Zeitung» von 1850 ist wenig vollständig, aber, da keine Artikel ein gerichtliches Echo hervorgerufen haben, scheint sich Jacques eine gewisse Selbstkontrolle auferlegt zu haben. Trotzdem wurde im Laufe des Jahres 1850 die geschäftliche Trennung zwischen Vater und Sohn vollzogen, denn am Neujahr 1851 ging der Druck der Zeitung zu «J. W. Bauer sel. Erben» über, und Verlag und Expedition wurden durch die «Schabelitz'sche Buchhandlung» besorgt, die nicht identisch mit der herkömmlichen des Vaters an der Freien Strasse war.

Die bereits früher bestehenden Verdächtigungen, dass die Zeitung «im Solde der sozialistisch-kommunistischen (sic) Propaganda» stehe «und dergleichen Blödsinn mehr»[21] dürfte den Vater zur Vorsicht gemahnt haben. Auch im Badischen ist man laufend auf der Hut vor dem Treiben von Jacques: von Zürich und Bern gingen viele Flüchtlinge nach Frankreich, wo sie unterstützt würden und wo «sich von Basel an bis unterhalb Strassburg beinahe in jedem Ort einzelne Flüchtlinge aufhalten sollen. Durch Schabelitz in Basel, Redakteur der ‹National-Zeitung›, wird den Flüchtlingen über die Grenze geholfen.»[22]

Neben der Redaktionstätigkeit für die «National-Zeitung» übte Jacques die gleiche Tätigkeit auch für den «Grütliverein» aus. Nachdem Wilhelm Klein im Januar 1849 aus dem Vorstand zurückgetreten war, hatte Schabelitz das Amt des Aktuars der Basler Sektion übernommen. Der grossen, an zahlreichen Orten der Schweiz niedergelassenen Organisation fehlte es an einem Informationsblatt, ein Mangel, der durch das Beilegen des «Centralorgan für die schweizerischen Nationalvereine» in der «National-Zeitung» einstweilen behoben schien. Jacques benützte das Zentralfest des Vereins von 1851 als Gelegenheit, um den Mitgliedern ein eigenes Blatt, den «Grütlianer», zu präsentieren, der 14täglich erscheinen würde, acht Seiten umfasse und im Jahresabonnement 1 Franken koste. Am 1. Oktober konnte die erste Nummer erscheinen und liess sich gut an; der Redaktor benützte auch diese Plattform, um die Meinung zu vertreten, «dass wir ... die ... wahre Freiheit noch nicht haben, und dass wir immer noch im Namen der Demokratie ausgebeutet werden» und «auf die Mittel ... diesem Zustand ein Ende zu machen» sinnen müssten. Diese aggressive Haltung, mit der Schabelitz den Grütliverein in ein extremes Fahrwasser drängte[23], dürfte das konservative Bern mit bestimmt haben, entgegen der neuen Bundesverfassung, die Grütlivereine auf seinem Territorium aufzuheben.

Bereits im August 1852 geriet Schabelitz in ein Kreuzfeuer der Meinungen unter den Grütlianern: Die Redaktion habe viel «Gutes» gebracht, aber «zu häufig persönliche Fehden», das dürften unterschwellige Meinungskämpfe gewesen sein, denn wir haben gesehen, dass Schabelitz Marx um Mitarbeit bei diesem Blatt mit seinen 1400 Exemplaren gebeten hatte – während doch der Verein eigentlich «die freisinnigen Bestrebungen des Vaterlandes zu unterstützen» beabsichtigte! (s. S. 87)

Der St. Galler Vorstand, welcher an die Stelle des bernischen getreten war, zeigte die Absicht, den «Grütlianer» an sich zu ziehen, und erklärte dies in einem «Kreisschreiben» nach nur einjähriger Tätigkeit von Jacques. Dass er «dieses Verfahren als eine Überrumpelung des Vereins und einen Gewaltstreich» bezeichnete, ist durchaus verständlich, aber die Kritik von seiten der Vereinsleitung, die Zeitschrift verfechte nicht «einsichtig» die Vereinsgrundsätze, sondern sei «vielmehr schon Quelle von Verlegenheiten» geworden, deutet auf einen Radikalismus hin, der hier – wo die Arbeiteremanzipation *ohne* Klassenkampf[24] erreicht werden wollte – nicht gefragt war. So hatte Schabelitz den Misserfolg seinem eigenen Vorgehen, welches er zwar für gemässigt hielt, zuzuschreiben. Er trat zurück, und vermutlich verliess er den Verein ganz – hatte aber die Genugtuung, dass nur ein halbes Jahr später die Nachfolgezeitung in St. Gallen einging und «bittere Früchte» in Form von Streit und Schulden hinterliess. Nach Schabelitz' Konzept wurde sie dann in Luzern weitergeführt.

Anfang Januar 1851 stellt die badische Polizei fest, was aus dem oppositionellen Verlag Schläpfer in Herisau im Sortiment von Jacques' Buchhandlung vorliege. «Das Hin und Her der Flüchtlinge in der Schweiz dauert sehr lebhaft fort, ohne dass sich die eidgenössische Polizei darum kümmert.» In Basel stehe «ein gewisser Gronik aus Posen, der sich mit literarischen Arbeiten beschäftigt, einen Pass hat und mit Schablitzel [sic] wegen des Druckes seiner demokratischen Flugschriften (aber vergeblich)»[25] in Verbindung. Aus weiteren Angaben scheint sich auch ein Zusammenhang mit Mazzini zu ergeben. Der so beobachtete Jacques entzieht sich der polizeilichen Aufmerksamkeit Mitte Jahres durch eine Reise nach London, auf die wir im Zusammenhang mit Marx hingewiesen haben (s. S. 85). In Paris traf er mit dem mittlerweile hierher übergesiedelten Herzog freundschaftlich zusammen. Der Widerhall des Londoner Kommunisten-Kongresses in der «National-Zeitung» hielt sich in Grenzen. Einer der Anlässe fand vom 22. bis zum 24. Juli 1851 statt, und Berichte, die von Jacques geschrieben sind, finden sich im Laufe des August. Eher humoristisch wird der «Glaspalast» geschildert, eine Proklamation des «europäischdemokratischen Zentral-Komitees», in welcher Polen zum Aufstand aufgerufen wird, ist abgedruckt. Am darauffolgenden Tag wird der «Friedenskongress» genauer geschildert, wobei der allgemeine Tenor klar wird: Europa müsse republikanisch werden oder in sich zugrunde gehen, lesen wir, ferner, dass der Krieg eine Notwendigkeit bleibe und die Schwerter erst zur Pflugschar würden, wenn «wir» befreit seien – ob er die Schweizer in diesem «Wir» mit einbezieht, bleibt offen.

Gegen das Jahresende geht in Lörrach eine Klage gegen Schabelitz und seine Zeitung wegen «Aufreizung gegen die Grossherzogliche Regierung» ein. Dies veranlasst einen Richter, einen ausführlichen Kommentar darüber zu verfassen, ob, wie und nach welcher Frist ein im Ausland begangenes Pressevergehen gegen Baden innerhalb von dessen Grenzen bestraft werden könne und dürfe. Obschon er die Möglichkeit einer Bestrafung bejaht, ist eine Verurteilung von Schabelitz nicht bekannt.[26]

Ein kurzer, scharfer Angriff auf die Basler Ersparniskasse des Proletariats wurde im Januar 1852 in den Lokalnachrichten der «National-Zeitung» abgedruckt, dessen Unterton im Sinne «wartet nur, Ihr Reichen!» unüberhörbar war. Sofort lag die Sache beim Rat, und Redaktor wie Einsender – der ehemalige Kassier des Unternehmens – wurden verurteilt. Jacques zu Fr. 50.– Busse und der Verfasser zu einem Monat Gefängnis, dies trotz allen Beteuerungen des guten Glaubens oder des mangelnden bösen Willens. Der heute harmlos erscheinende Handel wirbelte viel Emotionen auf, und im Plädoyer von Schabelitz' Verteidiger, Dr. J. Heimlicher, einem Mitglied der Staatskanzlei und Familienfreund, steht, die öffentliche Meinung habe bereits über den Zeitungsartikel (und den Redaktor) zu Gericht gesessen, und er würde daher meinen, die eigentlichen Richter könnten von einem Urteil absehen. Das deutet darauf hin, dass auch die Gleichgesinnten den jungen Redaktor verurteilten.[27]

Aber nichts vermochte den Unentwegten zu bremsen: «Von Basel aus werden fortwährend subversive Drucksachen nach Deutschland eingeschmuggelt, wobei Schabelitz am meisten tätig ist. Eben wird versucht, eine im Verlage desselben letzterschienene Schrift ‹Flüchtlingsgrüsse und Flüche› in allen Richtungen nach Deutschland zu versenden.» Andernorts liest man: «Schabelitz ist der bekannte Besitzer derjenigen Buchhandlung, welche als die Hauptfabrik der in der Schweiz erscheinenden subversiven Schriften und Schandblättter zu betrachten ist», was ihm weit mehr Bedeutung zumisst, als er in dieser Hinsicht hatte[28].

Auch aus Bern wurde Polizeidirektor Dr. Gottlieb Bischoff auf die Aktivitäten des jungen Schabelitz hingewiesen, indem ihm ein Bericht der badischen Gesandtschaft vorgelegt wurde.[29] Darin wird moniert, dass die politischen Flüchtlinge eine gefährliche revolutionäre Tätigkeit in der Schweiz entwickelten und für ihre «Umtriebe ... an dem bekannten im Baselland ansässigen Dr. Georg Fein, an Kaufmann Schüler, an Schabelitz, namentlich aber an Becker (junior) ... Hauptstützen ... in ihren Bestrebungen» fänden. Bischoff holt in seiner Antwort nach Bern recht weitläufig zur Rechtfertigung aus, bedauert sehr, dass Baselland seinerzeit Fein das Bürgerrecht geschenkt habe und geht weiter auf Becker, Sohn, ein, den man gerne abweisen würde, was leichter wäre, wenn er keine feste Anstellung hätte. «Jetzt hat er sich wieder gemeldet mit einem Schein von Schabelitz, Sohn, wonach er in dessen Buchhandlung conditioniere», er gebe aber zu Reklamationen Anlass. Das Beschützen eines Missliebigen ist auch von Vater Schabelitz bekannt, der den damals «in schlechtem Rufe» stehenden Julius Bleich ebenfalls durch eine feste Anstellung sicherte.[30]

Der Bericht Bischoffs aus Basel führt ferner aus: «Ad vocem Schabelitz, so ist der Vater des kosmopolitischen Treibens herzlich müde; der Sohn ist, wie ich mich in jüngster Zeit wiederholt überzeugt habe, weniger disponiert, als je früher, sich und sein nachgerade auf bedenklichen Füssen stehendes Zeitungsunternehmen zu kompromittieren. Ein unbestreitbarer Beweis dafür mag Ihnen die Geneigtheit sein, womit er sich hat bestimmen lassen, sich gegenüber Frankreich etwas zu mässigen.»[31]

Bereits im März wird Bischoff erneut um eine Stellungnahme gebeten, diesmal zu einem «Promemoria»[32], das, etwas geheimnisumwittert, ebenfalls von badischer Seite stammte und an dessen Anfang zu lesen ist: «Wer in Basel einige Zeit im ‹Cafe National› oder dem Bierhause zum ‹Eckenstein› verkehrt, wird bald die Bekanntschaft des Schweizers Schabelitz, Redakteurs der ‹National-Zeitung› machen. Er gehört der ultra-sozialen Partei an, steht mit allen hervorragenden Flüchtlingen gleicher Färbung in engster Verbindung, ist der intellektuelle Vorstand des Basler deutschen Arbeitervereins, der etwa 50 Mitglieder zählt, und bildet mit den Arbeitern die Vorhut der von der Schweiz ausgehenden Propaganda. An ihn werden die nach Deutschland abgehenden Emissäre zur Unterstützung empfohlen. Er geniesst das volle Vertrauen der kommunistischen Flüchtlinge und deutschen Arbeiter in der Schweiz und soll mit dem Zentralkomitee in London in Verbindung stehen.»

Der darauf bezogene Kommentar Bischoffs ist von unverhohlenem Übelwollen diktiert, was daran erinnert, dass Jacques ihn in einem Brief als willkürlich und dem Vater und ihm selbst schlecht gesinnt bezeichnete[33]; wenn wir den Bericht nach Bern ausführlich zitieren, so darum, weil er eine der seltenen Beschreibungen von Jacques enthält und sich auch aus den negativen Urteilen seine charakteristischen Seiten lesen lassen:

«Schabelitz ist nicht häufig bei Eckenstein und fast nie im s.g. Café National; ich kann aber zwischen den Zeilen lesen, dass er den Verfasser dahin mitgenommen hat und daselbst das Licht seiner Wichtigkeit hinterm Bierglas gehörig vor ihm hat leuchten lassen. Der jetzige Arbeiterverein oder vielmehr deutsche Verein steht mit ihm nicht in Verbindung. Dass er als Bindemittel und Wegweiser für alle Propagandisten aller Nationen eine Bedeutung hat, ausser seiner sehr unreifen Journaltätigkeit, ist traurig genug; denn er an und für sich ist eine wenig einnehmende, unbedeutende und in jeder Beziehung ungesunde Persönlichkeit, die hier in Basel, auch bei unseren Nichtkonservativen, gar keinen Anklang fände, wenn er nicht als Mitglied des Grütlivereins ein gewisses Publikum repräsentierte und durch seinen talentvollen und konsequenten Schwager Klein, Sohn, etwas gehalten würde.

Darin besitzt Schabelitz unverkennbare Gewandtheit und Bedeutung, Verbindungen mit gewissen Führern in London und Paris zu unterhalten, die sich über seine Bedeutung Täuschungen hingeben mögen; ferner versteht er es, ehemalige Grütlianer, Schriftsetzer und dergleichen Leute, in verschiedenen Ländern, sich als Korrespondenten zu erhalten und dadurch sich und seiner Sache den Anschein einer allgemeinen und sehr verbreiteten Bedeutung zu geben, welche beide nicht haben in den Augen desjenigen, der diese Leute und diese Manövers kennt. Für mich gilt es, meine Stellung diesem Mann und seiner Tendenz gegenüber genau zu kennen; und ich sehe ihn nicht als einen Andersgesinnten in dem Sinn an, dass er etwa radikal und ich konservativ wäre, wie dies hier überhaupt die Leute gar nicht trennt, sondern er und seine Richtung sind unsere Gegner in dem Sinn, dass beide nicht schweizerisch sind, dass sie, wenn man sie gewähren liesse, die Zwecke der Propaganda höher stellen als das Vaterland. Diese exzentrische Richtung kommt wesentlich daher, dass in Basel überhaupt von jeher grösste Aufklärung und unter den hiesigen Konservativen viel Liberalismus geherrscht haben, dass also die Opposition mehr doktrinär war, mit der neuen Bundesverfassung vollends jeden Grund verloren hat, und dass sie nun, unerfahren und unwissend wie dies hier von jeher war, den Stützpunkt, den sie in unseren Verhältnissen nicht mehr findet, ausserhalb derselben suchen muss.»[34]

Bischoffs Schilderung des jungen Mannes und die nach den Erfahrungen im kurz zurückliegenden Sonderbundsstreit bemerkenswert einseitige Sicht der Basler Verhältnisse war dem Berner Adressaten durch ihre allzu persönliche Sicht suspekt, und so enthält denn ein dortiger Kommentar eine kleine Lektion über das nunmehr freiere Denken im neuen liberalen Staat: «Der Verfasser des Promemoria beginnt seine Entdeckungsreise in Basel und bemerkt hierüber, der Redakteur der Nationalzeitung, Schabelitz, gehöre der ultrasozialen Richtung an ...» Was diesen angehe, «so ist er ... Schweizerbürger. Allerdings hat seine Zeitung eine demokratisch-soziale Richtung; allein, vermöge der Pressfreiheit steht es ihm frei, seine Ansichten über politische und soziale Zustände zu äussern innerhalb der Schranken der Gesetze; überschreitet er diese, so wird er bestraft, was ihm auch schon widerfahren ist ... Unwahr ist es, dass Schabelitz noch Mitglied eines deutschen Arbeitervereins in Basel sei. Dieser Verein wurde im Jahre 1850 nebst vielen andern aufgehoben und alle Mitglieder aus der Schweiz weggewiesen. Dass Schabelitz Flüchtlinge unterstützt und begünstigt, mag wahr sein, ist aber in politischer Beziehung völlig gleichgültig, weil alle politischen Flüchtlinge ausgewiesen werden, sobald ein begründeter Verdacht politischer Umtriebe gegen sie vorhanden ist.»[35] Eine direkte Belehrung an Bischoff enthält ein Schreiben aus Bern, in welchem Schabelitz als «ein aufrichtiger Schweizer» bezeichnet wird, «der trotz seines philanthropischen Sozialismus sein Vaterland liebt und nichts tut, was die Schweizer Interessen gefährden könnte», was nach den Statuten des Kommunistenbundes ausgeschlossen sei![36]

Es trifft durchaus zu, dass Jacques sich, neben dem Ausnützen der Meinungsfreiheit bis an ihre äussersten Grenzen, durchaus auch in die Gesetzlichkeit seines Heimatstaates einzuordnen weiss: er war mit 22 Jahren wegen seines Hüftleidens «für alle Zeit des bewaffneten Miliz-Dienstes enthoben» worden, dagegen teilte ihn das «schweiz. Militair-Departement» unter Ochsenbein im Januar 1852 als eidgenössischen «Stabsekretair» ein. Als solcher habe er «seinen Obern Treu und Gehorsam zu leisten», wozu er durchaus, auch während der Grenzbesetzung von 1870–71, bereit war.[37]

Unbeirrt ging Jacques seinen politischen Weg, erinnerte in der Zeitung an die Geburt der französischen Republik[38], die Napoleon hatte untergehen lassen, und zeichnet den Artikel mit «Freiheit, Gleichheit, Brüderlichkeit»; gelegentlich finden wir ihn auch in freiligrathschem Pathos befangen mit dem Ruf «Unser ist die Zukunft». Über die Entwicklung der Schweiz zeigte er sich wenig glücklich und bezüglich Europas schrieb er: «Vor der Erfüllung der Losung der Revolution gibt es keinen Frieden, keine Ordnung, keine gesellschaftliche Zukunft.»[39] Als der den Sozialdemokraten zuzurechnende Johann Jakob Treichler in Zürich erfolgreich aus Nationalratswahlen hervorging, triumphierte die «National-Zeitung» und spottete herzhaft über den «Treichlerschreck», der in Zürich umgehe.[40]

Die verschiedenen in der Öffentlichkeit Aufsehen erregenden Ausrutscher von Jacques veranlassten ihn, sich von einigen einflussreichen Bekannten Leumundszeugnisse ausstellen zu lassen. Aus diesen geht hervor, dass die politischen Ansichten ihm «vielfache Anfeindungen» eingetragen hatten, auch sei er seinen Gegnern verhasst. Aber, so bezeugt ihm ein Richter: «Meinungssache befleckt den Wandel eines redlichen Menschen nicht, sondern adelt denselben, wenn er für seine

Sache steht.» Wie die anderen fünf Herren, steht auch dieser für den tadellosen Charakter und den Anstand von Jacques ein.[41]

Mit der Behauptung, Vater Schabelitz sei des Tuns von Jacques müde und die Zeitung floriere nicht mehr, dürfte Bischoff eine richtige Diagnose gestellt haben. Wir vermuten, dass nur wenige erstaunt waren, als in der Ausgabe vom 28. Mai 1852 der Sohn seinen Rücktritt aus der Zeitung in Form eines Leitartikels bekanntgab. Während dreieinhalb Jahren, das heisst, dass er seit seiner Heimkehr von Paris rechnete, habe er, «nicht entmutigt durch die Erfolge der Reaktion und nicht abgeschreckt durch bittere Erfahrungen und gehässige persönliche Anfeindungen» für die Demokratie gestritten und trotz den «Schlägen», welche diese erlitten habe, an die gute Sache geglaubt. «Privatverhältnisse» und neben anderen Verpflichtungen der Mangel an Zeit für die Redaktionsarbeit hätten ihn aber bestimmt, sich «jetzt vom journalistischen Kampfplatz» zurückzuziehen. «Deshalb weise ich im Voraus alle etwaigen Missdeutungen meines Schrittes zurück, gönne jedoch meinen Gegnern die Freude, darüber zu denken und zu sagen, was sie gerne wollen.»[42] Im gleichen Artikel bestätigt der Vater, dass er den Verlag der Zeitung wieder übernehme, und sichert ferner zu, dass er «es sich angelegen sein lasse, für eine neue Redaktion zu sorgen, die warm und entschieden für die Grundsätze und Interessen der freisinnigen Partei» einstehen werde, für jene Richtung also, die Brenner einzuhalten verstanden hatte. Die Entwicklung der «National-Zeitung» unter Jacques ist eine ähnliche wie die des «Republikaners» unter Julius Fröbel: beide begannen sie in eine Richtung abzudriften, die sich, weit über die Absichten der liberalen Partei hinausgehend, die Leser entfremdete.[43]

Bereits Ende Juni war Peter Feddersen aus Hamburg zeichnender Redaktor, auch er mit Gruppierungen um Marx vertraut, aber um 15 Jahre älter als Jacques und entsprechend ruhiger im Urteil. Er wurde 1858 Grossrat und veröffentlichte später eine «Geschichte der Schweizerischen Regeneration» in Jacques' «Verlags-Magazin». Vater und Sohn mussten sich der Zeitung gänzlich entledigen: vom 10. Oktober[44] an druckte Christian Krüsi aus Gais das Blatt, welches er mit Verlag und Druckerei erworben hatte. Nur vier Jahre später sah sich auch Krüsi gezwungen, die Zeitung zu verkaufen, die im Februar 1858 mit der «Berner-Zeitung» fusionierte, was Jacques bereits aus der zürcherischen Perspektive betrachten konnte, während Jakob Christian leider noch erleben musste, dass seine mutige Schöpfung unterging; erst nach seinem Tode wurde sie wieder aktiviert.

Jacques hatte nun Zeit, sich voll dem Ausbau seiner Buchhandlung zu widmen, und gedachte, sie auf eine breitere Basis zu stellen. Im Juni verassoziierte er sich mit Friedrich Hermann Amberger aus Längendorf im Solothurnischen. Namengebend erschien Schabelitz weiterhin «als alleiniger Inhaber des Geschäftes», während der neue Mann, «ungeachtet seiner Mitbeteiligung [nur] als Prokuraträger unterzeichnet». Leider erfahren wir aus dem Vertrag keine Summen, die uns den Umfang der Geschäfte abzuschätzen erlauben würden. Die beiden Junggesellen setzten sich je einen Monatslohn von Fr. 140.– aus. Fünf Jahre später, als sie sich wieder trennten, beliefen sich die Werte der Buchhandlungen auf mehrere tausend Franken. Die Auswahl des Sortimentes änderte sich, was die Gesinnung betraf, nicht und war bestens geeignet, einem politischen Flüchtling wie dem Obersten Charras seine Wünsche für Revolutions-Literatur zu erfüllen.[45]

Unklar ist, weshalb im Vertrag mit Amberg die Druckerei erwähnt wird, die eigentlich zum Bereich des Vaters gehörte, von dem sie Krüsi erwarb; dank der fortdauernden Kontakte zu Jacques wurde er zum Drucker der Marxschen Broschüre (s. S. 88 ff.).

Auch wenn dem Buchhandel, wie wir annehmen dürfen, ein gewisser Erfolg beschieden war, scheint Jacques das Klima der Heimatstadt nicht mehr behagt zu haben. Mit seinem ehemaligen Lehrer Jacob Burckhardt hätte er klagen können, man habe «von dem hiesigen Geistesklima keinen genauen Begriff» und es sei «mit Händen zu greifen, wie die besten Leute hier versauerten»[46] – wobei Jacques für seine Person am Malaise durchaus mitschuldig war. Im stillen bereitete er seinen Wegzug vor, und seine Sangesfreude kam ihm dabei zu Hilfe: im Sommer 1854 fand in Winterthur ein eidgenössisches Sängerfest statt, zu dem er mit seinem Basler Chor reiste und wohl auch auf der Fahrt die Zürcher Verhältnisse genauer erkundete. Engels hatte, bei seinem Besuch in Zürich 1840, diese Stadt nach der konservativen Umwälzung von 1839 «als ein zweites Basel» gesehen – Jacques konnte nun feststellen, dass ihm hier wesentlich mehr Möglichkeiten offenstanden als zu Hause. So brach er seine Zelte in Basel ab: er liess sich im November einen Geburts- und Taufschein, Ende Dezember einen Heimatschein ausstellen, und von seinen Sängerfreunden wurde ein Empfehlungsschreiben, ein «Sängerpass» verfasst, der den «zweiten Bass» den Zürchern als «eifriges und tüchtiges Mitglied» empfahl.

1. Handbuch S. 992
2. JS an Hess, 25.11.48, Briefe S. 210
3. Gruner S. 490
4. Gruner S. 320
5. Hess, Br., S. 212
6. NZ 22.8.48
7. Hess, Br., S. 212
8. G.K. Briefe, II/S. 280
9. Siegfried 1926, S. 53
10. NZ 31.10.49
11. Siegfried 1926, S. 71; NZZ Nachruf
12. Stefan Bornstedt, Rosen unter Alpenschnee S. 184; Berlin 1883 (?)
13. JS an Engels, 30.8.49
14. NZ 8.5.48
15. Siegfried, 1928, S. 86
16. NZ 22.9.49
17. GLA 48/3079, 18.1.51, Gihr
18. NZ 10.6.49
19. Stammbuchblatt, AS
20. JS an Engels, 8.2.50
21. JS an Engels, 8.2.50
22. GLA 182, 3.6.1850
23. Gruner, S. 320; vgl. GLA 48/3082 und GLA 48/5205, 12.2.1852
24. NZZ 20.4.1988, Peter Gilg, Arbeiteremanzipation ohne Klassenkampf; vgl. zum ganzen Abschnitt Galeer und Vogelsanger
25. GLA 48/3079, 18.1.1852; die Anlässe von London vom Juli 1851 werden in der NZ vom 6.8.51 ausführlich besprochen
26. GLA 240/2235, 1851 und GLA 234/10245, 1851
27. STAB: Ratsprotokoll 1852, 221, Blatt 32; Blatt 54/2; Gerichtsarchiv DD 24, S. 268 ff.; Strafpolizei-Akten M 2 46 1852; 27.1.52; HH 20, Faszikel 5 Nr. 23
28. GLA 313/3863; Abt. 236/8744, Bl. 1–145, 6.8.53
29. BA., der badischen Gesandtschaft dem Präsidenten des Bundesrates mitgeteilt 14.2.52
30. STAB Handel & Gewerbe, 3.22.47
31. BA. Bischoff an Bundesrat Jonas Furrer, 17.2.52, E 21/41, Dossier Klenk
32. Abgedruckt in Basler Zeitschrift für Geschichte und Altertum, Heft I, Bd. 111, 1903, Hg. Jakob Schneider; lt. einer Notiz auf dem Dokument im GLA: «geschrieben 1851»
33. JS an M, 14.3.53
34. BA., Bischoff an Bundesrat Jonas Furrer, 25.3.52, E 21/57, Dossier Schabelitz, Methua
35. BA., Entwurf eines Schreibens an die Grossherzogliche Gesandtschaft, E 21/57, Dossier (Schabelitz) Fickler (Zutt)
36. zit. nach Gruner, S. 491, Anm. 19
37. Dokumente im AS
38. NZ 24.2.52
39. NZ 20.2.52
40. NZ 3.3.; 6.3.52
41. AS
42. NZ 28.5.52
43. Feddersen S. 461
44. NZ 10.10.52
45. Brief, AS
46. Burckhardt an Schreiber, 18.12.52; zit. nach «Antiquariat», Frankfurt a. M., 12. 1997

Von der Idylle zum Ernst des Lebens

Gelegt hat sich der starke Wind
Und wieder stiller wird's daheime;
Germania, das grosse Kind,
Erfreut sich wieder seiner Weihnachtsbäume.

Wir treiben jetzt Familienglück –
Was höher lockt, das ist von Übel –
Die Friedensschwalbe kehrt zurück,
Die einst genistet in des Hauses Giebel.

Wir sind versucht, diese spottenden Strophen von Heine[1], in dessen engerer Umgebung Jacques noch vor wenigen Jahren verkehrt hatte, über die Wandlung zu setzen, welche wir durch seine Übersiedlung nach Zürich feststellen: Es scheint ihn zurück in den «Vormärz», im Sinne der Idylle, zu ziehen!

Im Dezember 1854 liess sich Schabelitz an der Limmat nieder. Vordergründig ging es darum, hier eine Filiale der florierenden Basler Buchhandlung zu gründen; der Gastkanton war liberal regiert, Schikanen der Zensur waren also kaum zu befürchten, und Dr. Ulrich Zehnder und seine Familie blieben ein guter Stützpunkt. Was alles ihn bewogen hat, der Heimatstadt den Rücken zu kehren, können wir nur vermuten. Schon die Nachrufe[2] rätseln um die Motive, sprechen vom Hass der Konservativen, der ihn verfolgt habe; vielleicht sind es aber eher die «Erfahrungen des Lebens und reifes Nachdenken», welche ihn von seinem «jugendlichen Ultraradikalismus» abgebracht hatten. Jacques' Misserfolge mit der «National-Zeitung» und dem «Grütlianer», die zugleich auch mit seinem überbetonten politischen Engagement zusammenhingen, die verschiedenen Zusammenstösse mit der Polizeibehörde, zuletzt um die Marxsche Broschüre – all das dürfte ihn Basel entfremdet haben. Wir vermuten, dass er für seine Gesinnungsgenossen mehrmals zu weit gegangen, zur «Verlegenheit» geworden war.

Die Bindungen an die Familie waren intakt geblieben, das Verhältnis zu Schwester Lina und ihrem zukünftigen Mann Gustav Stumm blieb ebenso eng und freundschaftlich wie zu Wilhelm Klein. Der Nachhall einer stürmischen Jugend ist ihm nach Zürich nicht gefolgt, sie wurde nicht als ehrenrührig, sondern mehr als Jugendeselei oder Gentleman-Vergehen eingeordnet. Trotzdem ist seine Rückkehr ins Bürgerlich-Behagliche überraschend: aus seinen Briefen spricht, reifer als im Tagebuch, der heitere, kommunikative, fleissige Jacques der ersten Londoner Zeit, keinerlei Andeutung von Ideologie, von Annäherung an Arbeiterbildungs-Vereine, Parteien und ähnliches. Der Junggeselle ging wohl ins liberale Café Littéraire und sang in dem von Zehnder gegründeten Verein «Harmonie» mit, verkehrte aber auch in traditionelleren Milieus und war als begabter Gesellschafter allenthalben gern gelitten.

Am 16. und 17. Juli 1854 hatte in Winterthur ein Eidgenössisches Sängerfest stattgefunden, an dem, mit seinen Kameraden, auch Schabelitz und sein Freund Riedlin teilgenommen hatten. Nachtquartier durften die beiden im stattlichen Hause «Zum Rosengarten» am Garnmarkt beziehen, wo sie von Mutter und Tochter Hintermeister gastlich aufgenommen wurden. Vor dem Fest hatten «viele fleissige Frauenzimmer» als «Kranzwinderinnen» mitgewirkt, um die Räume entsprechend herzurichten[3], und zu ihnen hatte auch die nahezu 23-jährige Marie gehört. Die beiden jungen Männer konnten nur bedauern, dass sie, «vom Festjubel beherrscht, so wenig die schöne Gelegenheit benützten, im holden Frauenkreis Stunden zu verleben, die [sie] jedenfalls zu den angenehmsten [ihres] Lebens zählen durften!» Immerhin hoffen beide, wieder Gelegenheit zu einer «Wallfahrt nach diesen Stätten, wo Gastfreundschaft und weibliche Anmut wohnen»,[4] zu finden. Die beiden Freunde hatten mit ihren Gastgebern Glück gehabt: Johann Heinrich Hintermeister, aus der Gegend von Kloten stammend, hatte eine gutgehende Handelsfirma für «Englische Manufakturwaren en gros» und war mit Magdalene Maurer aus Zollikon verheiratet. Ausser der Tochter Marie hatte das Paar drei Söhne, von denen zwei später in die Vereinigten Staaten auswanderten und einer das väterliche Geschäft übernahm. Alles in allem handelte es sich hier um ein gutbürgerliches Milieu, dem sich Jacques, in Zürich ansässig geworden, mit Besuchen und dann im Juli 1855 mit einem werbenden Brief an Marie näherte. Vor einem Jahr habe er «ihr Bild im Herzen mit nach Basel» genommen, aber die räumliche Ferne erlaubte ihm nicht, auf ein «engeres Verhältnis» zu hoffen. Nun habe er in Zürich «ein zweites Etablissement» gegründet, «das in raschem Aufblühen begriffen» sei. Dies erlaube ihm, Marie «Herz und Hand anzubieten. Ich kann Ihnen kein glänzendes Los, sondern nur eine sorgenfreie Existenz bieten, ausserdem aber wahre Liebe und Achtung, ein gutes Herz und einen ehrenhaften Charakter».[5] Mit seiner Lieblingsschwester Lina, die ihm zeitweise den Haushalt besorgte, reiste er nach Winterthur, und alles liess sich nach Wunsch an: am 14. August erscheint in den Briefen das «Du» zwischen den beiden, man spricht von gemeinsamer Zukunft, und die Verlobung wird unter dem 19. August 1855 bekanntgegeben[6].

Wir können sicher sein, dass sich Vater Hintermeister, der seine Tochter ängstlich behütete, in Basel genau erkundigt hatte, um wen es sich beim Bewerber handle, bevor er sein Einverständnis gab. Politik und ihre Nebenerscheinungen scheint er klar vom Menschen und seinem geschäftlichen Gebaren getrennt zu haben.

Die Distanz der Wohnorte gab dem Brautpaar Anlass zu einer regen Korrespondenz, die Jacques' Lebensweise vom Juli 1855 bis in den April 1856 genau dokumentiert. Bisweilen finden sich darin sogar englische Passagen, mit denen er die Braut anregen will, ihre Sprachkenntnisse zu erweitern. Marie Hintermeister bewahrte seine Briefe sorgsam auf, die ihren sind leider verloren. Natürlich hoffte die Braut auf allwöchentliche Besuche; erfolgten sie aus irgendwelchen Abhaltungen nicht, entstanden die unter sehnsüchtigen Verlobten üblichen kleinen Spannungen. Bei Schnee und Kälte fuhr der Bräutigam per Post oder Omnibus die rund drei Stunden, die damals der Weg nach Winterthur noch benötigte, und kam bisweilen halberfroren in Zürich an.[7] Wohl war die Bahn im Bau, aber die Hoffnung auf baldige Inbetriebnahme erfüllte sich nicht. Im Dezember 1855 konnte sie endlich vom Bräutigam benützt werden, aber sie endete vorerst noch in Oerlikon und von da musste man in Kutschen, schlimmstenfalls zu Fuss in die Stadt heimkehren; erst am 26. Juni erreichte die Strecke den Zürcher Bahnhof.

Ungeachtet der Transportprobleme und des noch immer recht unkomfortablen Reisens wurden eifrig Besuche hin und her gemacht: Die Basler wollten die Winterthurer kennenlernen und umgekehrt, die Mobilität war, obschon die Gesundheit der oberen Generation nicht zum besten war, erstaunlich gross.

Nun musste Jacques auch auf Wohnungssuche gehen und zeigte sich dabei höchst wählerisch, bis es ihm gelang, sich bei Herrn Stockar-Escher, dem Schwager von Alfred Escher, in den «vorderen» Escherhäusern am Zeltweg einzumieten. An Marie konnte die Meldung gehen, die Wohnung, welche vom Eigentümer renoviert werde, sei sehr schön, «just my style», in der «Belétage gelegen, also ganz comme il faut» ... das waren die Ansprüche eines Geschäftsmannes und nicht mehr die des Journalisten in London und Paris.[8]

Endlich konnte, nachdem das Beschaffen der nötigen Papiere über die Kantonsgrenzen hinweg einige Zeit beansprucht hatte, an das Organisieren des Hochzeitsfestes gegangen werden. In diesen Zusammenhängen wurde sogar nach einem Schabelitzschen Wappen gesucht[9] – Spuren von dessen Verwendung konnten wir allerdings keine finden. Am 21.4.1856, einem Montag, wurde das Fest in Uster begangen: Pfarrer Dändliker aus Rorbas, ein alter Freund der Hintermeisters, traute das Paar, und die in zahlreichen Kutschen angereiste Gesellschaft, zu der auch Regierungspräsident Zehnder zählte, vergnügte sich im «Kreuz» bei Bordeaux und Champagner, den Jacques grosszügig in Zürich besorgt hatte. Weder die Predigt noch die Verse der Junggesellenfreunde aus dem «Littéraire» deuteten das Geringste von den bewegten Wanderjahren des Bräutigams an.[10]

Ähnlich wie im Tagebuch spiegelt sich das Gesellige in den Briefen: Basler und andere Freunde, sogar solche aus London, tauchten bei Jacques in Zürich auf und wollten unterhalten werden. Eifrig wurde die «Harmonie» besucht und an ihren «Soiréen», an denen auch der Musiker Franz Abt teilnahm, mitmusiziert, gesungen und gefeiert. Unter den engen Freunden werden immer wieder Conrad Bodmer «ab dem Rai» und seine Frau Marie und die verschiedenen Zehnders genannt. Die einen und anderen der Bekannten baten ihn an ihren Anlässen teilzunehmen, «damit auch Leben in die Gesellschaft komme».[11]

Wenn Jacques erkrankte, sorgte Frau Zehnder mütterlich für ihn, sogar mit Blutegeln; ein andermal erfahren wir, dass er Pate von Conrad Zehnders Söhnchen geworden sei. Luise, die er einst verehrte, hatte sich mit Professor Fritzsche verheiratet, bei dessen Nachkommen ihr freundschaftlicher Verkehr mit der Familie Schabelitz in Erinnerungen festgehalten wurde[12]. Die Verbindung mit dem Associé Amberger blieb auch nach der geschäftlichen Trennung erhalten. Mit Conrad Bodmer nahm Jacques an einem Sechseläuten teil, das beinahe in Sturm und Regen versank, was seiner Laune wenig Abbruch tat, aber doch ohne Wiederholung geblieben zu sein scheint. Es werden Maskenbälle und musikalische Anlässe erwähnt, jedoch keine Opernaufführung und nur einmal das Theater.

Im Januar 1857 wurde Vater Hintermeister immer hinfalliger, und Marie wohnte in Winterthur, um ihn pflegen zu helfen; er starb bereits im folgenden Monat, am 26.2., und mit seinem Tod sei das Glück von der Familie gewichen, wie ein Sohn später schrieb. Im April und im Juli dieses Jahres war Jacques längere Zeit in Basel, um die Trennung von Amberger zu vollziehen, was einige Geduld erforderte, aber ihn auch wieder einmal, recht unbeschwert, das Leben bei alten Freunden und der Familie geniessen liess[13]. Er berichtet von Ausfahrten, «Havannah-Cigarren» werden geraucht, und Bordeaux wird lobend erwähnt, ebenso Mutter Schabelitz' Küche, wobei auch diejenige Maries ihm lieb sei; ihre erhaltenen, handgeschriebenen Kochbücher zeugen von einigem Können[14].

Nachgerade sehnte sich Jacques aber doch nach Hause: ich «freue mich auf unser heimeliges Zusammenleben in unserer Wohnung»[15], schliesslich war Marie in Erwartung und bedurfte, da sie eher etwas zum Pessimismus neigte, sicher seiner aufmunternden Heiterkeit. Wenn er ihr noch berichtete, er habe «mit dem Pfarrer von Dietlikon [gespeist], der ein ganz anständiger Mann ist, sodass ich seine Eigenschaft als Pfarrer fast darob vergass»,[16] so ist dies einer der einzigen direkten Hinweise auf seinen Skeptizismus; Politisches kommt in den Briefen nie vor. Der besagte Pfarrer dürfte ihm, dank seinem Liberalismus und seinen naturwissenschaftlichen Interessen, einigermassen gemäss gewesen sein.

Stammbuchblatt von Ferdinand Freiligrath für J. Schabelitz (S. 77)

J. Schabelitz lesend; Skizze seines Neffen H. Hintermeister

Marie Schabelitz-Hintermeister

Blick vom Dach des Semperbaus der ETH auf das Wohnhaus von
J. Schabelitz an der Ecke Tannen-/Universitätstrasse; um 1900 (S. 129)

Meinem lieben "Entdecker"
u. lieben Freunde J. Schabelitz
mit den herzlichsten Grüßen.

5. Okt. 1890.   *Hermann Bahr.*

Die gute Schule.

Widmungsblatt von Hermann Bahr für J. Schabelitz (S. 149)

Porträtskizze des Grafen Harry v. Arnim 1877,
von Clementine Stockar-Escher (S. 159)

J. Schabelitz bei einem Dampfschiffausflug auf dem Zürichsee

Der «behäbige alte Herr mit dem glattgestrichenen grauen Haar,
dem kräftigen Schnurrbart und der kleinen Fliege am Kinn»,
J. Schabelitz (S. 133)

Karikatur aus dem Nebelspalter zu einer Publikation
der Feministin Johanna Elberskirchen im Verlags-Magazin, um 1898

Im August 1857 kam das Töchterchen Maria Elisabeth (8.8.) zur Welt, aber es scheint, dass sich die Mutter schwer von der Geburt erholte, jedenfalls war sie im Spätherbst vorwiegend in Winterthur, und im Juni und Juli des folgenden Jahres brauchte sie eine Kur in Baden und anschliessend weilte sie zur Erholung auf dem Rigi. Unterdessen bewerkstelligte Schabelitz den Umzug seines Geschäftes und besuchte seine Frau dann auf dem Rigi: Sportlich begann er mit Bekannten den Abstieg, geriet dann aber in Nebel und starken Regen und verletzte sich strauchelnd am Knie. Bei Mehlsuppe und Rotwein erholte sich die kleine Gesellschaft in Weggis, und während ihre Kleider trockneten, geriet sie ganz studentisch in ein so frohes Singen, dass «zwei englische Schachteln» das Nebenzimmer fluchtartig verliessen: Humor und Lebensfreude hatten sich auch beim jungen Ehemann unverändert erhalten.[17]

Wenn Jacques über Amberger gesagt hatte: «Das Zürcher Geschäft leuchtet ihm natürlich besser ein und er weiss wohl, dass demselben eine andere Zukunft bevorsteht, als dem hiesigen [in Basel]»[18], so hatte sich dies durchaus bewahrheitet. 1861 konnte sich das Paar sein eigenes Haus bauen und beauftragte den jungen Architekten Theodor Geiger mit dem Zeichnen der Pläne, die Ende Juli 1861 von den Behörden genehmigt wurden. Als Bauplatz hatten Schabelitzens am damaligen Stadtrand gegen Oberstrass, dem noch teilweise im Bau befindlichen Polytechnikum von Semper gegenüber ein grösseres Terrain gewählt. Geiger entwarf ein Wohnhaus in schlichtem Spätklassizismus[19]; im Erdgeschoss befanden sich Ladengeschäfte, von denen Schabelitz später eines als Papier- und Buchhandlung benützte, die Obergeschosse waren in bequeme Wohnungen mit fünf Zimmern und einem geräumigen Korridor eingeteilt. Das Waschhaus befand sich hinter dem Haus, am Rande eines grossen Gartens gegen Norden. Der Name «Zum Schöneck» für das Haus hat sich nicht durchgesetzt. Die Wohnungen müssen dem Geschmack und dem Komfortbedürfnis der Zeit entsprochen haben: Im Laufe des Jahres 1864 zogen Conrad Ferdinand und Betsy Meyer hier ein und blieben die nächsten vier Jahre in der «maison Schabelitz», wie der Dichter seine Adresse angab[20], und 1869 wohnte hier der Kunsthistoriker Johann Rudolf Rahn, bis sein neues Haus am Thalacker bezugsbereit war[21] – offenbar stiess sich das «alte Zürich» nicht am Achtundvierzigertum des Besitzers!

Leider verlor die Liegenschaft ihren Garten entlang der Sonneckstrasse, da er für einen Bau des Polytechnikums expropriiert wurde, welches dann, Jahrzehnte später, das Schabelitz-Haus 1966 durch ein neues Laborgebäude ersetzte. In den Jahren nach dem Ersten Weltkrieg mussten auch die hübschen ursprünglichen Schaufenster grösseren, rechteckigen im Stile der neuen Sachlichkeit weichen. Beim Einzug erwartete Marie ihr zweites Kind, nachdem ihr erstes Töchterchen im Oktober 1858 schon gestorben war. Die im August 1862 geborene Lina blieb das einzige Kind des Ehepaars. Sie sollte sorgfältig erzogen werden, und so schickte man sie zu Freund Beust in dessen Privatschule, der die Mutter bezüglich der Charakterbildung durchaus traute, während sie befürchtete, dass das Mädchen – an dem die Eltern zu erstaunen scheint, dass es ein recht eigenwilliges Persönchen sein konnte – im Lehrstoff dank den Beustschen Methoden etwas hintennach sein könnte. Sie bemerkt etwas spitz, der Fastnachtsmontag sei ein «Ferientag», Herr Beust «benütze jede Gelegenheit», um einen solchen einzuschalten. Wie Marie selbst, die 1846 ein halbes Jahr in Grandchamp verbracht hatte, wird auch Lina ins Welschland, nach Neuenburg, geschickt. Als sie, liebenswürdig, heiter und hübsch, nach Zürich heimkehrte, fanden sich rasch Bewerber ein. 1884 verheiratete sie sich mit dem aus Winterthur stammenden Rechtsanwalt Heinrich Haggenmacher, der sich als Liberaler auch an der zürcherischen Lokalpolitik beteiligte. Die einzige Tochter, ihr Mann und ihre fünf Kinder kümmerten sich mit Hingabe um das häusliche und gesundheitliche Wohl der Eltern.

Die nicht sehr vielen erhaltenen persönlichen Briefe aus Schabelitz' enger Umgebung zeugen von einem ruhigen, ausgeglichenen Familienleben[22]. Die Gastlichkeit, von der die zahlreichen Verwandten aus Winterthur und Basel gerne Gebrauch machten, war gross, und auch der gegenseitige Verkehr mit befreundeten Familien findet oft Erwähnung.

Den Freundeskreis um Schabelitz zu rekonstruieren ist ungemein schwierig, da allzu häufig auch die Nachlässe auf der Gegenseite, in denen sich Spuren von Beziehungen finden könnten, nicht greifbar sind. Auf die Familie Zehnder wiesen wir verschiedentlich hin, ebenso auch auf Conrad Bodmer am Rennweg, ferner auf die Mitglieder der «Harmonie», unter ihnen der Komponist Franz Abt, Ignaz Heim mit seiner Frau und der Tonhalledirigent Friedrich Hegar, der sich als «alten Freund» bezeichnete. Beust, John Reitenbach und Konservator Mösch waren die letzten der 48er um ihn, es muss sich in früheren Jahren aber um einen grösseren Kreis gehandelt haben. Unter den damaligen Politikern nennen wir etwa Karl Bürkli und Johann Jakob Treichler, mit denen er in Beziehung stand, ebenso den weniger fassbaren Dr. Ladendorf. An den beiden Hochschulen waren verschiedene Dozenten tätig, die eine «liberale» deutsche Vergangenheit hatten und deshalb wohl in der Schabelitzschen Buchhandlung Kunden waren. Die Ettmüller, Vater und Sohn, gehörten zu ihnen, und auch Friedrich Theodor Vischer, Prof. Kohlrausch, Prof. J. J. Honegger und der Freund Johannes Scherr. Den Zusammenhang mit C. F. Meyer haben wir erwähnt, Betsy hatte den Kontakt noch nach Jahrzehnten nicht vergessen. Gottfried Keller erwähnt am Rande die Buchhandlung, Schabelitz selber aber nie, obschon über Theodor Curti, Herwegh und andere Kontakte hätten entstehen können. Auch in Richard Wagners Briefen taucht Schabelitz nicht auf, aber da die beiden Ehepaare in den «vorderen Escherhäusern» am Zeltweg vom April 1856 bis zum April 1857 unter einem Dach wohnten[23], und bei der Musikfreudigkeit des Buchhändlers, sind Kontakte sehr wahrscheinlich. Gottfried Kinkel, gross und herkulisch, mit seiner schönen Stimme und Beredsamkeit, kannte Schabelitz seit 1851, ein Jahrzehnt später sind sie noch in Kontakt und dürften es bis zum Tode Kinkels 1882 geblieben sein.[24]

Als besonderes Ereignis in diesem «Stilleben» darf Jacques' Reise an die Pariser Weltausstellung gewertet werden, die ihn und einen von Maries Brüdern tief beeindruckte.[25] Von anderen Fahrten ins Ausland hören wir nichts. Dafür wurden Familienausflüge arrangiert, die Sommerwochen verbrachten sie in der Innerschweiz, und oft zog es Marie zurück ins heimatliche Winterthur.

Als Jacques während des Deutsch-Französischen Krieges rund drei Monate als Stabssekretär im Militärdienst war, betonte die stets etwas sorgenvoll wirkende Marie ihr «zurückgezogenes» Leben[26] und wie gut es ihr bekommen werde, «wenn ich durch dich wieder mehr unter die Leute komme». Sie befürchtet sehr, dass der Dienst sich «wochenlang hinziehen» werde, und sorgt sich zusehends um den Betrieb, dem nachgerade «eine leitende Hand» Not tue. Kontakte zum Betrieb hatte sie regelmässig, zu den Autoren offenbar nicht.

Nachdem Ende Januar 1871 die Bourbaki-Armee durch deutsche Truppen in die Schweiz abgedrängt worden war, kamen Teile der französischen Mannschaften auch nach Zürich. Die kleine Lina berichtet dem Vater von einem Lazarett nahe dem Elternhaus, und Marie stellt fest, dass Freund Bodmer zwei Franzosen förmlich «fêtiere»[27]. «Die Franzosen haben das Zürcher Publikum in grösste Aufregung gebracht und ich glaube, es ist gut, wenn dasselbe vor der Hand nicht in grosse Berührung mit ihnen kommt»[28], eine Bemerkung, die mit den Spannungen um den Tonhalle-Krawall vom 9. März zusammenhängt.

Schabelitz war mit der V. Division der Juragrenze entlang gezogen; eine Station dabei war Genf. Nachdem er Karl von Braunschweig 1851 auf der Reise nach London in seinem Pariser Hotel de Beaujon ein letztes Mal gesehen hatte, erhielt er im Juli 1870 nach langen Jahren von ihm einen Brief, beginnend damit, dass er nicht einmal wisse, ob der Empfänger noch lebe, aber er hoffe dies[29]. Eine Woche zuvor, am 19.7., hatte Frankreich Deutschland den Krieg erklärt, und der Herzog erkundigt sich nun bei Schabelitz nach der Stimmung in Süddeutschland und ob «unsere Londoner-Zeitung-Partei stark genug» wäre, um «eine Rolle zu spielen». Er wäre bereit, sofern es der Sache dienen würde, die Reisekosten nach Paris zu übernehmen. In seiner Antwort beschreibt Schabelitz kurz seine gegenwärtigen Lebensumstände und nimmt dann zur politischen Frage Stellung: Frankreich habe den Krieg vom Zaune gerissen, aber die Arroganz von Preussens Repräsentanten, die sich in der Schweiz gelegentlich breit mache, sei unserem Wesen im Innersten zuwider. Die Sympathie sei deshalb mehr beim französischen «Volkscharakter». Die Hoffnung des Herzogs, die deutschen Arbeiter («unsere Londoner-Zeitung-Partei») gegen das Reich zu mobilisieren, hält er für unrealistisch, diese stünden alle *für die deutsche Sache* unter den Waffen. Nach Paris reisen würde er gerne, aber er sei wegen der Mobilisation zur Verteidigung der Neutralität auf Pikett[30].

In Genf angekommen, sandte Schabelitz dem Herzog seine Karte und hoffte, ihn zu treffen, da er voraussichtlich fünf Wochen in der Stadt bleiben müsse. Am 22. Februar bittet der ihm «wohlgesinnte Herzog von Braunschweig ... [ihn] ... mit Vergnügen» auf 8 Uhr abends ins Hotel Métropole, wo offenbar neben der spanischen Königin auch Prinz Plon-Plon abgestiegen ist[31]. Was die beiden alten Kampfgefährten bei diesem letzten Zusammensein besprachen, ist leider nicht überliefert.

Bis Anfang der 80er Jahre war Schabelitz' Lebendigkeit ungebrochen erhalten. Im Juni 1881 dann musste die Tochter helfend einspringen, da der Vater einen «apoplektischen Anfall» habe und sich jeder geistigen Tätigkeit enthalten müsse.[32] Wenig später war er wieder aktiv, wenn auch reduziert, und stand vor einem Aufenthalt in einer «Kaltwasser-Heilanstalt». Vom früheren «Tätigkeitsdrang» sei ihm aber «ein Stück verloren gegangen», schreibt er im Oktober einem Autor. In den folgenden Jahren suchte er die «Wassermanipulationen» in Mammern häufig auf und schildert einmal in einem launigen Brief an den Schwiegersohn sein Leben da: Er spreche nur mit wenigen, obwohl an die 130 Kurgäste mit ihm im Hause seien, da ihm «das Bedürfnis zum gewöhnlichen Schwatz» abgehe. «Im Anfang meines Hierseins besuchte Dr. Roth, unser Gesandter in Berlin, seinen hier weilenden Studienfreund Regierungsrat Hafter von Frauenfeld, und da ich mit beiden von ihrer Studienzeit in Zürich gut bekannt bin, so verlebten wir einige gemütliche Stunden.» Der als humorvoll bekannte Diplomat wusste gute «in Hofkreisen zirkulierende Anekdoten»[33], und beide Herren scheinen sich an der Erinnerung an «Pro Nihilo» (s. S. 159 ff.) nicht gestossen zu haben.

Ein Jahr später traf Schabelitz erneut eine Apoplexie als Folge eines Beinbruches, der eine Schwäche hinterliess, die beim Gehen hinderlich sei[34]. Das Glück des Patienten oder Rekonvaleszenten blieb, dass er in den verschiedenen Kuranstalten und Hotels dank seiner Umgänglichkeit und seiner Bildung sofort Kontakte herzustellen vermochte und anregende Unterhaltung bot und fand. Man könnte vielleicht sagen, dass er zu den «Unbequemen» gehörte, die man aber wegen ihres Wesens trotzdem mag und ihnen vieles nachsieht. Oft begleiteten ihn die Freunde Bodmer in die Innerschweiz, und auch die Basler Verwandten verkürzten ihm die Zeit.

Nachdem seine Gesundheit sich wieder einigermassen stabilisiert hatte, begann seine Frau zu kränkeln; mit ihr verbrachte er «in einfachsten Verhältnissen» sechs Wochen «im idyllischen Erdwinkel» Walchwil[35], später in Sarnen. Seit Ende 1894 nahmen Maries Leiden zu, Weihnachten 1895 konnte noch am Krankenbett mit allen Enkeln gefeiert werden, wenige Monate später verstarb sie. Ulrico Hoepli (s. S. 138), längst «Commendatore», hatte der «hochverehrten Lehrherrin seit 1862 ein dankbares Andenken»[36] bewahrt; mit ihrer Umsicht und ruhigen Sicherheit hatte sie stets stabilisierend für das Häusliche gesorgt.

Schabelitz begann sich in seinem Hause einsam zu fühlen, und das Geschäft «verleidete» ihm nach und nach, er betrieb es aber doch weiter bis zu seinem Tode. Er begann zeitweise in der Familie seiner Tochter mit der «munteren Kinderschar» zu wohnen[37], welcher der alte Herr, besonders dem ihm nicht unähnlichen einzigen Enkelbuben, nicht eben viel Verständnis entgegenbrachte. Sein reges politisches Temperament suchte er noch auf die jüngste Generation zu übertragen: Als der Dreyfus-Prozess hohe Wellen schlug, nahm er einmal sein vierjähriges Enkeltöchterchen fest bei der Hand und sagte: «Merk's Dir, der Dreyfus ist doch im Recht!»

Zu seinem Tageslauf gehörte, neben dem Gang in Verlag und Druckerei, bis zum letzten Tag der Besuch seiner Stammrunden: Die eine fand sich im «Palmhof», nahe seinem Wohnhaus, zusammen, wo er die Literaten traf, von denen einer die Runde schildert: «... so sass ich denn am Abend zum ersten Mal dem behäbigen alten Herrn mit dem glattgestrichenen, grauen Haar, dem kräftigen Schnurrbart und der kleinen Fliege am Kinn gegenüber, der mich durch seine Brille wohlwollend ansah. Und im Laufe der Zeit habe ich dann die bunte Reihe von Menschen aus allen möglichen Ländern dort an jenem ‹runden Tische› auftauchen und verschwinden, sesshaft werden und wiederkommen sehen. Wenn Mackay in Zürich war, dann versammelte sich stets eine grössere Gesellschaft im Palmhof, denn er verstand es, das Bindeglied auch eines Kreises divergierender Menschen zu sein. Ihm verdankte auch der ‹runde Tisch› sein Stammbuch. Als erster hat sich darin Hermann Bahr eingetragen, indem er in glatten Versen erklärte, keine Verse machen zu können. Es waren fast ausschliesslich junge Leute, welche sich hier um Schabelitz versammelten, und doch machte der Altersunterschied sich niemals störend bemerkbar, denn er verkehrte als Gleicher unter Gleichen. Er sprach wenig und langsam und wenn er eine Bemerkung dazwischenwarf, dann trug sie das Gepräge eines gutmütigen und humorvollen Spottes, welcher das Vorrecht des fröhlichen Alters ist.»[38] Die Freude an einer Diskussionsrunde im

Gasthaus hatte er aus London mitgebracht und sie hier zum Kaffeehaus-Literatentum verfeinert. Der andere Treffpunkt war der «Limmathof»[39], wo er «im Kreise seiner Altersgenossen, der ... Achtundvierziger» zu sitzen pflegte, einer «Tafelrunde prächtiger alter Herren». In solcher Umgebung «wachten die politischen Erinnerungen mächtig in ihm auf, mit ihnen der echte unvergorene Achtundvierziger: Schöneres als jenen Sturm und jenen Drang gab's für ihn nicht!»[40] Da kamen seine «geistige Regsamkeit», «sein idealer Schwung» und der «überreiche Schatz an Erinnerungen» zum Tragen, und auch seine «angenehmen Umgangsformen» und der Basler Witz. Da fand er auch die Zuhörer für Scherze wie den, er hätte Hoffnungen gehegt, im Testament des Herzogs berücksichtigt zu werden: Sie sind wohl die Quellen für Irrtümer und Legenden geworden. Während eines Zusammenseins mit diesen Kameraden traf ihn ein weiterer Schlaganfall, dem er drei Tage später, am 29. Januar 1899, erlag.

Im Briefwechsel mit Bertha von Suttner (s. S. 148) findet sich ein Abschnitt, in dem Schabelitz, damals bereits in einem Alter, das zu seiner Zeit für «fortgeschritten» erachtet wurde, eine Art Lebensbilanz zieht: «Über meine Verhältnisse will ich mich nur soweit äussern, dass Sie im Irrtum sind, wenn Sie mich für einen ‹sehr wohlhabenden Mann› halten.» Allzuviel habe er in Publikationen investiert, die ihm sympathisch, aber leider unrentabel gewesen seien. «Ich war immer Idealist, meine erste praktische Betätigung am politischen Leben war als 17jähriger Jüngling, am Freischarenzug gegen die Jesuitenregierung Luzerns; nachher lebte ich von 1846–48 in London, wo ich mit Freiligrath, Marx und Engels an der proletarischen Bewegung mich beteiligte; nach der Februarrevolution ging ich nach Paris, wo ich, bis zur Wahl Napoleons, als Zeitungskorrespondent blieb und täglich auf der Journalistentribüne den Verhandlungen der Assemblée Nationale (Mai bis Oktober 1848) beiwohnte, also eine höchst interessante Periode durchlebte, in welche auch die Juni-Insurrektion fiel. Nach meiner Rückkehr in die Schweiz kam ich in die Redaktion der bei meinem Vater in Basel erscheinenden Schweizerischen National-Zeitung, das radikalste Schweizerblatt, das beim Ausbruch der Revolution in Baden (1849) Moniteur derselben wurde. Nach Niederwerfung derselben ward sie das Organ der Schmerzensschreie aus dem unterdrückten Baden und der in der Schweiz weilenden Flüchtlinge. Ich wurde wegen Korrespondenzen, welche die Nationalzeitung aus Baden brachte, x-mal in contumaciam verurteilt und hatte 1852 ca. 15 Jahre Gefängnis und ca. 12 100 fl Geldstrafe auf mir sitzen, die mich aber nicht drückten. Nur konnte ich nicht deutschen Boden betreten. 1854 verliess ich das damals noch konservativ regierte Basel und siedelte hierher über, wo eine freiere Gesinnung herrschte. Jetzt bin ich 61 Jahre alt und muss immernoch für meine Existenz kämpfen; es ist mir gelungen, mich ehrenhaft durchzuschlagen, und ich könnte jetzt auch besser gestellt sein, wenn ich nicht in den letzten 10 Jahren infolge eingegangener Bürgschaften einen Verlust von ca. Fr. 35 000 erlitten hätte.»[41]

Diese prägnante Lebensbeschreibung enthält nahezu alle wichtigen Momente von Schabelitz' Leben und mag auch einen Hinweis darauf geben, dass die Ungereimtheiten in den Nachrufen nicht aus seiner Fabulierlust, sondern der Unaufmerksamkeit der Zuhörer resultieren. Als «Unklarheit» wollen wir etwa die Teilnahme am Freischarenzug erwähnen, die er vor den eigentlichen Kampfhandlungen abgebrochen hatte (s. S. 23). Was die Verurteilungen in Baden betrifft, so waren die Strafen wohl milder, als er sie in Erinnerung hatte. Hingegen sind die Verluste durch Bürgschaften auch anderweitig bezeugt: Sie sind seiner Generosität, vielleicht auch einer gewissen Sorglosigkeit zuzuschreiben, und die in den letzten Lebensjahren «überzogenen» Konten bereiteten dem Schwiegersohn einiges Kopfzerbrechen.[42]

Da die Familie es unterlassen hatte, im Anschluss an das Begräbnis einen Nachruf zu versenden, der auf Tatsachen beruht hätte, waren die wenigen, die sich später für Schabelitz' Lebenslauf interessierten, auf die Zeitungsberichte angewiesen. In diesen wurde bedauert, dass er keine Memoiren geschrieben habe; vielleicht hätten sich darin Belege für seine «Bekanntschaft» mit Napoleon III. gefunden, für die weder für die Londoner noch die Pariser Zeit ein Anhaltspunkt besteht. Dass er ihn gesehen und als politischen Gegner empfunden hatte, steht fest, aber gekannt ...? Auch die Behauptung, Schabelitz habe «die Tagherren von 1847 noch beisammen gesehen» und sei der letzte «Bundesreporter»[43] jener Zeit, kann sich nur auf den Kantonsrat in Aarau beziehen, denn er war im kritischen Jahr in London. In welchen «schweren Tagen» er der sozialdemokratischen Partei Deutschlands mit Rat und Tat beigestanden war, ist nicht auszumachen, möglicherweise wird hier nur an die Hilfe für die Flüchtlinge von 1848/49 erinnert. Diese und andere «Fakten» werden in den Nachrufen phantasievoll mitgeteilt – fest eingeprägt dagegen hatte sich das Wissen darum, dass er der «Brennerschen» National-Zeitung ein allzu radikales Gepräge gegeben habe. Auffallen muss, dass Freiligrath und Herwegh, auf anderer Ebene Hoepli, die erwähnenswerten Berühmtheiten sind, mit denen Schabelitz Kontakt hatte, allenfalls noch Karl von Braunschweig; aber Marx und Engels wurden verschwiegen. Da er sie gegenüber der Suttner erwähnte, ist es nicht wahrscheinlich, dass er sie in seinen Erzählungen übergangen hätte. Aber man wollte von einem Mann Abschied nehmen, der von der Aura des Achtundvierzigers umgeben war, vom mutigen Radikalen der Regeneration, und vermied wohl den damals bereits etwas zweifelhaften Ruhm einer Beziehung zu den Vätern des Kommunismus.

Abkürzungen: MH = Marie Hintermeister
MS = Marie Schabelitz

1. Heinrich Heine, Sämtliche Werke, München 1975, VI$_1$, S. 116
2. u. a. «Berliner Tageblatt», 2.3.99
3. Dankschreiben der Organisatoren, AS
4. JA an Familie Hintermeister, 14.8.54, AS
5. JS an MH, 26.7.55
6. AS
7. JS an MH, 4.12.55
8. JS an MH, 21.11.55
9. JS an MH, 10.4.56
10. div. Unterlagen im AS
11. JS an MS, 29.2.57
12. Erinnerungen von Ch. F. Fritzsche, bearbeitet von Ernst Fritzsche, Manuskript
13. JS an MS, 25.4. und 29.4.57
14. AS
15. JS an MS, 5.5.57
16. Pfarrer August Böhner; auch 5.7.57
17. JS an MS, 28.6.58
18. JS an MS, 3.5.57
19. Baugeschichtliches Archiv der Stadt Zürich
20. C. F. Meyer, Brief im Stadtarchiv Zürich, 10.1.68; C. F. Meyer, Briefe I, 21.8.64
21. Freundliche Mitteilung aus der Familie
22. Briefe im AS
23. Fehr, R. Wagner in der Schweiz
24. F. Anneke an G. Kinkel, 2.9.61; Universitäts- und Landesbibliothek Bonn, Nachlass Kinkel
25. Brief JS an MS, 24.5.67
26. Briefe von MS und Tochter Lina an JS, Januar bis März 1871
27. MS an JS, 5.3.71
28. MS an JS, ohne Datum, ca. 10.3.72
29. Karl v. Braunschweig an JS, 25.7.70, AS
30. JS an K. v. Braunschweig, MS Br. 37, 266, 30.7.70
31. K. v. Braunschweig an JS, 3.11.70, und 22.2.71
32. Lina S an Reichel, 19.6.81
33. JS an H. Haggenmacher, 17.8.84
34. JS an Reichel, 30.8.89
35. JS an B. v. Suttner, 30.8.89
36. U. Hoepli an JS, AS
37. Herma Nachenius-Sulzer an JS, 7.7.96, UBB
38. Zeit, Wien, S. 119
39. NZZ nennt als Restaurant «Gotthard», 30.1.99
40. «Züricher Post», 31.1.99, ferner «Basler Nachrichten»
41. JS an B. v. Suttner, UNO GE
42. AS
43. «Züricher Post», 31.1.99

Buchhandlung, Druckerei, Verlag

Am 20. Dezember 1854 hatte Jakob Schabelitz seine Buchhandlung «Im Rössli zu ebener Erde[1]», eröffnet, das heisst an der Schifflände 30; es handelte sich um ein uraltes, seit den 1830er Jahren geschlossenes Gasthaus. Für damalige Verhältnisse war die Eröffnung zeitig genug, um für die «bevorstehende Festzeit» ein breitgefächertes Sortiment anzubieten und sich insbesondere dem «Wohlwollen … der geehrten Literaturfreunde» bestens zu empfehlen. Als stiller Teilhaber auch in Zürich fungierte noch immer Hermann Amberger, der für das Wohl der Basler Buchhandlung besorgt war.

Die Universität und die kurz vor der Eröffnung stehende Eidgenössische Technische Hochschule zogen zahlreiche Intellektuelle an, unter ihnen viele deutsche Liberale, einen Kreis also, in dem sich Schabelitz wohl fühlte und dem sein Sortiment und manchem wohl auch seine Person behagte.

Von Politik hören wir in diesen Jahren nichts mehr, sondern davon, dass er mit grösstem Einsatz sein Geschäft zum Blühen bringen will. Nicht nur tagsüber, sondern oft auch bis weit in die Nacht hinein und manchmal auch an Sonntagen ist er in der Buchhandlung tätig, nimmt er Bücherballen «von 4 Zentnern» aus Leipzig in Empfang und «expediert» deren Inhalt weiter – im Sinne der «prompten» Ausführung ihm zugehender Aufträge, wie er im Inserat versprochen hatte. Vom Herbst des folgenden Jahres an beschäftigte er einen ersten Lehrling, den Sohn des Buchdruckers Kälin aus St. Gallen. Der junge Mann hatte die Kantonsschule absolviert und verfügte über «eine tüchtige wissenschaftliche Bildung». Er sass Schabelitz gegenüber und wurde in die «Mysterien des Geschäftslebens eingeweiht». Daneben scheint von Anfang an ein «Commis» tätig gewesen zu sein.[2]

Bereits im April 1857 dachte Schabelitz daran, sich aus dem Vertrag mit Amberger zu lösen. Die Verhandlungen, die er bald persönlich in Basel, bald durch den Schwager Klein und den alten Freund Heimlicher besorgen liess, erwiesen sich aber für zäher, als er angenommen hatte. Erst als Amberger bedachte, dass eine Trennung im Hinblick auf Nachkommen des einen oder anderen Partners klüger sein würde, willigte er ein. Am 21. Juli 1857 konnte die Teilung unterzeichnet werden, wonach die beiden Buchhandlungen gleichen Namens nun je Hermann Amberger in Basel und Jakob Schabelitz in Zürich gehörten; dieser hatte den ehemaligen Partner nach allen Verrechnungen noch mit 6286.– Franken in bar abzufinden. Die freundschaftliche Beziehung der beiden bestand weiter, wie unter anderem aus den Protokollen des Buchhändler-Vereins hervorgeht[3].

Das in Zürich angebotene Sortiment aus den Zeitungsinseraten rekonstruieren zu wollen, wäre müssig, denn es reichte immer vom

Anspruchsvollen (Jacob Burckhardts «Cicerone») über Historisches und Literarisches zum Trivialen, auch zum etwas Pikanteren («Histoire de ma vie», par Mme George Sand; «Confidences» de Melle Mars) und bis zu Gebets- und Andachtsbüchern, Handelswissenschaftlichem, Wörterbüchern u.a.m. Eine Spezialisierung ist nie festzustellen, und dass die neuesten Politika immer vorhanden waren, wussten die Käufer auch ohne dass dies im Inserat zu vermerken gewesen wäre. Wie sich deren Kreis zusammensetzte, kann nur vermutet werden: man habe das Konventionelle jeweilen bei Schulthess eingekauft, für das Aktuelle, Ausgefallene und Spannendere sei man aber zu Schabelitz gegangen, berichtete ein einstiger Kunde. Als Spur von bekannteren Persönlichkeiten hat sich eine Bestellung von Friedrich Theodor Vischer erhalten, Professor und Autor eines skurrilen Romans über Zürich. Conrad Ferdinand Meyers Verbindungen zur Buchhandlung rührten wohl von der Zeit her, als er im Schabelitz-Haus wohnte (s. S. 129), er ist vor allem für die Zeit nach 1864 belegt.

Nach nur dreieinhalb Jahren genügte der Laden «unter dem Rössli» der Buchhandlung nicht mehr: etwas weiter limmatabwärts, dem Helmhaus gegenüber und nahe der sehr begangenen Münsterbrücke, war ein für damalige zürcherische Verhältnisse immenses Geschäftshaus im Entstehen, dessen Kubatur auch heute noch die Proportionen der Umgebung empfindlich stört: die «Münsterburg» des Architekten Waser. Hierher zog Schabelitz im Juni 1858: «Wir sind zwar im Laden, allein noch fehlt es an allen Enden und Ecken und auch wir brauchen noch einige Tage, bis wir uns ordentlich eingerichtet haben. Wir haben seit Dienstag eine schwere Zeit gehabt und dabei entsetzlich geschwitzt!»[4] Der Bau der «Münsterburg» war noch nicht ganz vollendet; die neue, gute Lage verhalf dem Unternehmen weiterhin zu Prosperität.

Mit Ostern 1862 trat als Lehrling Uli Höpli aus Tuttwil im Thurgau bei Schabelitz ein. Er hätte ursprünglich Apotheker werden sollen, was ihm nicht behagte, und vermutlich empfahlen Winterthurer Bekannte dem Vater den Zürcher Buchhändler. Höpli erlebte Zürich als eine höchst anregende Stadt im Aufschwung, äusserlich gekennzeichnet durch eine grosse Bauperiode. Er besuchte Vorlesungen, unter anderem bei des Lehrmeisters Freund Johannes Scherr, und insgesamt muss ihm die Lehre behagt haben, denn nicht nur ist Höpli als Ulrico Hoepli in Mailand einer der wichtigsten Buchhändler und Verleger Italiens geworden, sondern er hielt auch Schabelitz ein Leben lang die Treue. Allerdings fiel in Hoeplis Lehrzeit der Übergang der Buchhandlung von Schabelitz zu Cäsar Schmidt aus Hamburg, mit dem sich der Thurgauer Lehrling nicht allzugut vertrug, was sich allerdings im Abgangszeugnis nach vier Jahren Lehrzeit und einem zusätzlichen Jahr als Angestelltem nicht niederschlug.[5]

Die Vorbereitungen zum Verkauf der Buchhandlung waren bereits Ende 1863 in Gang. Schabelitz schreibt im Dezember, dass er seinen Nachfolger nicht allein lassen möge, er müsse noch mehrere Wochen scharf aufpassen, aber das Geschäft in der Stadt gehe sehr flott, so dass er zum Abschied noch eine hübsche Einnahme machen werde[6]. Ob er vom «Geschäft in der Stadt» spricht, weil er an deren damaliger Grenze, in seinem Hause in Oberstrass, bereits eine Filiale betrieb, lässt sich nicht belegen. Jedenfalls war diese «akademische Buchhandlung» nie Mitgliedfirma der Berufsvereinigung, wird aber in einem Nachruf dort erwähnt.[7]

Die offizielle Übergabe an Schmidt erfolgte am 15. März 1864, der Schweizerische Buchhändlerverein, in dem Schabelitz ein eifriges Mitglied war, hielt diese Mutation in seiner Generalversammlung vom 10. Juli 1864 in Zürich fest. Bis ins Jahr 1876 verwendete der Nachfolger den bestens eingeführten Namen «Schabelitz'sche Buchhandlung, C. Schmidt» weiter, von da an lief das Geschäft unter seinem eigenen Namen. Er hat später offenbar auch eine Kunsthandlung im Fraumünsterquartier geführt. Schmidt muss ein eher schwieriger Mann gewesen sein, auf was nicht nur sein zweifelhaftes Benehmen in der Angelegenheit Arnim hindeutet (s. S. 164 f.), sondern auch eine Bemerkung in Briefen C. F. Meyers: anscheinend war dieser guter Kunde bei Schmidt und nennt ihn «unseren unternehmendsten Buchhändler», muss aber dann einem Freund mitteilen, dass Redaktor Baechtold von der «Neuen Zürcher Zeitung» sich «ein für alle Male jede Zusendung Schmidtscher Verlagsartikel» verbeten habe, dieser «habe sich so taktlos (er braucht einen stärkeren Ausdruck) gegen ihn benommen».[8] Das würde mit Hoeplis überliefertem Eindruck und Schabelitz' Äusserungen 1876 zusammenstimmen.

Der Aufbau der Buchhandlung war erfolgreich gewesen, Schabelitz hatte bewiesen, dass er sein Metier verstand, aber er hatte zu Hause gelernt, dass man eigentlich auf allen Ebenen des Gewerbes tätig sein müsste, um auf die Dauer zu bestehen, das hiess für ihn Verleger zu werden und kurz darauf auch Buchdrucker.

Zudem kann es nicht verwundern, wenn Schabelitz jenen Einfluss, welchen er als Journalist gehabt hatte, auf die Dauer vermisste, auch wenn er als Buchhändler seinem Sortiment sicher gesinnungsmässig besondere Akzente zu geben wusste. Er hatte jenen Beruf wegen seines jugendlichen Vorpreschens im Mai 1852 aufgeben müssen (s. S. 121), durfte nun aber annehmen, dass er als Verleger seinen Ansichten durch die Publikation von Werken Gleichgesinnter wieder zu Beachtung verhelfen werde. Es entsprach seinem Charakter nach wie vor nicht, als aktiver Politiker aufzutreten, sei es als Parlamentarier oder erneut als politischer Journalist – er hatte sich nach der Niederlage bei der «National-Zeitung» offenbar entschlossen, nur noch indirekt zu wirken. So gründete er am 15. Oktober 1864 das «Verlags-Magazin J. Schabelitz».[9] Dadurch, dass sein Nachfolger in der Buchhandlung zeitweise auch als Verleger tätig war und als «Schabelitzsche Buchhandlung, C. Schmidt» firmierte, entstand bei Autoren, Kommissionären und Kunden ein heilloses Verwirrspiel. So ist etwa nicht ersichtlich, ob der Dichter Eugen Reichel wirklich mit Schmidt Kontakt gesucht hatte, jedenfalls wechselt der Absender plötzlich von Schmidt auf Schabelitz, auch werden drei Werke von Reichel im Verlags-Magazin herausgegeben, ein erstes jedoch blieb bei Schmidt – Sendungen, Bestellungen, Briefe liefen verquer ...

Wie weit man bei dem auf Ende 1864 anlaufenden Verlag ein eigentliches «Programm» voraussetzen darf, nach dem systematisch vorgegangen worden wäre, ist fraglich: von seiner Persönlichkeit aus gesehen war für Schabelitz alles, was einigermassen Niveau hatte und Diskussionen anzuregen vermochte, publizierenswert. Dabei konnte es sich um Sachbücher, um Politisches, Religiöses oder schöne Literatur, auch um Pamphlete handeln. Der Überblick über Autoren und Titel macht den Eindruck von viel Spontaneität, bisweilen von Zufälligkeit, was den Wert der verlegerischen Leistung bei oberflächlichem Betrachten mindert. Erst in seinem letzten Katalog aus dem Jahre 1898 unterteilte er die Publikationen in Sachgebiete, wodurch das Verständnis für Schabelitz' Absichten erheblich erleichtert wird. «Charakteristisch für ihn ... war die Freude, welche er an jeder ehrlichen Opposition hatte, mochte sie den politischen Machthabern oder jenen auf Kanzeln und Lehrstühlen oder Parteihäuptern oder Kunstbonzen gelten, ohne dass ihm je die Anwandlung des warnenden oder aneifernden Mentors gekommen wäre. Diese Oppositionsfreude war auch für seinen Verlag bestimmend und sie wurde ihm nie durch das Bewusstsein getrübt, dass diese Himmel und Erde stürmende Jugend»[10] zumeist späterhin einen Kompromiss mit der Gesellschaft schliessen würde. Herwegh hatte gesagt, junge Literatur müsse die Verfechterin sein für das Recht des Sklaven gegen den Freien, des Armen gegen den Reichen, des Menschen gegen den Aristokraten, des Republikaners gegen die Monarchie – das dürfte Schabelitz beherzigenswert erschienen sein, bei aller Beschränkung, die letztlich in diesem Leitsatz liegt.

Druckerei

Während der ersten drei Jahre seiner verlegerischen Tätigkeit liess Schabelitz die Bücher im Lohndruck herstellen, was bei seiner riskanten Produktion auf die Dauer finanziell uninteressant sein musste. Der Umsatz war kaum so geartet, dass ein rascher Rückfluss die rege Produktion von neuen Titeln erlaubt hätte. So musste der Verleger die weitere Investition wagen, eine Druckerei zu gründen, was er im Laufe des Jahres 1867 an der Thalstrasse in Hottingen tat[11]. Dank der aus dem Elternhaus, seiner Lehre bei Sauerländer und in London mitgebrachten Kenntnisse fiel ihm dies nicht schwer. Dadurch hatte er die Möglichkeit, für Dritte als Lohndrucker zu arbeiten und die Verlagswerke je nach Bedarf in Zeiten geringerer Fremdbeschäftigung als sogenannte «Füller» herstellen zu lassen. Bei Büchern, deren Autoren bereit waren, Druckbeiträge, mit dem Euphemismus «Garantiesumme» umschrieben, zu leisten, behielt er die Gelder im eigenen Haus – er bemerkt einmal, seine Pressen seien durch solche Aufträge für mehrere Monate beschäftigt[12]. Wenn er, wie so oft, einem jungen Autor eine Chance gab, konnte der Aufwand für das Werk innerhalb des eigenen Unternehmens verrechnet werden und musste nicht bar ausgelegt werden.

Was Schabelitz in seiner Druckerei herstellte, war typographisch nach den Massstäben seiner Zeit korrekt und zweckmässig; bibliophile Extravaganzen oder künstlerische Ausstattungen überliess er anderen; den Zweifarbendruck für den Umschlag von Panizzas «Liebeskonzil» hat Bruckmann in München für ihn hergestellt. Die Bücher kamen im allgemeinen broschiert in den Handel, denn sie sollten einen Preis haben, der «jeder Börse erreichbar» war.[13] Dazu verhalfen auch die damals und bis nach dem Ersten Weltkrieg noch niedrigen Löhne im Druckgewerbe.

Die Druckerei und damit auch das Büro des Verlages wechselten mehrmals den Standort. Von Hottingen zog man vor 1875 an die Stüssihofstatt 7, wechselte dann im April 1884 an die Sihlstrasse 20 und etablierte sich sechs Jahre später auf dem um 1950 verschwundenen unteren Mühlesteg, an dessen «Nordseite Mühlen und andere Industrieetablissements in den Fluss gebaut» waren. «In einem dieser Gebäude befindet sich die Druckerei und das Verlags-Magazin J. Schabelitz. Über eine Holztreppe gelangt man in das niedrige Comptoir, welches nur einen einfachen Doppelschreibtisch und die primitiven Büchergestelle für die Verlagsartikel enthält.»[14] Die dazugehörigen Setz- und Druckräume beschreibt der Besucher nicht, wir können sie uns aber lebhaft vorstellen, da sich kleinere Druckereien noch mehr als ein halbes Jahrhundert später kaum von den damaligen unterschieden. «Leemann, der Famulus» wird erwähnt, der bereits in den späten 60er Jahren zu Schabelitz gestossen war und dem wir eine Reihe aufschlussreicher Briefe verdanken: Er schrieb sie auf Briefpapier, welches ihn, eventuell seine Frau, eine geborene Kilchsperger, als Inhaber eines kleinen Geschäftes für «Leinwand und Baumwollwaren» in Riesbach ausweist. Vermutlich hat der 1840 Geborene diesen Kleinbetrieb zugunsten seiner Tätigkeit in der Schabelitzschen Druckerei aufgegeben, und seinen Äusserungen entsprechend, konnte er auch setzen und kalkulieren. Er wird auch, nach Schabelitz' Tod, die Druckerei übernehmen, die heute noch innerhalb der Firma Schulthess & Co. weiterbesteht.

Der Einblick in die Tätigkeit des kleinen Unternehmens während der ersten beiden Monate des Jahres 1871, über die der «Famulus» seinem im Militärdienst an der Westgrenze weilenden Meister referiert[15], dürfte während aller Jahre des Bestehens gleich gewesen sein: Vom Preis-Courant über Fahrkarten für die Nordostbahn zu Konzertprogrammen und Liedtexten für Friedrich Hegar und den Gemischten Chor oder einen Katalog für Gottfried Kinkel, ist man darum bemüht, Akzidenzaufträge aller Arten auszuführen. Die Auflagen beliefen sich von einigen hundert doch bis 5000 Stück für gewisse Formulare. Welche Art und wie viele Pressen betrieben wurden, ist leider nicht bekannt. Daneben lieferte in jenen Wochen der Verlag, für den ein Herr Albrecht besorgt war, Arbeit in Form der «Cholerabroschüre» des Familienfreundes Zehnder und anderem. Schliesslich musste auch jeden Samstag eine Zeitung gedruckt werden, die ein gewisser Schmidt höchst nachlässig redigierte. «Es ist eine abscheuliche Plage mit diesem Menschen», klagt der seinetwegen immer in Zeitnot und Überstunden geratende Leemann. Als Periodika, die in jener Zeit bei Schabelitz gedruckt wurden, sind erstaunlich unpolitische – die «Bauernzeitung» und eine pädagogische Zeitschrift – erwähnt. Ein Herr Löwenthal liess politische Bulletins und Broschüren drucken («Freiheitswacht») und verschwand plötzlich ohne zu bezahlen nach Bern.

Mit Ärger stellt Leemann ferner fest, dass ein Geschäftsfreund von Schabelitz auch andere Drucker beschäftige, und meldet mit berechtigter Entrüstung, dass Cäsar Schmidt eine Broschüre von Schabelitz bei Zürcher & Furrer habe nachdrucken lassen! Gelegentlich bedauert er die Abwesenheit des Chefs, der sich offenbar nie zu gut war, innerhalb seines grossen geselligen Kreises erfolgreich zu akquirieren. Das Auf und Ab der Beschäftigung veranlasste Leemann, nach Bedarf einen Setzer zu entlassen, einen kränkelnden Drucker zu ersetzen – die Kündigungsfristen waren kurz, und er durfte damit rechnen, dass die Leute an anderem Ort «Kondition» finden würden, wo gerade mehr Arbeit vorlag. Für das Jahr 1878 wurden bei Schabelitz 12 Angestellte in der Druckerei registriert[16], womit er zum ersten halben Dutzend unter den Zürcher Unternehmungen zählte. Wichtig für ihn und seine Leute war sicher, dass er sich 1876 mit Theodor Curti für den wöchentlichen Druck der «Züricher Post» zusammengetan hatte, einem durch Reinhold Rüegg solide redigierten Blatt, welches ein Dauerauftrag blieb.

Verlag

Die Grundlagen für Produktion und Vertrieb von Büchern waren geschaffen, aber die verlegerische Praxis zeigte immer neue Tücken: In der Schweiz galt die volle Freiheit der Presse, die drüben im Reich, auf dessen Leserschaft der Zürcher Verleger als Abnehmer angewiesen war, wesentlich eingeschränkt war. Die bestehende deutsche Zensur und später die diese quasi ersetzenden Sozialistengesetze Bismarcks bereiteten dem oppositionellen Verleger erwartete und auch unerwartet neu auftauchende Schwierigkeiten. Sie veranlasste nicht nur Verfasser von Sachbüchern, sich hinter der Anonymität oder einem Pseudonym zu verbergen, sondern auch die kritischen unter den Dichtern. Schabelitz, der ihnen gerne ein verlegerisches Heim bot und sie zugleich vor polizeilichen Unannehmlichkeiten zu schützen suchte, hatte dagegen nur wenig einzuwenden. An Bertha von Suttner schrieb er bezüglich der drei Sternchen an Stelle eines Namens, man könnte die dadurch nicht erkennbare Autorin mit einer anderen seines Verlages (Helene von Alten) verwechseln, was a priori ein Verbot nach sich ziehen würde, weshalb er ein Pseudonym vorziehen würde. Die Decknamen der Autoren aufzulösen könnte, vor allem bei den politischen Schriften, eine verlockende Aufgabe sein. In den Korrespondenzen oder in den späteren Katalogen werden sie nur sehr selten gelüftet.

Wenn er einem Autor schreibt: «an ein Verbot [von Ihren Gedichten] glaube ich nicht, den Gefallen tut uns die Reichspolizei nicht»[17], so weiss er wohl, dass solche Massnahmen oft ein Werk über seinen eigentlichen Wert hinaus begehrt werden liessen. Man bezog es dann direkt aus der Schweiz und erhielt es «unter Kreuzband» zensurfrei, da Schabelitz «alle nun verbotenen Verlagsartikel auf diese Art versandt» hat[18]. Wenn in der Anzeige für eines seiner Bücher steht: «Wo obiges Werk nicht durch den Buchhandel erhältlich ist, wolle man es direkt beim Verlage unter Beischluss des Preises in Briefmarken bestellen», darf man dies als direkten Hinweis auf die erwähnte Versandart verstehen.

Diese unkontrollierten Sendungen machten Beamte weniger auf den äusserst seltenen Namen «Schabelitz» aufmerksam, der eingängig war und dadurch eine Kontrolle erleichterte. Der Verleger fühlte sich, vermutlich im Zusammenhang mit der Affäre Arnim (s. S. 159 ff.), überwacht, da verschiedene seiner Briefe die Empfänger in Deutschland nicht erreicht hatten. Über die zahlreichen Spitzel, die das Bismarck-Regime nach Zürich entsandt habe, beklagten sich auch andere[19].

Die verschiedenen Zwischenfälle begannen ihn mit den Jahren zu ermüden, und er erwog ernsthaft, in seiner verlegerischen Tätigkeit eine Pause eintreten zu lassen. Er hätte sich bewusst sein müssen, dass ein auf Opposition ausgerichteter Verlag solchen Unannehmlichkeiten ausgesetzt war und sie in Kauf nehmen musste. Schabelitz hatte sich nun einmal den Ruf eines alternativen, vorbehaltlosen Verlegers erworben. Ihm, wie einst Fröbel, liefen alle zensurflüchtigen Autoren zu. «Viele der deutschen Dichter gingen durch Zürich oder verarbeiteten Zürcher Begebenheiten. Der Basler Jakob Schabelitz, ein alter Freischärler, wildester Zeitungsmann und von London her an den Umgang mit deutschen Flüchtlingen gewöhnt, machte den Zürcher Verlag dieser Zeit für konfiszierliche Bücher auf. Zürich war und blieb das refugium peccatorum.»[20] Mit dieser Bemerkung stellt der Autor das Verlags-Magazin in die Tradition von Fröbels «Literarischem Comptoir», mit dessen Autoren Schabelitz weitgehend bekannt war, dem Verlag der Druckerei «Belle Vue» in Kreuzlingen und Verlagen wie denen von Jenni, Sohn in Bern und Schläpfer Herisau. Fröbel hatte, dank dem Erfolg von Herweghs «Gedichten eines Lebendigen» einen spektakulären Start gehabt und im politischen Klima der 40er Jahre eine ungemein aufnahmefreudige Leserschaft, aber am längsten von allen so gearteten Verlagen hielt mit seinen 35 Jahren Schabelitz durch. Das zürcherische Umfeld des Verlags-Magazins wird als gierig auf Neues beschrieben, «wie nach 1848 so ging in den achtziger Jahren abermals der Wellenschlag einer neuen Zeit über Zürich ... Ehe die Lehren des Sozialismus von deutschen Hochschulen wirken konnten, werden sie an den Zürcherischen vorgetragen»[21].

Das Lektorat für die Verlagswerke besorgte Schabelitz weitestgehend selbst. Bemerkungen in Briefen lassen darauf schliessen, dass er für Spezialgebiete Freunde wie Johannes Scherr – der offenbar auch von anderer Seite «überhäuft wurde mit Zusendungen manuskripter Bücher»[22] –, allenfalls auch Kinkel zuzog; in literarischen Fragen konsultierte er Mitautoren, etwa Henckell oder sogar Panizza. Nur bei bezahlten Druckaufträgen, die er in den Verlag übernahm, scheint er bereit gewesen zu sein, um dem Autor «einen Gefallen zu tun», ein Auge zuzudrücken. Diese Gutmütigkeit gibt berechtigten Anlass zur Bemerkung: «Er hatte sich manchmal zu sehr von seinem Herzen und zu wenig von seinem Verständnis für das literarisch Wertvolle leiten lassen.»[23] Für politische und schriftstellerische Werke verfolgte er stets seine dialektische Linie, die immer das Pro und das Contra zu Worte kommen liess, etwa im Katalog von 1898: «Philo- und antisemitische Werke».

Die Durchsicht der verlegten Publikationen zeigt, je genauer man sich mit diesen befasst, dass man, nicht nur was das Literarische betrifft, sondern auch bei allen anderen Sparten ein speziell eingeweihter Kenner der Zeit, ihrer Probleme und all ihrer Beziehungen und Intrigen sein müsste, um ein gültiges Urteil über den Wert des einzelnen oder des Gesamten abgeben zu können. Dies veranlasst uns, über die Titel oder Inhalte, welche noch Interesse beanspruchen könnten, Angaben oder Hinweise zu vermitteln an jene, die sich mit den oft sehr gewürzten Beiträgen zur Zeitgeschichte aus dem Verlags-Magazin, die vorwiegend Deutschland, Österreich und die Schweiz zwischen 1865 und 1900 betreffen, befassen möchten.

Schabelitz' Interesse beschränkte sich keineswegs aufs Sachliche allein, man kann sich der Vermutung nicht erwehren, dass er mit einem gewissen Amüsement auf die Diskussionen, ja Querelen schaute, die sich aus seinen Publikationen ergeben konnten, sogar wenn es sich um Innerparteiliches in dem von ihm sonst favorisierten linken Spektrum handelte; er hatte ja seinen Verlag bewusst dem internationalen Sozialismus geöffnet.[24] Nehmen wir etwa den «Klassenkampf in der deutschen Socialdemokratie» von einem gewissen Hans Müller. Die völlige «Unauffälligkeit» des Autornamens liess ein Pseudonym vermuten. Hans Müller war Nationalökonom und «Mecklenburger aus guter, wohlhabender Familie», hatte sich aber den Unwillen seines Vaters zugezogen, «weil er Sozialdemokrat war»[25]. Er war befreundet mit Karl Henckell und regte die junge Ricarda Huch an, mit ihm Kollegien über Sozialdemokratie zu besuchen. Nachdem Müller im Juni 1892 nach einer turbulenten Sitzung Karl Kautsky mit einer Ohrfeige bedacht hatte, gab er seine Schrift heraus mit dem «polemischen Nachwort»: «Karl Kautskys Abenteuer in Zürich»[26]. Nicht alle ähnlichen Publikationen beruhten auf derartiger Fortsetzung der Dialektik mit anderen Mitteln, waren aber sicher geeignet, sie anzuregen: «Der Kampf gegen die bestehende Ordnung», «Die Anarchisten», «Geschichte der sozialistischen Bewegung in Polen», «Socialdemokratie, die einzige Form der befriedigten menschlichen Gesellschaft» oder das von einem 48er anonym verfasste «Evangelium der Freiheit für alle Völker». Ihren substantiellen Höhepunkt hat diese Richtung von Veröffentlichungen unzweifelhaft in dem umfangreichen «Handbuch des Sozialismus» von Carl Stegmann und Carl Hugo (recte: Lindemann) gefunden, welches 1893 zu erscheinen begann und von Kautsky als bedeutende Neuerscheinung besprochen wurde. 1972 wurde davon in der damaligen DDR ein Reprint veröffentlicht[27]. Die weiteren unter der Rubrik «Volkswirtschaft, Socialpolitik» vereinigten Titel scheinen sich, zumindest, was das Ökonomische betrifft, eher an Bewährtem zu orientieren.

Die Verhandlungen um Friedrich Engels' «Ursprung der Familie, des Privateigentums und des Staates» (1884) sind oben (s. S. 98) erwähnt und zeigen, dass Engels sich des einstigen Kameraden nicht nur erinnerte, sondern ihm gegenüber auch alle Korrektheit gewahrt wissen wollte. Aus Kautskys Berichten an Engels erfahren wir, dass die Zürcher Volksbuchhandlung Druck und Verlag des Werkes übernommen hatte und dass von den 5000 gedruckten Exemplaren deren 1000 «elegantere» für «Bourgeois» hergestellt wurden, die Schabelitz auch in Deutschland vertreibe[28]. Das andere Werk Engels' «Herr Eugen Dührings Umwandlung der Wissenschaft» hat das Verlags-Magazin 1886 in der zweiten Auflage mit einem erweiterten Vorwort publiziert.

Nicht ganz geklärt ist Schabelitz' Mitwirken an August Bebels «Die Frau und der Sozialismus»: eine erste Auflage erschien 1879, eine zweite, illegale 1883 bei Dietz in Stuttgart. Sie soll da mit der Firma des Zürcher Verlags-Magazins erschienen sein, wird aber in dessen Katalogen nicht erwähnt.[29]

Wie im Falle Engels' stammt auch die Beziehung zu Sigismund Borkheim aus den 48er Tagen. Von ihm verlegt Schabelitz zwei Titel: Anfang Oktober 1867 zeigte er im Leipziger «Börsenblatt für den deutschen Buchhandel» das bevorstehende Erscheinen der Broschüre «Meine Perle vor dem Genfer Congress» an. Marx zu glauben muss es sich um ein inhaltlich eher bescheidenes Produkt handeln (s. S. 97). Ein weiterer Titel Borkheims befasst sich mit «Parteien und Politik des modernen Russland» (1872).[30]

Neben Herwegh taucht auch Amand Goegg aus den Reihen alter Bekannter auf, mit einer mehr belletristischen «Überseeischen Reise» (1888) und dem weltanschaulichen Titel «Zur religiösen und sozialen Frage» (1881). Ebenso gehört Dr. Johann Gihr, aus dem Bekanntenkreis Struves, zu diesen Beziehungen; er veröffentlichte 1876 «Die römisch-katholische Kirche seit der Restauration».

Friedrich von Beust, auch er 48er, nun ein fortschrittlicher Pädagoge, hat zwei Schriften aus seinem neuen Fachgebiet im Verlags-Magazin publiziert sowie die «Grundzüge der Organisation eines Volksheeres», wovon der einstige Offizier wohl einiges verstand. Unter den Militaria findet sich auch das unter dem Pseudonym «Veritas» veröffentlichte Heft über den Obersten Ulrich Wille, welches diesen ausschliesslich «durch seine eigenen [publizierten] Worte» kennzeichnen wollte und sich so zumindest den Anschein der Objektivität gab.

Alte Treue bewahrte Schabelitz als Verleger dem unter Pseudonymen schreibenden Samuel Haberstich, der Erzählungen eher kritischer Natur verfasste. Von «Jeremias Gotthelf jr.» übernahm der Verlag schon 1853 Haberstichs «Patrizierspiegel» in Kommission, und unter dem bekannteren Namen Arthur Bitter wird in den Katalogen «Grüne Sträucher aus dem Schweizerlande», ein Band Novellen, aufgeführt.

Mit der «Geschichte der schweizerischen Regeneration von 1830 bis 1848» seines Freundes Peter Feddersen, welche sich, da sie den radikalen Standpunkt vertritt, einen gewissen Wert bewahrt hat, setzen die geschichtlichen Werke ein. Neben dem hier eingereihten Arnim kommt da ein weiterer Opponent von der rechten Seite zur Sprache, Otto von Loe mit «Fürst Bismarck und [die Zeitung] die Reichsglocke». Man kann annehmen, dass die anonymen Schriften über den jungen Wilhelm II.: «Romantiker oder Socialist» oder das «offene Wort» an ihn kritisch sind, auch wenn er sich, für Schabelitz' Seite endlich, vom Kanzler gelöst hatte. Die Sprachenfrage Österreichs, wohl eher unter dem Signum der auseinanderstrebenden Nationen gesehen, Kultur- und Zivilisationskritisches, auch damals schon «bosnische Streiflichter», Schwierigkeiten Polens mit Bismarck, Erinnerungen an die österreichisch-russischen Kämpfe gegen die Ungarn 1849, und die «Propos de Labiénus», Rogeard's in Frankreich höchst erfolgreiches revolutionäres Pamphlet, fanden im Verlags-Magazin ihre Plattform.

Wir können nur vermuten, dass die Begegnung mit dem politischen Publizisten und die Partnerschaft mit Theodor Curti eine spontane und fruchtbare war: der erfolgreiche Vollblut-Journalist – als ebensolcher Politiker steigt er erst nach 1879 über Gemeinde- und Kantonsbehörden zum Nationalrat auf – war durch seine Tätigkeit bei der «Frankfurter Zeitung» auf Arnims Seite in dessen Konflikte verwickelt gewesen. 1878 gab Curti im Verlags-Magazin «Die Reaktion und der Liberalismus» heraus, eine Schrift, die sich gegen Kulturkampf und Sozialistengesetze wendete. Er bringt einen Beleg zu Schabelitz' Kritik an der gegängelten deutschen Presse, wenn er schreibt, «es bereite keine Freude als Publizist in Deutschland zu leben», da man die Existenz der «Frankfurter Zeitung» als «permanente Provokation» ansehe. Daher plant Curti ein «zugleich anständiges und frisches, solides und kurzweiliges Blatt» für Zürich[31], dessen erste Nummer als «Züricher Post» am 29.3.1879 Schabelitz' Pressen verlassen wird. Sie wird von der linken Seite als «radikal-demokratisch» eingereiht, was «sich damals nicht streng von der Sozialdemokratie abgrenzte»; es waren auch die Grenzen zwischen demokratisch und sozialistisch nicht scharf gezogen, wenigstens nicht in bezug auf literarische Tätigkeit.[32] Der Hinweis im Nachruf der «Züricher Post» auf Schabelitz, er habe «manches Blatt» für diese Zeitung geschrieben, lässt sich leider nicht belegen, da die Artikel nur ganz selten mit Autor-Angaben erschienen sind und Schabelitz' Stil keine leicht erkennbaren Charakteristika aufweist ...

Im Verlag erschien von Curti eine Broschüre «Ein internationales Arbeiterschutzamt»; ob die anonyme Arbeit zur Wünschbarkeit des Rückkaufs der Schweizer Bahnen (1887) von Curti zumindest angeregt war, bleibt offen (von A.W.G.). Später folgten noch zwei der literarischen Versuche des Politikers, Gedichte (1889) und ein Drama «Parazelsus» (1893). 1894 wurde Curti St. Galler Regierungsrat; er hat sich in seinem Amt als «liberal-demokratisch-sozial»[33] gesehen, der mit ihm verbundene Schabelitz hätte die Akzente für sich wohl ähnlich gesetzt, aber gleich ihm vermied er es, sich eng an eine der in jenen Jahrzehnten starken Wandlungen ausgesetzten Parteien zu binden. Für den Politiker hatte dies allerdings die Folge, dass er zwischen den verschiedenen Lagern vereinsamte und daher nicht zum Bundesrat gewählt wurde. Nach 1902 kehrte er zur «Frankfurter Zeitung» zurück.

Unter den weltanschaulichen Titeln mag «Das Maschinenalter» auffallen: Mitte 1888 gelangte Bertha, Freifrau von Suttner, von ihrem Schlosse Harmannsdorf aus an Jacques Schabelitz und sandte ihm ein Manuskript[34]. Sie war bisher als Autorin von mehr oder weniger gesellschaftskritischen Romanen aufgetreten und bot nun eine Abhandlung an, die anonym unter dem Titel «Das Maschinenalter» (später verändert in -zeitalter) erscheinen sollte. Viel an Kultur- und Gesellschaftskritik, auch von ihrem aufblühenden Pazifismus, war darin verarbeitet. Die Anonymität, an der viele herumrätselten, war mit «Jemand» gewahrt, wurde aber 1891 gelüftet. Die Autorin hielt den mutigen Zürcher Verleger für «einen wohlhabenden Mann» und teilte ihm dies im Zusammenhang mit Honorarfragen mit. Er seinerseits ahnte wohl nicht, dass die Suttner, trotz Prädikat und wohlklingendem Absender, recht oft in finanziell eingeengten Verhältnissen lebte. Im April 1889 erschien das durch einen Mitstreiter auch im österreichischen Parlament zitierte Buch, und Ende 1890 konnte bereits um die zweite Auflage verhandelt werden. Ihren Freund Alfred Nobel musste Schabelitz mit einem Exemplar bedenken, und wenig später erschien der Suttner berühmtestes Werk «Die Waffen nieder» – aber bei einem Dresdener Verlag.

Ohne Zweifel durch Bertha von Suttner kam deren Bekannte, Irma von Troll-Borostyani zu Schabelitz[35], der mit ihrem Buch über «Die Gleichstellung der Geschlechter und die Reform der Jugend-Erziehung» seine Abteilung «Frauenfragen» 1888 begann, diese aber bei einem runden Dutzend von Titeln beliess.

Auf welchem Wege Schabelitz andere seiner Autoren oder sie ihn gefunden haben, kann weitgehend nur vermutet werden. Sein «Commis» Leemann schrieb ihm gelegentlich: «Gestern kam eine ältere Dame ins Geschäft und fragte um Auskunft über das Manuskript einer politischen Broschüre», welche Sauerländer «günstig» beurteilt habe, aber sie nicht verlegen wolle[36]. «Dagegen war die Verfasserin an Sie gewiesen, der sich mit grosser Vorliebe dem Verlag von politischen Broschüren widme.» Dies dürfte, bei der bekannten Linie des Verlags-Magazins, ein Fall unter vielen gewesen sein. Bei einem der Autoren lesen wir: «Die Handschrift, die ich unvollendet aus München mitgebracht hatte, ist in Zürich, auf artverwandtem Boden, rasch zu Ende gediehen und im Jahr 1891 im Verlagsmagazin des alten Achtundvierzigers Schabelitz, der damals die ‹Züricher Post› und die wilden Schösslinge der jungrealistischen Literatur zugleich betreute, im Druck erschienen.»[37] Es handelt sich um Hermann Stegemanns frühen Roman «Dorfdämmerung», der sich mit elsässischen Verhältnissen befasst. Der Autor hatte gesehen, dass sich der Verleger vorwiegend der Generation der 1860er Jahre, des sogenannten «Grünen Deutschland»[38] annahm und unter ihr jene bevorzugte, die oppositionell, sozialkritisch oder erklärt sozialistisch, ja anarchistisch schrieben und denen innerhalb Deutschlands ein Publizieren nie möglich sein würde.

Es kann nicht die Aufgabe dieser Arbeit sein, literarisch-politische Werkanalysen zu machen noch sich mit Stellung und Bewertung der Autoren zu befassen; dafür ist eine besondere Studie von deutscher Seite vorgesehen. Für uns kann es nur darum gehen, einen Überblick über die verlegerische Leistung von Schabelitz zu geben, auch wenn sich, wegen ihrer Zeitgebundenheit, kaum einer unter den von ihm mutig als Neulinge verlegten Autoren bis heute im Bewusstsein auch der gebildeten Leser erhalten hat. Als nahezu einziger findet Hermann Bahr in seiner Vielseitigkeit vorwiegend als Kritiker und Essayist noch Beachtung, als Dramatiker allenfalls noch Frank Wedekind. Den Namen anderer, wie Mackay und Henckell, begegnet man etwa dank Richards Strauss' Vertonungen in Liederabenden, nicht ahnend, dass sie der kleine Zürcher Verlag zu ihrer Zeit bekannt gemacht hatte ...

Zu den frühen Literaten im Programm gehört Richard Voss. Er hatte mit 19 Jahren den Deutsch-Französischen Krieg mitgemacht, der den davon Gezeichneten zur Niederschrift von «Visionen eines deutschen Patrioten» veranlasste, «Schilderungen des Grauens des Krieges ... bedenklich jugendlich in der Empfindung ... wie im Ausdruck stark übertrieben».[39] Einer seiner Freunde, den er leider nicht nennt, habe das Manuskript, zugleich mit «Helene», an Schabelitz vermittelt, der beides 1874 publizierte. Der Erfolg blieb nicht aus, «freisinnige» Blätter brachten Besprechungen und wenig später wurden die «Visionen» verboten – diese Form des «Patriotismus» mit pazifistischem Einschlag war im neugegründeten Reich nicht gefragt! Auch seine erfolgreichen «Scherben» erschienen in Zürich, und Voss blieb dem Verleger, der ihm den Weg zur Bekanntheit geebnet hatte, bis 1880 treu, dann wechselte er den Verlag, Schabelitz immerhin noch in seinen Memoiren erwähnend. Der Autor lebte später weitgehend in Italien und blieb ein bei den Zeitgenossen beliebter Dramatiker und Romancier.

Im Nachlass des Verlegers findet sich, bei S. Fischer in Berlin 1891 erschienen, «Die gute Schule» mit der handschriftlichen Widmung «Meinem ersten ‹Entdecker› und lieben Freunde J. Schabelitz, mit den herzlichsten Grüssen, Hermann Bahr».[40] Von diesem mit seismographischem Gespür für das Neue begabten Literaten kam beim Zürcher Verlag die «Antwort auf die Aussichtslosigkeit der Sozialdemokratie» heraus, die der schon bei seiner Abiturientenrede als kritisch aufgefallene, nun 23jährige verfasst hatte. Auch die ersten Theaterstücke des späterhin berühmten Dramatikers, «Die neuen Menschen», inspiriert von Ibsen, «La Marquesa d'Amaëgui» und «Die grosse Sünde», mit denen er neue Wege, eher in Richtung von Strindberg, beschritt, erschienen bei Schabelitz. Von den essayistischen Werken verlegte der Zürcher «Zur Kritik der Moderne», die bereits das frühe Erkennen der Zeitströmungen durch Bahr zeigt. 1908 erinnert die «Züricher Post» anlässlich einer Lesung von Bahr daran, dass dessen erste Werke seinerzeit bei Schabelitz erschienen seien.

Vor kurzem war ein Abiturient aus Aarau noch Reklamemann bei der jungen Firma «Maggi» in Kemptthal gewesen, und niemand ahnte hinter der «Grossen tragikomischen Original Charakterposse: Der Schnellmaler» das grosse kabarettistische und dramatische Talent, zu dem sich Frank (hier noch Franklin) Wedekind wenig später entwickeln würde. Er gehörte zum Kreis der Mackay, Henckell und anderer Schriftsteller, die damals in Zürich verkehrten und von denen die beiden Genannten, wie Wedekind, ihre Erstlinge im Verlags-Magazin publizieren konnten. Karl Henckell, auch er dem sozialen Bewusstsein im Sinne der 48er verbunden, was Schabelitz besonders ansprechen musste, produzierte mit leichter Hand pathetisch-anklagende Gedichte, denen allerdings Freiligraths Impetus fehlte. Die Zeit seiner Lyrik hat Schabelitz nicht mehr erlebt, brachte aber immerhin den vielseitig produktiven Literaten, Essayisten und Novellisten Franz Blei dazu, 1895 bei ihm eine Studie über den Dichter zu publizieren[41]. Henckell verheiratete sich dann mit einer vermöglichen Frau, aber nicht der von ihm in «anmutigen Gedichten» verehrten Schwester Frank Wedekinds, Erika, wie Ricarda Huch zu berichten weiss[42]. Wenig später gründete er einen eigenen Verlag in Zürich.

John Henry Mackay, mit irischer Aszendenz und gezeichnet von familiären Konflikten, unstet seine Wohnsitze wechselnd, war seinem Zürcher Verleger in freundschaftlicher Verehrung verbunden. Auf ihn geht wohl der bei manchen gebräuchliche liebenswürdige Übername «Papa Schabelitz» zurück. Mit dem «sozialen Gedicht» «Arma parata fero» wurde er rasch weit bekannt; das Werk wurde in Deutschland verboten, was in diesem Fall ihm und dem Verleger den Absatz weiterer Dichtungen sicherte, die gesinnungsmässig zum Anarchismus tendierten, der einem seiner Bücher den Titel gab. Arno Holz, der gleichfalls mit seinem Erstling unter den Autoren von Schabelitz figuriert, schildert Mackay in seinen «Sozialaristokraten»; der Band hat sich im Nachlass des Verlegers erhalten, allerdings unaufgeschnitten![43] Holz' «Buch der Zeit, Lieder eines Modernen» scheint sich kaum verkauft zu haben. Der Autor, in bescheidensten Verhältnissen lebend, was er in Briefen schildert, blieb in Kontakt mit seinem Verleger, der sich aber nicht zur Herausgabe von weiteren Werken des unter Zolas Einfluss stehenden, in Berlin nicht unbedeutenden Autors entschliessen konnte.

Gleichfalls stark sozial engagiert sind die Dichtungen des Deutschbalten Maurice von Stern, von dem in Zürich nicht nur drei seiner Gedichtsammlungen herauskamen, sondern auch Weltanschauliches:

so sein Aufruf an die Arbeiter gegen den Alkoholismus, ein Beitrag zur Willensfreiheit und eine Studie zum Gottesbegriff, in denen Stern sich, laut Verlagsprospekt, «als wissenschaftlich-kritischer Dialektiker» ausweise.

Als Otto Erich veröffentlichte der begabte Otto Erich Hartleben seine frühen, gesellschaftskritischen Gedichte «Studenten-Tagebuch» bei Schabelitz, wurde aber bald von S. Fischer in Berlin übernommen.

Unter den Autorinnen, die sich zum Teil unter männlichen Pseudonymen verbergen[44], sind es zwei, die allenfalls noch genannt werden: Malwida von Meysenbug, Achtundvierzigerin wie ihr Verleger, die sich für die Arbeiter- und Frauenbildung einsetzte, in Beziehung zu Nietzsche und zu Richard Wagner stand, ist im Verlags-Programm des Magazins mit ihren «Gesammelten Erzählungen» vertreten. Von Minna Kautsky, der Mutter des Theoretikers Karl, findet sich der Roman «Viktoria», der, wie im Verlagsprospekt mitgeteilt wird, «Aufsehen erregte und einstimmig von der Presse sehr günstig beurteilt wurde»; sie gehört eher in die Kategorie der Trivialschriftsteller, hatte aber für Schabelitz die Qualität ihres sozialistischen Engagements.

Seit 1864 befand sich der Deutsche Karl Knortz in den Vereinigten Staaten und beschäftigte sich da mit der Sagen- und Märchenwelt der Ureinwohner. Weshalb der zum Teil als Dozent Tätige mit seinem sehr speziellen Sachgebiet bei Schabelitz mit zahlreichen Titeln eine gewichtige Stellung einnahm, ist nicht ersichtlich.

Betrachtet man die Thematik der Abteilung «Religion, Moral, Philosophie», die mit fünf Seiten die umfänglichste im Katalog ist, darf man annehmen, dass sich Schabelitz vom pietistisch gefärbten Protestantismus des Basler Elternhauses weit entfernt hatte, er erweckt beinahe den Eindruck eines heiteren Spötters und dürfte im Alter nur noch äusserliche Beziehungen zur Kirche unterhalten haben.

Titel wie «Die Besiegung des Pfaffentums», «Opfer geistlicher Korruption», «Beleuchtung des Dogma von der päpstlichen Unfehlbarkeit» – Panizza wird sich dazu deutlich äussern –, «Die Loge im Kulturkampf» und, anonym, «Der gegenwärtige universelle kirchliche, politische und sociale Kulturkampf», um nur diese zu nennen, zeigen den Einsatz des Verlegers in der Diskussion um diese Zeitfragen. Die «zwanglosen Bekenntnisse eines konfessionslosen, königstreuen Socialisten», «Religion und Philosophie», «Der Gottesbegriff in der Gegenwart», «Entgötterte Welt», «Gibt es einen persönlichen Gott ... und eine Unsterblichkeit der Seele», oder «Die Religion als pathologisches Phänomen» weisen auf die zahlreichen Formen der Auseinandersetzung mit dem Glauben hin, wozu im weitesten Sinn auch die Judaica des Kataloges gehören, eine Rubrik, unter der immerhin rund 25 Titel aufgeführt sind.

Zwar sind die Werke Oskar Panizzas im Katalog sorgfältig den Religiosa, dem Dramatischen und dem Recht zugeteilt, sie würden fast durchwegs in die eine Kategorie der Pamphlete gehören. Der Autor, begabt und originell, aber aus psychisch belasteter Familie stammend und in dieser zwischen pietistischem Luthertum und Katholizismus aufgewachsen, war die personifizierte Respektlosigkeit. Seit 1886 literarisch publizierend, wurden ihm Glaube, Kirche, Staat, Obrigkeit zu Zielscheiben, die er in variierenden Schmähschriften angriff. Wohl durch Michael Georg Conrad, der ihn, wie Bahr, vorerst verteidigte und bei Schabelitz nicht als Erzähler, sondern als Essayist um Freimaurerfragen publizierte, wurde Panizza auf den «freigeistigen Schweizer Verlag» aufmerksam. Hier erschienen dann die «Unbefleckte Empfängnis der Päpste» zum 50jährigen Bischofsjubiläum Leos XIII., 1895 sein berühmtestes Werk, «Das Liebeskonzil, eine Himmelstragödie», mit zwei weiteren Auflagen, und im gleichen Jahr «Meine Verteidigung in Sachen Liebeskonzil ...», für das er immerhin anderthalb Jahre Gefängnis absass. Ohne Zweifel, in Panizza hatte Schabelitz wieder, ein letztes Mal, einen Opponenten reinsten Wassers für seinen Verlag gewonnen – die Frage nach dem Geschmack, nach dem Humor und nach dem Wert wollen wir offenlassen. Jedenfalls müsste auch der «Lektor» von damals zwischen Absurderie und tieferer Bedeutung das ans Psychopathologische Grenzende der Texte gespürt haben. Briefstellen, die besagen: «Bis jetzt höre ich nur Gutes über das Buch – und über Sie! Schabelitz wird jetzt in literarischen Kreisen [Münchens] viel genannt, mit dem Beisatz: er hat's wirklich gewagt! Es ist halt der Schabelitz!» mögen dem alternden Verleger wohlgetan haben.[45]

Mit Gewissheit sind diese drei Titel Panizzas im Verlags-Magazin erschienen und hier gedruckt. Die «Zürcher Diskussionen» sind wohl mit dem Druckvermerk von Schabelitz versehen, aber bei Drugulin in Leipzig hergestellt. Ebenso wohl die «Dialoge im Geiste Huttens», da der verwendete Schrifttyp sonst bei Schabelitz nicht vorkommt. Die «Psichopathia criminalis» und «Nero», die auch «Im Verlag der Zürcher Diskussionen» herauskamen, sind auf einer Sonderseite im Katalog des «Verlags-Magazins» genannt, wurden aber klar nicht in diesen integriert. Für diese Publikationen gab der Zürcher Verleger offenbar den Schutz seines Namens, hielt sich aber auf Distanz.[46]

Die materielle Seite eines Verlages von anspruchsvoller Literatur, die sich auf einer politischen Seite festlegte, welcher das zeitgenössische intellektuelle, lesende Publikum allenfalls Interesse, aber nicht allzu grosse Sympathie entgegenbrachte, musste auf die Dauer einige Schwierigkeiten bereiten, wofür sogar von Autorenseite Verständnis geäussert wurde: «Die Leute kaufen nicht in Deutschland, namentlich nicht so rote Literatur, wie Sie den edlen Opfermut haben, zu verlegen!»[47] Der «Herausgeber vieler verbotenen Schriften»[48] wird daher ängstlich gefragt, was für Folgen die Spannung mit Deutschland 1889 für ihn als Verleger haben könne. Angespielt wurde auf den Polizeiinspektor Wohlgemuth, der einen in der Schweiz lebenden deutschen Sozialdemokraten als Spitzel und Spion anzuwerben versucht hatte und dabei ertappt wurde. Der Bundesrat wies Wohlgemuth aus, was Bismarck zu massivsten Protesten und Drohungen veranlasste. Erst mit dem Sturz des Eisernen Kanzlers im März 1890 entspannte sich die Lage. Schabelitz vermutete begütigend, man werde halt seine Verlagsprodukte nun noch genauer ansehen im Reich ... und sah sich durch das absolute Tief der schweizerischen Sympathien für Bismarck und seine Regierungsweise in seiner Haltung gegenüber dem Kanzler während der Arnim-Affäre voll bestätigt.[49]

Die als «konfiszierlich» bezeichnete Literatur aus dem Verlags-Magazin hatte auf verschiedenen Fronten ihre Gegner: die deutsche Polizei sorgte für Verbote und Beschlagnahmen, was dem Verleger Schaden zufügen sollte – und dies auch erreichte! Schon in den Tagen der «Deutschen Londoner Zeitung» hatte dieses Problem den jungen Schabelitz beschäftigt. Durch diese Eingriffe wurden «die Sortimenter eingeschüchtert und fangen an sich zurückzuziehen»[50], «ihre Haltung wird unfreundlich, selbst abweisend gegenüber dem Verlags-Magazin.»[51] Dadurch verwendeten sie sich nicht mehr von sich aus für den Verkauf der Bücher, sondern reagierten höchstens auf die direkte Nachfrage von Kunden.[52] Und Titel wie die Schabelitzschen waren dringend auf Förderung angewiesen. «Gedichte werden heutigen Tages überhaupt nicht gekauft, und Gedichte von der Tendenz der Ihrigen [sozialkritisch] haben einen äusserst beschränkten Abnehmerkreis.»[53] Das Publikum will von diesen «nichts wissen, wenn ihr Verfasser nicht einen bekannten Namen trägt»[54] – und auch dann nur bedingt, wie der mässige Erfolg mit der Gesamtausgabe von Herweghs poetischen Werken als «Neue Gedichte» zeigte. Es war eben nahezu vier Jahrzehnte her, dass dieser «Klang neu» war und den jungen Gottfried Keller «wie ein Trompetenstoss» ergriffen hatte![55] Die Gedichte wurden «in Berlin konfisziert und verboten ... also die beste Reclame für dieselben bei den Deutschen in den Vereinigten Staaten».[56] Dorthin hatte Schabelitz offenbar 1500 Exemplare einer speziellen Ausgabe gesandt, die gleichzeitig mit der Verbotsnachricht auf den Markt kamen. – Sogar in der Schweiz blieb der jüngst verstorbene Herwegh noch umstritten: ein konservatives Blatt erklärte, dass mit der Totenfeier für ihn «rot-demokratische Zwecke» verfolgt würden, und lehnte sie daher kategorisch ab.[57]

Aber nicht nur Gedichte hatten Mühe anzukommen, das Interesse sei auch gering «für dramatische Produkte, selbst beim gebildeten Publikum».[58] Und dann folgt in einem der Briefe die immer wieder auftauchende Klage, dass das «Lesepublikum ... sich mit Zeitungen und Zeitschriften» begnüge «statt Bücher zu kaufen».[59]

Gleichfalls aus Gründen der Gesinnung blieben manche Zeitungen mit Besprechungen zurückhaltend. Die deutsche Presse war, das hatte die Affäre Arnim gezeigt, unter einem Lenkungsdruck, und die Produkte eines Verlegers, der gegen den Kanzler zu publizieren wagte, waren mit Stillschweigen zu übergehen. Schabelitz versandte von kleineren Publikationen gegen 100 Besprechungsexemplare[60] und ärgerte sich, wenn er feststellen musste, dass der bekannte Kritiker Josef Viktor Widmann am «Bund» Gewisses nur «vermöbelt» oder er dem Autor gestehen musste: «Ihr Buch hat er offenbar gar nicht gelesen, sondern nur darin geblättert»[61] oder «trotz 1½ Spalten Besprechung seit dem Erscheinen ist doch nichts verlangt worden.»[62]

Älter geworden, stellte er gegenüber einem Autor fest, dass er natürlich nur ein kleiner Verleger sei, und empfahl ihm, ein Werk, das von Verboten nicht bedroht war, «im eigensten Interesse einem Leipziger Buchhändler in Commission zu geben», ein andermal riet er, zu einer «renommierteren Firma» zu gehen[63]. Zu solchen Bemerkungen liess er sich auch herbei, wenn er feststellen musste, dass nach Monaten «von 750 Exemplaren kaum 100 Exemplare à 40 Pfennig netto verkauft» seien, wodurch er «eine beträchtliche Einbusse» erleide, weil der Absatz das Lagergeld nicht decke[64], wobei er sogar nicht zurückschreckte, dann das Makulieren zu empfehlen ... Bisweilen musste er froh sein, wenn ihm der Verkauf von Büchern, für die er kein Honorar bezahlt hatte, wenigstens die Herstellungskosten einbrachte[65].

Misserfolge waren manche einzustecken gewesen, und etwas resigniert bekannte Schabelitz, er habe «Tausende in Verlagsartikel gesteckt, mit deren Tendenz [er] sympathisierte, die aber nie rentierten». Er sei nie ein kluger, praktischer Verleger gewesen, sonst wäre er nun ein gutsituierter Mann – er sei immer ein Idealist gewesen und müsse daher auch noch mit 61 für seine Existenz kämpfen[66]. Sein Geschäftsgebaren war vielleicht nachsichtiger als bei andern, aber im Grunde durchaus professionell. Die Kalkulationen entsprachen der allgemeinen Übung: 33⅓ Prozent vom Ladenpreis standen dem Buchhändler zu, ein Kommissionär erhielt zusätzliche 16⅔ und der Autor 10 Prozent, was aus den Korrespondenzen hervorgeht. Wenn es um neue Auflagen ging, pflegte er sich im Sinne einer kleinen «Marktforschung» mit seinen Freunden zu besprechen und liess da einige Vorsicht walten, auch der Idealist hatte seine durchaus «praktischen» Seiten.

Wenig Informationen bestehen zu den Verästelungen der Firmen, die von Schabelitz herrührten: Dass er sich von der Buchhandlung am Limmatquai bereits 1864 zugunsten von Cäsar Schmidt trennte, haben wir erwähnt. Den in der Folge am 15. Oktober dieses Jahres gegründeten Verlag führte Schabelitz bis zu seinem Tode im Januar 1899 weiter, was unter anderem das gedruckte Verlagsverzeichnis vom Oktober 1898 belegt. Bekannt ist auch, dass parallel zu ihm Schmidt unter dem allzuleicht verwechselbaren Namen «Schabelitzsche Buchhandlung (Cäsar Schmidt)» verlegte und vom Ruf des eigentlichen Namensträgers profitierte. Wie lange und wieviel Schmidt produzierte, ist nicht untersucht. Anfänglich scheinen Abmachungen bestanden zu haben, dass Schmidt bei Schabelitz drucken lassen müsse, was er nicht konsequent tat und nach dem Zerwürfnis 1876 gänzlich unterliess. Allein schon der Vermerk «Druck von J. Schabelitz in Zürich» hatte genügt, um Verwirrungen zu stiften.

Neben diesen beiden Verlagen taucht in deutschen Buchhandelskatalogen ein weiterer auf, nämlich «E. Speidel, K. Bölsterlis Nachfolger», mit der Angabe «Gegründet 1864 von J. Schabelitz. Kam 1880 an Ferdinand Körber und von diesem 1885 an K. Bölsterli. In meinem Besitz seit 2. Januar 1892»[67]. Die sechs anschliessend aufgeführten Titel sind Dissertationen und akademisch-pädagogische Schriften, von denen eine bereits im Verlags-Magazin erschienen war. In den Papieren von Schabelitz war diesbezüglich nichts zu finden. Vermutlich handelte es sich um den Buchhandlungsnachfolger im Schabelitzschen Haus an der Tannenstrasse 17, der unter der Firma «Speidel und Wurzel» bis weit in unser Jahrhundert am gleichen Ort tätig war. Zu Eugen Speidel scheint eine gute Beziehung bestanden zu haben, da Schabelitz, gemeinsam mit dem in der Papierbranche tätigen Hermann Goessler, für ihn 1896 eine Bürgschaft eingegangen war.[68]

Dass sowohl Maurice von Stern 1892 als auch Karl Henckell je eine eigene Verlagsbuchhandlung gründeten und teilweise ihre Werke aus der Obhut von Schabelitz nahmen, der sie bekannt gemacht hatte, blieb kein Einzelfall und findet in einem Nachruf den Kommentar: «Eines Abends brachte mir Schabelitz den umfangreichen Gedichtband eines Berliner Modernen in den ‹Palmhof› mit, der soeben in einem angesehenen deutschen Verlage in zweiter Auflage erschienen war, indem er beiläufig sagte, wie es ihn freue, dass der Dichter jetzt einen für den Absatz das Buches günstigen Verlag gefunden habe. Und dabei wusste ich, dass der grössere Teil der ersten Auflage wohlerhalten in den Regalen am oberen Mühlesteg ruhte. So habe ich es auch in der Folge nie gesehen, dass die persönlichen Beziehungen zu Schabelitz durch den Übergang zu einem anderen Verlage irgendwie getrübt wurden. Es war die reine, fast möchte ich sagen ästhetische Freude am ‹Sauser›, wie der junge stürmische Most in Zürich genannt wird, welche Schabelitz mit der jungen Literatur verband.»[69]

Zwar traf nicht ein, dass «sein Lebenswerk in der Kulturgeschichte der deutschsprachigen Völker tiefe Spuren»[70] hinterlassen hat, wie vorausgesagt wurde, aber wer sich nach einem Jahrhundert mit Schabelitz' Leistung als Verleger befasst, wird seinem Mut und seinem

Gespür eine gewisse Bewunderung nicht versagen können. Manchem jungen Talent hat er den Weg in die Bekanntheit, zumindest innerhalb der literarischen Welt, ermöglicht; dass die erwähnte Spur doch keine «tiefe», dauerhafte, wurde, liegt wohl daran, dass wirklich grosse Begabungen jenseits der oppositionellen Tendenzdichtung angesiedelt sind. Schabelitz hat einen «freigeistigen Verlag» geführt, dies im Sinne eines freien Geistes, einer grossen Liberalität in jeder Hinsicht. Dialektik, wie er sie verstand, war ein Offensein für Diskussionen über alles und alle, in die er nie durch eigene Schriften eingriff, wozu ihm Bildung und Urteil nicht gefehlt hätten. Die Vielseitigkeit des Programmes ist gross, wohl zu gross, und der Gefahr des non multa sed multum ist er nicht entgangen, aber es ist ihm gelungen, durch seine Publikationen zahlreiche Zeitfragen des ausgehenden 19. Jahrhunderts aus einer linksliberalen Sicht zu spiegeln und einen kulturgeschichtlichen Beitrag zur Kenntnis dieser Zeit zu hinterlassen.

---

[1] Tagblatt der Stadt Zürich, 20.12.1854; vgl. auch Verzeichnis der in der Bibliothek des Börsenvereins des Deutschen Buchhandels in Leipzig vorhandenen Geschäftsrundschreiben, Leipzig 1897
[2] JS an MS, Familienbriefe, AS
[3] Familienbriefe, Verträge mit Amberger, AS
[4] JS an MS, 18.6.58; Inserat im «Tagblatt», 23.6.58
[5] Zeugnis für Ulrich Hoepli, 1862–66, ausgestellt März 1867, Archiv Hoepli, Mailand; die Bemerkung in Grosse Schweizer, Jaeckle und Stäuble, S. 424, ist unrichtig.
[6] Brief an Schwager Gustav Stumm, 23.12.63 AS
[7] Mitteilung Dr. P. Oprecht, Bern; JS nennt das Geschäft lt. Adressbuch: Spezialgeschäft für Polytechniker und Studenten, Papier-, Schreib- und Zeichenmaterialhandlung, 187 Oberstrass; 1867
[8] C.F.M. Briefe, Hg. Adolf Frey, Leipzig 1908, II, S. 262 und 281
[9] Gesamt Verlags Katalog des Deutschen Buchhandels, bis Ende 1880, Münster i. W., 1881
[10] Die Zeit, Hg. J. Singer, Hermann Bahr, Heinrich Kanner, Wien, 25.2.1899, Seiten 118 und 119, Verf. Windholz
[11] Chronik Neumünster, Zürich 1889, S. 590; Der Nachruf im «Tages-Anzeiger» spricht von der Übernahme der Buchdruckerei Gebrüder Gull
[12] JS an Reichel, 9.6.85
[13] JS an Reichel ??
[14] Zeit Wien, S. 119
[15] Briefe von Leemann an JS, Januar bis März 1871, AS
[16] Gruner, S. 71
[17] JS an Reichel, 30.10.75
[18] JS an BvS, 18.7.88
[19] JS an Reichel, 11.8.75
[20] Nadler, S. 827; vgl. auch: «BZ am Mittag», ca. 1929, «... und J. Schabelitz brachte *die* deutsche Literatur, die Polizei und Staatsanwälte verfehmten.»
[21] Nadler, S 827
[22] JS an Reichel, 9.4.77
[23] Nachruf Volksrecht
[24] Gruner, S. 370
[25] Huch, Frühling, S. 25 f.
[26] Kautsky an Adler, 13.12.1892; Urner, S. 269, 277
[27] Zentralantiquariat der DDR, Original-Ausgabe 1893–97, Hg. Roland Jäger
[28] MEGA Bd. 31, Anm. 213
[29] MEGA Bd. 36, Anm. 130
[30] Anzeige im Börsenblatt des Deutschen Buchhandels, 2.10.1867
[31] Arth. Curti, Durch 3 Jh., S. 353

32 Karl Kautsky, Erinnerungen, S. 445 und 453
33 Curti, 3 Jh., S. 354; vgl. auch Kutter, S. 75 ff.
34 Korrespondenz JS an B. v. Suttner: UNO Genf; BvS an JS: UBB; vgl. Brigitte Hamann, BvS
35 Hamann, S. 101
36 Leemann an JS, 1871
37 Hermann Stegemann, Erinnerungen
38 Den Terminus verwendet z. B. der Nachruf «Basler Nachrichten»
39 R.Voss, Leben, S. 67
40 AS
41 Urner, S. 276
42 Huch, Frühling, S. 27
43 AS
44 Herma Goes, zeitweilig in Zürich lebende Autorin, schreibt unter Hermann Gosseck
45 Panizza an JS, 18.11.1894, UBB
46 Freundliche Mitteilung von Herrn W. L. Kristel, München, Oktober 1973, dem auch ein wichtiger Artikel zu Panizza im «Antiquariat», Börsenblatt des Deutschen Buchhandels, 1972/5, zu verdanken ist.
47 BvS an JS, 17.7.90
48 BvS an JS, 19.6.90
49 H. U., Rentsch, Bismarck, S. 256
50 JS an Reichel, 24.10.1877
51 JS an R, 4.11.79
52 JS an Reichel, 24.2.76
53 JS an Reichel, 3.7.75
54 JS an Reichel, 11.8.76
55 Baechtold, G. Keller, I, S. 221
56 JS an Emma Herwegh, 23.2.77, Archiv Liestal
57 Freitags-Zeitung, 25.6.1875
58 JS an R, 4.11.79
59 JS an BvS, 18.7.88
60 JS an Reichel, 3.7.75
61 JS an BvS, 14.5.89
62 JS an Reichel, 4.11.79
63 JS an Reichel, 24.10.77; 9.6.85
64 JS an Reichel, 11.8.; 4.11.76
65 JS an BvS, 18.7.88
66 JS an BvS, 13.9.88
67 Gesamt-Katalog der Verlage XVI, Ergänzungsband, 4. Abteilung, Münster i.W. 1893
68 AS
69 Zeit, Wien
70 Nachruf «Tages-Anzeiger»

«Pro Nihilo»

Im ersten Jahrzehnt der Tätigkeit hatte das Verlags-Magazin ausser etwa Voss' «Visionen eines deutschen Patrioten» wenige Werke produziert, die besonderes Aufsehen oder gar Verbote in Deutschland provoziert hätten. Nun eine Persönlichkeit wie den Grafen Harry von Arnim unter den Autoren zu sehen, mag erstaunen: In der Identifikation mit dessen Anliegen kommt nicht nur zum Ausdruck, dass Schabelitz der Reichsgründung skeptisch gegenüberstand, sondern dass er ein erklärter Gegner Bismarcks war, wegen seines Verhaltens 1848, seines Antisozialismus und der absolutistischen Züge seines Regiments. Daher stellte er sogar der Opposition von rechts seinen Verlag zur Verfügung, wenn es gegen den «Allmächtigen» anzugehen galt. Ob der Verleger von «Pro Nihilo» und der beiden anderen Schriften zu den Arnim-Prozessen bei genauer Kenntnis aller Fakten, der Widersprüche und des Allzumenschlichen nicht erkannt hätte, dass hier bis zu einem gewissen Grade Opposition als Selbstzweck im Spiele war, ist nicht zu beantworten; ebensowenig, ob er sich dann zurückgehalten hätte oder ob ihn der Coup als solcher reizte. Denn, dass es zu einem solchen, zumindest in Deutschland, kommen musste, war sofort ersichtlich.

Zum Verständnis der Folgen, die sich an die Publikation knüpften, sei versucht, den kaum mehr geläufigen geschichtlichen Rahmen zu skizzieren:

Bei einem Blick in die «Gedanken und Erinnerungen» Bismarcks muss auffallen, dass ihn die Affäre um den Standesgenossen Arnim nachhaltig bewegte. Die Belege für dessen Charakterbild grenzen an Klatsch, und um so erstaunter liest man wenige Zeilen später, dass dieser Mann, der so daran gearbeitet habe, ihm das Vertrauen des Kaisers zu entziehen, «auf meinen Antrag» 1872 zum Missionschef in Paris ernannt wurde. Der Kanzler habe gehofft, «seine hohe Begabung trotz seiner Fehler ... nützlich zu verwerten».[1] Das Urteil von einem Freunde Bismarcks über Arnim: «In dem steckt doch ein tüchtiger Junker»[2] empfand der Fürst als indirekte Kritik an seiner Person und war in seiner Empfindlichkeit tief verletzt – auf Kosten Arnims. Mit gesteigertem Argwohn verfolgte der Vorgesetzte jede Regung seines Botschafters. Von einem Dritten schreibt Bismarck anderswo, er sei gescheit, elegant, «eine vornehmere Natur als Harry von Arnim».[3] Dass das ominöse Wort «Rancune»[4] im Laufe dieser Auseinandersetzung auftauchte, ob immer der Kaiser es ausgesprochen hat oder nicht, kann auch bei diesen wenigen Andeutungen zur menschlichen Beziehung nicht verwundern!

Harry von Arnim muss ein sehr begabter, gut aussehender Mann gewesen sein, dem viel Sympathien entgegengebracht wurden. Weltläufig, sprachkundig, gebildet und musikalisch, war er der geborene

Diplomat für jene Jahre. Einen gewissen Mangel an Zuverlässigkeit und Sprunghaftigkeit im Urteil hatten auch seine Freunde bemerkt.[5] Er war konservativ und war sich bewusst, dass er aus einem der wichtigen preussischen Häuser stammte, was er andere, vor allem in seiner Jugend, spüren lassen konnte. Sein Studium hatte er mit einem juristischen Doktorat abgeschlossen, und nachdem seine erste Frau, natürliche Tochter eines Preussenprinzen, gestorben war, heiratete er in die gräfliche Familie Arnim-Boitzenburg. Er hatte einen ausgeprägten beruflichen Ehrgeiz und immer auch hohe gesellschaftliche Ambitionen, die zu snobieren dem antideutschen Pariser Adel 1872 ein Vergnügen bereitete.

Die Erhebung in den Grafenstand 1870[6] zeugt von der lange Zeit ungetrübten Beziehung, die Arnim mit den preussischen Majestäten verband; sie war dem argwöhnischen Kanzler ein Dorn im Auge, wobei er, bei seinem direkten Einfluss auf den Kaiser, auch da der Stärkere bleiben musste. Immerhin scheint Wilhelm I. den Berichten Arnims aus Rom in der beginnenden Kulturkampfzeit Beachtung geschenkt zu haben. Auch wenn sie für sehr persönlich und schwankend im Urteil galten, blieb der Verfasser am Hof im Rufe, ein Spezialist für römische Fragen zu sein.

Der sachliche Gegensatz zwischen dem Kanzler und seinem Diplomaten war schon bei der Behandlung der katholischen Kirche vorhanden gewesen und führte dann in Bezug auf das Verhalten gegenüber dem besiegten Frankreich nach 1871 zur Katastrophe. Der Vorgesetzte, dem Diskussionen mit Untergebenen oder gar ihr Widerspruch nicht genehm waren, hatte eindeutig vorgegeben, dass die republikanischen Kräfte in Frankreich zu unterstützen seien. Denn als Republik sei das Land auf die Dauer Deutschland nützlicher, und von einer solchen sei auch weniger Revanchismus zu befürchten. Er verliess sich auf die Bündnistreue der Monarchien, vor allem der drei Kaiser, und nahm an, dass eine Republik im monarchischen Europa es «nicht leicht haben werde, Allianzen zu finden»[7].

Arnim dagegen tendierte für Frankreich zu einer monarchistischen Verfassung, deren König sich mit dem preussischen verbünden würde, während er vermutete, eine Republik werde mit hoher Wahrscheinlichkeit die Nachbarstaaten mit ihrem, womöglich sozialistischen, Gedankengut infizieren.

Beides waren Hypothesen, die Bismarcksche ausgeklügelt-intellektueller, die des praktischen Diplomaten eingängiger, weshalb sie auch am Hof auf Sympathie stiess. Ein mündliches Abwägen der beiden Standpunkte fand offensichtlich nie statt und, verleitet durch erste Verhandlungserfolge in Paris, angeregt auch durch kaiserliches Lob und Ermunterungen aus den eigenen Reihen[8], verfolgte Arnim seine Linie und scheint sich in einer gewissen Selbstüberschätzung als möglichen Nachfolger des häufig psychosomatisch angeschlagenen Kanzlers gesehen zu haben[9], was diesem nicht verborgen bleiben konnte. «Arnim war weder ein Altkonservativer noch ein Ultramontaner», aber «in dem Augenblick, wo er mit Bismarck in Opposition» geriet, vereinnahmten ihn beide, und dies kaum zu seinem Vorteil. Weiter holt der Bericht der «Neuen Zürcher Zeitung», die sonst weitgehend gegen Arnim Stellung bezog, zu folgender Beurteilung aus: «Man braucht den Fürsten Bismarck nicht für einen sehr tugendhaften Politiker zu halten und auch nicht für einen unfehlbaren. Er ist kein angenehmer Mann und sein Handwerk hat ihn rauh und rücksichtslos gemacht. Aber er hat ein starkes Gefühl für die nationale Grösse» und dieses werde ihm immer die Mehrheit im Volke sichern[10].

Inwieweit sich Arnim durch sein Opponieren zu Kompetenzüberschreitungen hinreissen liess, inwieweit die nachmalige «graue Eminenz» Holstein als sein Untergebener ihn unterminierte, sei dahingestellt[11]. Ohne Zweifel aber setzte sich der Botschafter ins Unrecht, als er sich, vom verärgerten Vorgesetzten in die Enge getrieben und «strafweise» nach Konstantinopel versetzt, zu Machenschaften mit der Presse hinreissen liess. Schon früher hatte er Zeitungsenten lanciert, nun begann er sich mit der Veröffentlichung von Dokumenten und Angriffen auf den Kanzler an die Öffentlichkeit zu wenden. Mit diesem Vorgehen durchbrach Arnim die Schranken eines ungeschriebenen Codex, mit dem Zurückbehalten von Dokumenten aus der Botschaft machte er sich rechtlich strafbar. Er hielt sich und seinen Anhang irrtümlich für stärker als den legitimen Vorgesetzten und überschätzte auch die Sympathien des Kaiserpaares, die ihm nun verständlicherweise entzogen wurden, insbesondere, als er sich zunehmend in Widersprüche verstrickte.

Im April 1874 hatten die Pressefehden begonnen, und im Oktober wurde Arnim auf seinem Gute gefangengenommen, wegen der von ihm behändigten Dokumente. Im Laufe des Jahres 1875 wich er ins Ausland aus und muss im Sommer dieses Jahres direkt oder durch Mittelsmänner in Kontakt mit Jacques Schabelitz gekommen sein. Der «Freveltat», ihm die Schrift «Pro Nihilo» angeboten zu haben, wird Graf Hermann Arnim, der Bruder von Harry Arnims Frau, verdächtigt[12].

In den ersten Monaten des Jahres 1874 meldete die «Zürcher Freitagszeitung» verschiedentlich, dass ein erneuter Konflikt zwischen Frankreich und Deutschland nicht auszuschliessen sei, was die Differenzen zwischen Botschafter und Kanzler in ihrer ganzen Problematik beleuchtete. Im Mai kam ein Hinweis auf die Angelegenheit Arnim, dieser habe «sich nicht gescheut, mitten in der Ausübung seiner Funktion einen für die Öffentlichkeit bestimmten Brief zu schreiben, welcher die kirchliche Politik des Reichskanzlers, Fürsten Bismarck, verurteilt. Als Gesandter wurde er abgesetzt und ist gezwungen, die diplomatische Laufbahn zu verlassen. Er nehme aber in sein Privatleben furchtbare Waffen gegen den Reichskanzler mit.»[13]

Arnims Gefangennahme wie seine krankheitsbedingte Einlieferung in die Charité wurden gemeldet, auch mochte den zürcherischen Leser interessieren, dass Kanzler und Botschafter sich erst 1872 entzweit hätten und dass «geheime Berichterstattung» (dies als Anspielung auf eine illoyale Umgebung) die Missstimmung befördert habe. Auch die Vermutung, Arnim habe sich durch seine Veröffentlichungen die Nachfolge Bismarcks sichern wollen, zirkuliert hier. Dass der Kanzler «scharf im Klagen gegen Presseinjurien» sei, hat Theodor Curti (s. S. 147) miterlebt. Immerhin stellte sogar dessen «Frankfurter Zeitung» die Frage, ob Arnims Hochmut zu den Verrücktheiten geführt habe, oder ob eine Art Verrücktheit ihn hätte hochmütig werden lassen[14]. Die offensichtliche Fehlbeurteilung seiner Situation nach dem Misserfolg in Paris könnte mit Arnims zunehmender, beim damaligen Stand der Medizin kaum zu behandelnden Zuckerkrankheit zusammenhängen, welche die geistigen Fähigkeiten des Patienten zu beeinträchtigen vermochte, was wohl unterbewertet wurde. Die «Frankfurter» nahm aber weiterhin Stellung zumindest gegen Bismarcks Vorgehen und druckte später auch Auszüge aus «Pro Nihilo» ab, was eine weitere Klage gegen sie bewirkte[15].

Die verschiedenen Phasen des Prozesses gegen Arnim waren auch in den zürcherischen Zeitungen zu verfolgen, und das Interesse wurde durch unbedeutende Nebensachen wach erhalten.

Im März 1874 wäre auch zu lesen gewesen, dass als Professor für englische Sprache ans Polytechnikum «Herr Tschischwitz aus Schlesien» ernannt worden sei. Er nahm Wohnung an der Sihlstrasse 18 und entpuppte sich als eifriger, vielleicht doch übereifriger, deutscher Patriot[16] – ein Begriff, der uns in der Folge noch verschiedentlich begegnen wird! Nach einem knappen Jahr seiner Anwesenheit in Zürich war er mit «einem schwatzhaften, natürlich deutschfeindlichen Commis» von Schabelitz in Kontakt gekommen, dessen ganze Belegschaft übrigens deutschfeindlich sei (!), und brachte in Erfahrung, «es werde hier in Zürich ein von Arnim herrührendes, den Fürsten Bismarck schwer compromittierendes Pamphlet gedruckt, das in hiesigem Verlags-Magazin erscheinen soll».[17] Das an einen Tschischwitz bekannten Redaktor gerichtete Schreiben war für das Auswärtige Amt bestimmt[18]. Er wusste ferner, dass man die Broschüre «bis kurz vor dem Zusammentritt des Reichstags» zurückhalte und dann damit «losplatze». Er habe versucht, Druckbogen zu erhalten, was ihm missriet[19].

Inzwischen hatte auch der «kaiserliche Gesandte» in der Schweiz, General von Roeder, von der Sache Wind bekommen und telegraphierte am 30.9. nach Berlin, das Erscheinen der Broschüre sei nicht mehr aufzuhalten, sie werde am 1. Oktober ausgeliefert. «Der Verleger war vorausbezahlt und mit Ehrenwort verpflichtet, nicht vorher darüber zu sprechen. Einem Freund gegenüber äusserte er, dieselbe [die Broschüre] enthalte zwar einige starken Partien, aber meistens Wiederholungen von Altbekanntem.»[20] Dies trifft insofern zu, als das Bekannte durch den Autor in sehr persönlicher, die Schwächen Bismarcks anprangernder Weise geschildert und durch Briefe und Gesprächswiedergaben angereichert wird[21].

Mittlerweile (19.10.) war Tschischwitz stolz, entdeckt zu haben, dass der «Drucker ... der Chef des social-demokratischen Geschäfts ‹Verlags-Magazin›, Stüssi-Hofstadt (sic) 7, namens Schabelitz» sei, und wusste auch über Auflagenhöhe, Versandart usw. Bescheid. Über die im Gastland geltende Pressefreiheit scheint er kaum orientiert gewesen zu sein, denn es sei sicher ein leichtes, «die hiesigen 500 Exemplare unschädlich zu machen». Zudem habe er gehört, dass Arnim in der vorigen Woche hier gewesen sei und mit Schabelitz verhandelt habe. Fast detektivisch schliesst er, dieser habe sich mit «von Alvensleben» in die Gästeliste des Baur au Lac eingetragen[22] – dass Arnim tatsächlich vom 16. bis zum 20. September in diesem Haus logiert hatte, war ihm entgangen ...[23] Schliesslich bot er noch an, notfalls die 500 Exemplare zum Ladenpreis aufzukaufen, um deren «Verbreitung zu hindern» ...

Das war bereits nutzlos. «Die Schrift ist ... in Berlin confiszirt und deren fernerer Vertrieb polizeilich verboten worden, was wesentlich zu ihrer Verbreitung beitragen wird!»[24]. Zahlreiche deutsche und auswärtige Blätter «bringen den wesentlichen Inhalt der verpönten Schrift in ausführlichen Auszügen»[25] und diese würden «mit Gier gelesen ... aber auch allgemein verurteilt»[26] und den Zweck, den Kanzler zu schädigen, verfehlen. Arnim habe dem Buch «den Titel ‹Pro Nihilo› im richtigen Vorgefühl gegeben, dass es ihm nichts nützen» werde.[27] Wenn man diese Berichte liest, darf man den Eindruck haben, im Gegensatz zur Broschüre von Marx (s. S. 90 ff.) habe Schabelitz diesmal mit dem Einschleusen des Pamphlets voll reüssiert!

Unterdessen wurde von Preussen aus die Beschlagnahme der Broschüre, die nicht in Ballen, sondern in Einzelsendungen «unter Kreuzband» (s. S. 143) nach Deutschland infiltriert wurde, angeordnet. In Bismarcks Kanzlei notierte man mit Akribie «die Beleidigungen des Unterzeichneten [Reichskanzlers]» und entwarf einen entsprechenden Brief, der mindestens 25 zu beanstandende Stellen auflistete[28].

Der deutsche Gesandte behauptete erfahren zu haben, «sämtliche Buchhändler» hätten in ihren wöchentlichen Versammlungen in Basel erklärt, «nie eine derartige Schrift verlegen zu wollen». Ferner würde «die Hoffnung des Nichterscheinens auch im Bundesrat geteilt», wobei der Bundespräsident, damals Johann Jakob Scherer, als er ein Exemplar in Empfang nahm, sein «aufrichtiges Bedauern» ausgesprochen

163

habe; zugleich aber legte er klar, dass er weder ein gerichtliches Mittel gegen Arnim noch gegen den Drucker habe, insbesondere «mit der demokratischen Regierung in Zürich experimentieren zu wollen, wäre ein zu gewagtes Unternehmen». Er habe ferner empfohlen, «geschickte Versuche bei dem Verleger Schabelitz in Zürich zu machen», die wohl unterblieben sind[29].

Die einheimischen Zeitungen begannen nun die zürcherische Seite des Falles zu beleuchten: «Graf Arnim, den es förmlich zu kitzeln scheint, sich mit neuer Schande zu bedecken, hat in einem, im ‹Zürcherischen Verlags-Magazin› erschienenen, Pro Nihilo betitelten, Buche neue Verrätereien begangen, indem er auch noch die bisher geheim gebliebenen diplomatischen Aktenstücke an die Öffentlichkeit brachte ... Wenn er Bismarcks Politik kompromittieren wollte, hat er sich arg verrechnet!»[30]

Obwohl der vermutlich grössere Bevölkerungsteil des Reiches Arnims Vorgehen verurteilte, waren die deutschen Behörden aufs eifrigste bemüht, die leidige Broschüre, die manches enthielt, was Zweifel an Bismarcks «Grösse», zumindest im Umgang mit Untergebenen, aufkommen lassen konnte, möglichst ungelesen aus der Welt zu schaffen. Spürbar beruhigt zeigte man sich über die Aussage des Verlegers, er habe nur ein Manuskript für den erschienenen «Ersten Teil», nicht aber für eine Fortsetzung der Broschüre und warte jedenfalls den Ausfall der schwebenden Untersuchung ab, bevor er Weiteres unternehmen würde[31]. Immerhin wissen wir, dass er seit Mitte November 1875 damit beschäftigt war, bereits den *dritten* Neudruck von «Pro Nihilo» herzustellen, was seine Offizin stark beanspruchte[32].

Ein Bankier Rodenwald in London hatte vom möglichen Erscheinen der Übersetzung von «Pro Nihilo» gehört, woraufhin der dortige Botschafter, Graf Münster, ersucht wurde, sich genauer zu informieren. Da begegnen wir dem einstigen Freund Nikolaus Trübner wieder, der in einer Befragung erklärte, dass ihm der Verleger in Zürich bekannt sei. Ein ungenannter Bekannter habe Trübner wegen der englischen Auflage angefragt, aber «er wolle sich lieber die Hand abhauen lassen», als mit dieser Angelegenheit etwas zu tun zu haben, die «jedermann nur Unehre zu bereiten im Stande sei».[33] Dies verhinderte aber das Erscheinen einer Übersetzung ins Englische im Februar 1876 keineswegs – sie erschien zwei Monate nach der französischen.[34]

Untersuchungen wurden auch in Schabelitz' nächster Umgebung durchgeführt. So versuchte der Gesandte Roeder Cäsar Schmidt zu einer «Geschäftsreise» nach Berlin zu bewegen, der er sich aber entzog[35]. Dagegen bot sich «ein gewisser Matthiae» als Zeuge an, um gegen seinen Meister Schabelitz auszusagen, was im Mai 1876 bekannt wurde. Als Buchhandlungs-Volontär sei er im Verlags-Magazin tätig gewesen und beschwor, dass er das Manuskript in Händen gehabt habe und dass es von Arnim geschrieben sei[36]. Matthiae war offensichtlich Setzer, wenn er das Manuskript täglich vor Augen hatte. Schabelitz fügt bei, Ernst Matthiae habe versucht, «Bogen dieser Schrift von der Presse wegzunehmen, da eine zürcherische Persönlichkeit in Folge erhaltenen Auftrages aus ... [so im Zeitungsartikel] seinen Setzern eine Belohnung von 20–200 Franken für Auslieferung von Aushängebogen anbieten liess».[37] Das wäre als Werkspionage zu taxieren und betraf Cäsar Schmidt, der wohl im Auftrag der Gesandtschaft handelte.

Matthiae brachte als Mittelsmann einen Grafen Waldbott-Bassenheim ins Gespräch, der sich – ob zu recht? – dagegen öffentlich verwahrte, was den Setzer zu einer pathetischen Antwort in deutschen Zeitungen veranlasste[38]. In ihr bekannte er sich als deutscher Staatsangehöriger, den der Wunsch geleitet habe, eine hinter feiger Anonymität und schnöder Intrige sich versteckende Persönlichkeit, nämlich den Autor von «Pro Nihilo», ans helle Tageslicht ziehen zu helfen. Sowohl er wie Tschischwitz betonten ihr Handeln aus aufrichtigem deutschem Patriotismus, gegen den sich nun der schweizerische erhob: Eine harsche Zeitungspolemik um den Englischprofessor entbrannte, die sein Vorgehen in einen Spionagefall umzumünzen bereit war, und den die «Freitagszeitung» insofern verteidigte, als sie den Schweizern zu bedenken gab, sie hätten doch wohl in ähnlichen Zusammenhängen ihrer Heimat zuliebe gleich gehandelt[39]. Eine Missfallensdemonstration von etwa 100 Studenten, «reichsfeindlichen Polytechnikern aus allen Ländern»[40], richtete sich gegen den Professor, den auch «seine deutschen Kollegen desavouierten»[41]. Dies und die Reaktionen der Zeitungen scheinen Tschischwitz' «Stellung ... ernsthaft zu gefährden»[42], wie nach Berlin gemeldet wurde, der Betroffene hielt sie bald für unhaltbar wegen der «ultrademokratischen» Zürcher Regierung, der er allerdings als Polytechnikums-Professor nicht verantwortlich war. Die Unterstellung, dass die Hetze nur von sozialdemokratischer Seite geschürt würde, tauchte mehrmals auf, auch dass sie, unbegründet, antisemitische Züge anzunehmen drohe[43]. «Ich sehe mich», schreibt Tschischwitz an einen höheren Beamten, «in der äussersten Verlegenheit und bitte Sie deshalb ganz gehorsamst, sich für mich bei Seiner Durchlaucht, dem Herrn Fürsten Reichskanzler, dem ich glaubte *uneigennützig* dienen zu können, zu verwenden.» Der kaum ernannte Professor bat in Bern um Urlaub und kehrte aus diesem nie mehr zurück ...[44]

Noch im Laufe des Jahres 1877 wurde Schabelitz, vermutlich requisitorisch, denn eine Reise nach Deutschland kam für ihn nicht in Frage, in der Angelegenheit einvernommen. Das Echo seiner Aussagen ging in ein Entlastungsschreiben des Stadtgerichts Berlin zu Gunsten von Matthiae ein. Eine weitere Vernehmung des Verlegers hielt man nicht vonnöten und bezog sich einstweilen auf seine eidesstattliche Erklärung. Matthiae hatte behauptet, die Schrift des Grafen Arnim dank seiner Erinnerung an das Manuskript wiedererkannt zu haben, was Schabelitz in einem «Gegengutachten» unzweifelhaft verneinen würde. «Dem Schabelitz mehr Glauben zu schenken als dem Matthiae, liegt umso weniger Veranlassung vor, als seine eidesstattliche Versicherung bezüglich der Angabe, dass die in Rede stehende Broschüre erst im November und nicht schon im October 1875 erschienen sei, mit den mir vorliegenden ... Beweisen im Widerspruch steht, und als Schabelitz, welcher sich in hervorragender Weise mit dem Verlegen von Schriften solcher Personen befasst, welche ihre Autorschaft zu bekennen sich scheuen, ein erhebliches vermögensrechtliches Interesse daran hat, dass er nicht durch Ermittlung der anonymen Verfasser an deren Kundschaft Abbruch erleide.»[45] Das zeitliche Festlegen des Erscheinens konnte insofern strittig sein, als die ohnehin mit 1876 datierte Drucksache in Deutschland erst Anfang November in Polizeiberichten auftauchte, wohl aber in Zürich schon im Oktober ausgedruckt war; dass Schabelitz in «hervorragender Weise», das würde heissen: nahezu ausschliesslich, Anonymes verlege, wäre zu beweisen gewesen und war in dieser Form eine reine Unterstellung. Ein Hauch von Voreingenommenheit ist den Gerichten wohl doch nicht abzusprechen.

Bleibt noch, einen Blick auf den «ehrenfesten» Buchhändler Caesar Schmidt zu tun (s. S. 139). In einem Brief von 1875[46] rühmt sich Schmidt, dass er «ausschliesslich freisinnige» theologische Literatur verlege, «und zwar so, dass in Deutschland sich kaum ein Verleger dafür fände ...», was dem regierungsergebenen Lager auch hätte suspekt sein müssen. Aber, als «wahrer deutscher Patriot» habe er das Angebot, «Pro Nihilo» zu verlegen, «stolz» zurückgewiesen[47]. Er ahnte wohl, dass sein ehemaliger Patron anders handeln werde. Sein Patriotismus trieb ihn dann zur Bestechung der Setzer, um Näheres zu erfahren, was ihm öffentliches Missfallen in den Zeitungen eintrug[48] und zum endgültigen Bruch mit Schabelitz führte, der «mit diesem Herrn den Verkehr abgebrochen [habe] seit seiner Spionage mittels Bestechungsversuchen in meiner Druckerei, bei Anlass der Broschüre Pro Nihilo».[49] Die Vermutung, dass sich Schmidt seine gute Note beim Botschafter mehr durch seinen «Patriotismus» als durch sonstiges Verhalten erworben habe, liegt nahe.

Im September 1876 sind Arnim und sein Sohn rund zehn Tage in Zürich und treffen Schabelitz[50], aber die weitere Schrift des Grafen, «Ein Brief an den Fürsten Bismarck» (1877), und schliesslich die «Anklageschrift des ... preussischen Oberstaatsanwaltes gegen den Grafen Harry von Arnim, nebst Akten» (1877), gerieten bereits in die Zeit des verebbenden Interesses an der Angelegenheit. Ein Zeitungsbericht aus Berlin wurde publiziert, wonach es «nicht unmöglich» sei, «dass auch der andere Teil [Bismarck] die Grenzen zeitweise überschritt, welche den gewöhnlichen Regeln des politischen Duelles vorgeschrieben» wären. Aber, «was wollen diese ohnmächtigen Wutanfälle verletzter Eitelkeit [Arnims] gegen die welterschütternd-historische Grösse eines Mannes, der Deutschland neu geschaffen ...». Da blieb nur noch das Vae victis![51]

---

[1] G & E, S. 162 ff.; vgl. auch Bülow, IV, S. 179
[2] G & E, S. 152
[3] G & E, S. 189
[4] Kratzsch, S. 42, 50
[5] Kratzsch, S. 12
[6] Genealogisches Handbuch des Adels, Freiherrl. Häuser A, Bd. XI, 1979
[7] NZZ, 9.10.1874
[8] Eckardtstein, I, S. 22 f.; Bülow, IV, S. 299
[9] Freitags-Ztg., 20.10.1876
[10] NZZ, 14.10.1876; vgl. Kessler, S. 154; 168
[11] Bülow, IV, S. 387; Harden, I, S. 98; Roigge, S. 34 f.
[12] AA Generalia, R 264, Röder an Bülow, 12.1.76
[13] Freitags-Ztg., 8.5.1874
[14] Freitags-Ztg., 9.10.; 16.10.; 13.11.; 27.11.; 18.12.74
[15] Freitags-Ztg., 25.2.; 19.6.1876 ??
[16] AA Generalia, R 272, Brief Roeder 27.6.76, «glühender Patriot»
[17] AA Generalia, R 267, Brief v. Tschischwitz, 29.9.75
[18] Kratzsch, S. 117
[19] Tschischwitz, Brief v. 29.9.75
[20] AA Generalia, R 267, Roeder an AA, 30.9.75
[21] Auf die Autorschaft Arnims gehen wir nicht ein: in der ZB wird ein Wilhelm Eichhoff als Autor genannt; die NZZ v. 15.11.75 spricht von Arnim als dem «unverkennbaren Verfasser», Eichhoff ist höchstens Ghostwriter.
[22] AA Generalia, R 267, Brief T., 19.10.75
[23] AA Generalia, R 270, Roeder an Bülow, 2.2.76, evtl. Hermann Arnim mit Diener ...
[24] NZZ 11.11.75
[25] NZZ 18.11.75
[26] NZZ 15.11.75
[27] NZZ 11.11.75
[28] AA Generalia, R 267, «Concept» für ein Schreiben des Reichskanzlers
[29] In den Protokollen des Buchhändlervereins ist keine derartige Äusserung zu finden, es kann sich nur um Einzeläusserungen handeln, freundliche Mitteilung von Dr. P. Oprecht; AA Generalia, R 267, Roeder an Bülow, 12.11.75
[30] Freitags-Ztg., 19.11.75
[31] AA Generalia, R 267, Ob.Staatsanwaltschaft an AA, 14.1.76
[32] JS an Reichel, 8.12.75
[33] AA Generalia, R 268, AA an Graf Münster, 23.12.75; R 269: Bojanowski an Graf Münster, 31.12.75
[34] Kratzsch, S. 119, 120
[35] AA Generalia, R 264, Bülow an Roeder, 17.1.76; R 270, Roeder an Bülow, 2.2.76
[36] Freitags-Ztg., 19.5.76
[37] Freitags-Ztg., 26.5.76
[38] zB National Zeitung Berlin, 30.5.76
[39] Freitags-Ztg., 23.6.76
[40] Freitags-Ztg., 7.7.76, und Anm. 41
[41] AA Generalia, R 272, Roeder an AA, 2.7.76
[42] AA Generalia, R 272, Roeder an AA, 18.6.76
[43] Freitags-Ztg., 21.7.76; AA Generalia, R 272, Roeder an AA, 27.6.76
[44] AA Generalia, R 272, Tschischwitz, 25.6.76, er meldet sich zugleich als Zeugen an; Freitags-Ztg., 8.12.76
[45] AA Generalia, R 274, Staatsanwalt Tessendorff, kgl. Stadtgericht Berlin, an AA, 6.12.77
[46] C. Schmidt an Reichel, 24.4.75
[47] AA Generalia, R. 264, Roeder an Bülow, 12.1.76
[48] Freitags-Ztg., 30.6.; 21.7.76
[49] JS an Reichel, 9.4.77
[50] AA Generalia, R 272, Roeder an AA, 22.9.76
[51] Freitags-Ztg., 20.10.76

Abkürzungen

AA	Archiv des Auswärtigen Amtes, Bonn
AS	Archiv Schabelitz in Privatbesitz
BA	Bundesarchiv, Bern
BPU	Bibliothèque Publique et Universitaire, Genf
DLZ	«Deutsche Londoner Zeitung»
GLA	Generallandesarchiv, Karlsruhe
G&E	Bismarck, Gedanken und Erinnerungen
JS	Jakob Lukas Schabelitz
MEGA	Marx-Engels-Gesamt-Ausgabe
MsB	Signatur in der BPU für den Nachlass des Herzogs von Braunschweig
NZ	«National-Zeitung, Basel»
NZZ	«Neue Zürcher Zeitung»
STAB	Staatsarchiv Basel
TB	Tagebuch Schabelitz
TBH	Tagebuch des Herzogs von Braunschweig
UBB	Universitätsbibliothek Basel
UNO	UNO-Archiv, Genf
ZB	Zentralbibliothek Zürich

Dank

Die Biographie hätte in dieser Form nicht erarbeitet werden können ohne die Anregungen, die freundliche Hilfe, die Findigkeit von verschiedener Seite; bei allen Helfern möchte sich der Autor aufs herzlichste bedanken, insbesondere bei:

Dr. A. Aepli, Aarau; Dr. Heinz Albers-Schönberg, Zürich; Prof. R. Ammann, Zürich; Bernd Graf v. Arnim, Freudenberg; Georg Wilhelm von Arnim, Biarritz; Dr. U. Barth, Staatsarchiv, Basel; Prof. A. Berchtold, Genf; Frau Verena Bodmer, Zürich; Prof. W. Breig, Bochum; den Herren und Damen des Bundesarchivs, Bern; Dr. Th. Bürger, s. Z. Wolfenbüttel; Dr. E. Curti, Zürich; Dr. R. Diederichs, Zentralbibliothek, Zürich; Frau S. Fiedler, Heidelberg; Herrn Dr. F. Fritzsche, Unterengstringen; Herrn T. Greuter, Archiv Sauerländer, Aarau; Dr. R. Jordan, Heidelberg; Prof. W. Klose, Karlsruhe; Frau E. Knellwolf, Zollikon; Prof. G. Kratzsch, Münster i. W.; Dr. J. Jung, Rüschlikon; Dr. N. Landolt, Basel; Dr. F. Lendenmann, Stadtarchiv, Zürich; Dr. A. Lutz†, Zürich, Dr. P. Maggi, Baugeschichtliches Archiv, Zürich; Dr. Ph. Monnier, BPU, Genf; Hofrätin Dr. G. Mraz, Wien; Dr. M. Müller, Zürich; Dr. P. Oprecht, Bern; Dr. H. Pelger, Karl-Marx-Haus, Trier; Frau Dr. S. Pepperle, Berlin; Gräfin Ch. von Podewils, Unterengstringen; Herr A. Redlich, AA, Bonn; Dr. Rhem, Generallandesarchiv, Karlsruhe; Frau Dr. U. M. Ruser, Bibliothek der Vereinten Nationen, Genf; Dr. H. R. Schneider, Herwegh-Archiv, Liestal; Frau Dr. U. Schnetzler, Stadtarchiv, Zürich; Dr. O. Sigg, Staatsarchiv Zürich; Referendar F. Sonneck, Miesbach; Frau Dr. B. Stadler, Staatsarchiv, Zürich; Dr. M. Steinmann, UB Basel; Prof. H. Zeller, Villars-sur-Glâne; Frau E. Ziesche, Staatsbibliothek, Berlin; Prof. W. G. Zimmermann, Zürich.

Ausgewählte Bibliographie

Baechtold, Jakob, Gottfried Keller, Leben, Berlin 1894
Bismarck, Otto von, Gedanken und Erinnerungen, Stuttgart, 1898
Blumenberg, Werner, Karl Marx, Reinbek 1962/1994
Bluntschli, Johann Caspar, Die Kommunisten in der Schweiz, Repr., Hildesheim 1972, Denkwürdiges aus meinem Leben, Nördlingen 1884
Bonjour, Edgar, Neutralität, I, Basel 1979
Borkheim, Sigismund, Rosen unter Alpenschnee, Berlin, 1983
Borst, Otto, Hg., Aufruhr und Entsagung, Stuttgart 1992
Böse, Otto, Karl II von Braunschweig, Braunschweig 1950
Bothien, Heinz, Hg., Belle-Vue, die Exilantendruckerei bei Constanz, Frauenfeld 1998
Bucher, Edwin, Die Geschichte des Sonderbundskrieges, Zürich 1966
Bülow, Bernhard Fürst von, Denkwürdigkeiten IV, Berlin 1931
Curti, Arthur, Durch drei Jahrhunderte, OF, Zürich
Curti, Theodor, Geschichte der Schweiz im 19. Jahrhundert, Neuenburg, o. J. (1902)
Dénes, Tibor, Lehr- und Wanderjahre eines jungen Schweizers (1845–1848), Jakob Lukas Schabelitz … in «Schwekerische Zeitschrift für Geschichte», 16. 1966. 1., S. 34–79, Le duc de Brunswick et Louis Napoléon, un marché de dupes, in «Journal de Genève», 27.2.1965
Dierauer, Johannes, Geschichte der Schweizerischen Eidgenossenschaft V, Gotha 1922
Eckardstein, Hermann von, Lebenserinnerungen, Leipzig 1920
Fechter, Paul, Deutsche Literaturgeschichte vom Naturalismus bis zur Literatur des Unwirklichen, Leipzig, o. J.
Feddersen, Peter, Geschichte der Schweizerischen Regeneration, 1830–1848, Zürich 1867
Fehr, Richard Wagner in der Schweiz, I und II, Aarau 1934 und 1953
Friedenthal, Richard, Karl Marx, München/Zürich 1981
Freiligrath, Ferdinand, Werke und Briefe, versch. Ausgaben
Freitag, Sabine, Hg., Die 48er, München 1998
Frey, Adolf, Conrad Ferdinand Meyer, Stuttgart 1900
Gagliardi, Ernst, Die Universität Zürich 1833–1933, Zürich 1938
Galeer, Albert, Der moralische Volksbund und die freie schweizerische Männerschule oder der Grütliverein, 2. A. von J. K. Wilhelm erweitert, Bern 1864
Gass, Otto, Der 2. Freischarenzug, Diss., Bern 1922
Gautschy, Werner, Der Landesstreik 1918, Zürich, Einsiedeln 1968
Gruner, Erich, Die Arbeiter in der Schweiz im 19. Jahrhundert, Bern 1968
Hamann, Brigitte, Bertha von Suttner, München-Zürich, 1986

Handbuch der Schweizergeschichte, II, Zürich 1977
Hein, Dieter, Die Revolution von 1848, München 1998
Herwegh, Georg, 21 Bogen aus der Schweiz, Hg. Ingrid Pepperle, Leipzig 1989, Neue Gedichte, Zürich 1877
Hirsch, Helmuth, Friedrich Engels, Reinbek 1993
Hobsbawm, Eric, Das Zeitalter der Extreme, München/Wien 1995 Das imperiale Zeitalter, Frankfurt a. M., 1995
Holz, Arno, Das Buch der Zeit, Zürich 1886
Huch, Ricarda, Alte und neue Götter, 1848, Zürich 1930; Frühling in der Schweiz, Zürich 1938
Just, Klaus Günther, Von der Gründerzeit zur Gegenwart, Deutsche Literatur, Bern, 1973
Kautsky, Richard, Erinnerungen und Erörterungen, s'Gravenhage 1960
Keller, Gottfried, Briefe II, Hg. Carl Helbling, Bern 1951
Kindlers Literaturlexikon, München 1974
Kessler, Harry Graf, Gesichter und Zeiten, Frankfurt a. M. 1988
Kratzsch, Gerhard, Harry von Arnim, Bismarck-Rivale und Frondeur, Göttingen o. J.
Löw, Konrad, Der Mythos Marx, München 1996
Mann, Golo, Deutsche Geschichte des 19. und 20. Jahrhunderts, Frankfurt a. M. 1963
Marr, Wilhelm, Das junge Deutschland in der Schweiz, Rep., Glashütten 1976
Marx-Engels-Gesamt-Ausgaben des Instituts für Marxismus-Leninismus 1961 ff. bzw. 1975 ff.
Marx, Karl/Engels, Friedrich, Das Manifest der Kommunistischen Partei, Stuttgart 1995; «Deutsche Londoner Zeitung», 1848
Meyer, Conrad Ferdinand, Hg. Adolf Frey, Briefe, Leipzig 1908
Nadler, Josef, Literaturgeschichte der deutschen Stämme, Regensburg 1932
Näf, W., Die Schweiz in der deutschen Revolution, Frauenfeld 1929
Raab, Heinrich, Revolutionäre in Baden, Stuttgart 1998
Rentsch, Hans Ulrich, Bismarck im Urteil der schweizerischen Presse, 1862–1898, Basel 1945
Rogge, Helmuth, Holstein und Harden, München 1959
Scherr, Johannes, Haidekraut, Wien, o. J.
Schmidt, Heinrich, Die deutschen Flüchtlinge in der Schweiz, Rep. Hildesheim 1971
Schrader, Fred E., Die Formierung der bürgerlichen Gesellschaft, Frankfurt a. M. 1996
Schurz, Carl, Lebenserinnerungen, Zürich, o. J. (1975)
Siegfried, Paul, Neujahrsblatt der Gesellschaft zur Beförderung des Guten und Gemeinnützigen, Jahrgänge 1926 und 1928, Basel,

Stegemann, Hermann, Erinnerungen, Stuttgart 1930
Steinvorth, Ulrich, Stationen politischer Theorie, Stuttgart 1994
Treitschke, Heinrich von, Deutsche Geschichte im 19. Jahrhundert, Leipzig 1886
Trevelyan, George Macaulay, Geschichte Englands, München & Berlin 1935
Urner, Klaus, Die Deutschen in der Schweiz, Frauenfeld & Stuttgart 1976
Varnhagen von Ense, K. A., Briefe an eine Freundin, Hamburg 1860
Vogelsanger, J., Der schweizerische Grütliverein, St. Gallen 1883
Voss, Richard, Aus einem phantastischen Leben, Stuttgart 1920
Wehler, Hans Ulrich, Deutsche Gesellschaftsgeschichte, München 1995
Weisz, Leo, Die Redaktoren der «Neuen Züricher Zeitung», 1780–1848, Zürich 1961
Wipert, Gero von, Deutsches Dichterlexikon, Stuttgart 1988
Zippelius, Reinhold, Geschichte der Staatsideen, München 1994
Zeitungen: «Deutsche Londoner Zeitung», «Zürcher Freitagszeitung» 1875–1877, «National-Zeitung, Basel», Jahrgänge 1843 bis 1852, «Neue Zürcher Zeitung», 1875–1877

Personenverzeichnis

(Biographische Angaben zu den erwähnten Personen, soweit sie im Zusammenhang mit JS genannt werden und erfassbar waren)

Abt, Franz, 1819–1885, Dirigent des Gesangsvereins «Harmonie» in Zürich; JS erlebt ihn als Gast des Vereins
Adam, Charles, 1803–1856, französischer Komponist, «Postillon de Lonjumeau»
Albert von Sachsen-Coburg-Gotha, 1819–1861, Gemahl von Königin Victoria
Arnim, Harry, Graf von, 1824–1881 (Nizza), Deutscher Gesandter in Paris, gerät in Konflikt mit Bismarck; Autor von JS
Arnim, Hermann, Graf von, Bruder von H.v. A's Frau
Amberger, Friedrich Hermann, Associé von JS, übernimmt später die Buchhandlung in Basel
Andert, L., deutscher Emigrant in London, Lavierer, reist für den Herzog in geheimer Mission nach Braunschweig
Andlau, Baron, Sekretär und Vertrauter von Karl v. Braunschweig
Anna, Freundin von JS und Bamberger in London
Anneke, Friedrich, 1818–1872, preussischer Offizier, beteiligt am Maiaufstand in Baden, später längere Zeit in den USA; Mathilde A., dessen Frau, über Kinkel mit JS in Verbindung
Auber, D. F. E., 1782–1871, französischer Komponist
Bahr, Hermann, 1863–1934, Dramatiker, Kritiker, Autor von JS
Balfe, Michael William, 1808–1870, Musiker, Dirigent und Komponist in England
Bamberger, Louis, *1821, Setzer, Faktor; später verheiratet, Freund in Basel und in London, führt JS in die diversen linken Zirkel ein; es werden sein Bruder, seine Schwester und seine Eltern erwähnt
Bamberger, Simon, Bankier und Politiker, *irrtümlich* als Vater von Louis bezeichnet
Bangya, Spion in preussischen Diensten. Soll Marx und Engels das Manuskript «grosse Männer der Emigration» abgekauft und an einen Agenten Stieber weitergegeben haben; verriet den Schmuggel der Broschüren über den «Kölner Prozess» an die Polizei
Bauer, Heinrich, Schuhmacher, Mitbegründer des Londoner «Deutschen Bildungsvereins für Arbeiter»
Baumann, Lorenz, 1785–1851, Regierungsrat v. Luzern, als Flüchtling in Aarau
Bebel, August, 1840–1913, dt. Sozialdemokrat, verlegt bei JS «Die Frau und der Sozialismus» in erster Auflage; in Stuttgart gedruckt, bei JS verlegt 1883

Becker, Johann Philipp, 1809–1886, badischer Revolutionär, Flüchtling in Basel, auch dessen Sohn erwähnt

Becker, Ernst August, gebürtig aus Dresden; dann in Frankfurt recht erfolgreich als Porträtist tätig, stellt in London Anfang der 50er Jahre aus, endet dann mit Selbstmord

Bellini, Vincenzo, 1801–1835, italienischer Opernkomponist

Benkert, s. Kertbeny

Berlioz, Hector, 1803–1869, französischer Komponist; JS erlebt ihn als Dirigenten in London

Bertschinger, 1781–1859, Kantonsrat in Aarau

Beust, Friedrich von, 1817–99, bis 1848 preuss. Offizier, Demokrat; Teilnehmer im pfälz. Aufstand; reformierender Pädagoge in Zch., 1867 beteiligt am Aufbau der internationalen Arbeiterassoziation

Bischoff, Gottlieb, Basler Polizeivorstand

Bishop, Anne, geb. Rivière, 1810–1884, Sängerin, 2. Frau von Henry Bishop, verband sich dann mit Robert Bochsa

Bishop, Sir Henry, 1786–1855, Komponist und Dirigent, ehemaliger Mann der Sängerin

Bismarck, Otto von, 1815–1898, Jurist, Diplomat, 1862 Preussischer Ministerpräsident, nach 1871 Reichskanzler; Sozialistengesetze 1878, Konflikt mit Harry v. Arnim ab 1874

Blanc, Louis, 1811–82, Sozialist, Schriftsteller, JS liest ihn in London; vermutlich trifft er ihn in Paris, Sommer 1848

Blei, Franz, 1871–1942, zeitkritischer Essayist und Romancier, lebt zeitweise in Zürich, schreibt für JS eine Studie über den Dichter Henckell

Bleich, Julius, Buchhalter in Basel, politisch radikal und daher in Basel nicht genehm

Bluntschli, Johann Caspar, 1808–1881, Jurist, Historiker, liberal-konservativer Zürcher Politiker, Gegenspieler von Ulrich Zehnder

Bochsa, Robert Nicolas Charles, 1789–1856, Harfenist und Komponist, Begleiter der Mme Bishop, reisender Musiker

Bodmer, Conrad, 1822–1915, Seidenfabrikant, Hauptmann, Freund von JS

Böhner, August Nathanael, 1809–1892, Dr. phil., Naturwissenschaftler, dann Theologe; 1840 Pfarrer in Dietlikon, trifft JS; kehrte später nach Deutschland zurück

Bölte, Amalie (Amélie), 1817–1891, Mitarbeiterin am «Grenzboten»; Literatin in London, Freundin von Varnhagen v. Ense, trifft verschiedentlich mit JS zusammen

Bolley, Alexander, 1812–70, Professor, doziert in Aarau, später an der ETH in Zürich

Borkheim, Sigismund, 1825–85, Kaufmann, revolutionärer Demokrat, emigrierte nach 49 in die Schweiz, nach Frankreich und England, Autor von JS

Börnstein, Heinrich, 1805–92, deutscher Journalist und Schauspieler, Demokrat

Bornstedt, Adalbert von, 1808–51, preuss. Offizier, Dem., Mitglied des Kommunistenbundes, 1848 ausgeschlossen; Teilnehmer am badischen Aufstand April 48. Geheimagent der Preussen seit den 40er Jahren

Braunschweig, Karl II., Herzog von, 1804–1873

Brenner, Carl, Dr., 1814–83, Red. der «National-Zeitung», Führer der Radikalen in BS, bis Okt. 1849, dann Bundesrichter

Brenner, Emanuel, 1801–1862, Faktor bei Sauerländer in Aarau

Brenner, Johann Rudolf, †1834, 1819 als Graveur zünftig zu Safran (wie JCS), vertreibt bis zu seinem Tod die Zizenhauser Figuren, die dann JCS übernimmt

Brenner, «Madame», Modistin, Deckadresse von JS

Brugger, Freund von JS in London

Bühler, Oberrichter in Aarau

Bürkli, Karl, 1823–1901, sozialdemokratischer Politiker in Zürich, Autor von JS

Bülow, Bernhard Ernst von, Vater des Fürsten, 1873–1879 Staatssekretär im Auswärtigen Amt, Empfänger der Briefe von Roeder betreffend «Pro Nihilo»

Bunsen, Christian Karl Josias von, 1791–1860, deutscher Gelehrter und Diplomat, 1841–54 Gesandter in London, verwickelt in die Frage um das deutsche Spital

Burckhardt, Fritz, 1823–93, Sohn des Pastetenbäckers Sebastian B.-Lämmlin, Freund von JS

Burckhardt, Jacob, 1818–1897, Kunsthistoriker, Professor in Basel, JS hört bei ihm Vorlesungen

Burghard, Freund von JS, Druckerei der «Deutschen Londoner Zeitung»

Cabet, Etienne, 1788–1856, französischer Sozialist, Lehrer, Advokat; Carbonari, 1830 Revolutionär, dann versöhnt mit der Julimonarchie; veröff. 1834 «Le Populaire», muss nach England fliehen; 1848 nach den USA, wo er in Texas eine sozialistische Stadt zu gründen sucht

Cahlmann, Kaufmann und Bankier in London

Cambridge, Adolf, Herzog von, 1774–1850, Onkel der Königin Victoria, Präsident des Deutschen Hospitals von Dr. Freund

Charras, Jean Baptiste, 1820–1865, 1848 Abgeordneter in Paris, opponiert gegen Napoleon III., Oberst, lebt als Emigrant in Basel, Kunde von JS

Cavaignac, Louis Eugène, 1802–1857, franz. General und Politiker, Republikaner, 1848 Kriegsminister, unterdrückt die Juniinsurrektion 1848

Cluss, Adolf, 1820[?]–89, Ingenieur, seit 1849 in den USA, propagiert da mit Weyedemeyer den Marxismus, Buchdruckerei

C. M., Chiffre von JS für Carl Marx

Combst, siehe Kombst

Conrad, Michael Georg, 1846–1927, Literat, Frühnaturalist, Gründer der Zeitschrift «Die Gesellschaft», Freimaurer, Autor bei JS

Conrad, Setzer aus Düsseldorf, Freund von JS in London

Curti, Theodor, 1848–1914, Politiker und Publizist, macht mit JS zusammen «Zürcher Post» gegen Klassenkampf, aber als Rad.-Demokrat nahe dem Sozialismus; Redaktor der «Frankfurter Zeitung»

Dändliker, Karl, 1818–1878, Feldprediger im Sonderbundskrieg; 1853 Pfarrer in Rorbas, traut JS und Marie Hintermeister

Darwin, Charles, 1809–1882, Naturforscher

Diemer, Vetter von JS in Heidelberg, Bierbrauer

Dietz, Oswald, 1824[?]–64, Architekt, Teilnehmer an der Revolution von 1848/49, emigrierte nach London, Fraktion des Bundes mit Willich und Schaper

Dodel, Paul, 1843–1908, Professor für Botanik in Zürich, Freidenker, Autor bei JS

Doll, Friedrich, Hauptanführer im Hecker- und Struve-Zug, Flüchtling in Basel bei JS, später in den USA

Donizetti, Gaetano, 1797–1848, italienischer Opernkomponist

Dronke, Ernst, 1822–91, Mitglied des Bundes der Kommunisten, Redaktor der «Neuen Rhein. Zeitung»; emigrierte in die Schweiz, dann nach England, Anhänger von Marx

Dufour, Guillaume Henri, 1787–1875, Schweizer Offizier, Kartograph, General im Sonderbundskrieg

Eichhoff, Wilhelm, in ZB als Autor von «Pro Nihilo» angeführt

Elberskirchen, Johanna, Verfasserin aggressiver Aufsätze («Die Prostitution des Mannes») bei JS

Elssler, Fanny, 1810–1884, aus Österreich, berühmte Tänzerin

Engels, Friedrich, Dr., 1820–95

d'Ester, Karl Ludwig, 1813–1859, Arzt, Frühkommunist, Teilnehmer am Pfälzer Aufstand. Flüchtling in der Schweiz

Ettmüller, Ludwig, 1802–1877, Professor Dr. phil. (auch sein Sohn genannt)

Ewerbeck, August Hermann, 1816–1850, Arzt, führendes Mitglied des Kommunistenbundes in Paris, Freund von Hess, auch von JS

Fahrländer, 1803–1857, Kantonsrat, Aarau

Feddersen, Peter, 1812–1874, Basler Grossrat, 1848 temporär in Deutschland, Nachfolger von JS als Redaktor der «National-Zeitung»; stammt aus Hamburg; Autor bei JS mit «Die Regeneration in der Schweiz»

Ferdinand I., von Österreich, 1793–1875, Kaiser 1835–48, verleiht J. Ch. Schabelitz eine Goldmedaille

Fiechter, Benedikt, * 1825, Sohn v. Joh. Jak. F.-Schneider, Freund von JS, tätig im Haus De Bary & Bischoff in London

Flick, Johann Jakob, 1775–1847, Tuchschneider und Rheinbestäter, verheiratet mit Anna Catharina geb. Oser, 1778–1856; deren Tochter Elisabeth, 1804–1864, seit 1826 Ehefrau von J. Ch. Schabelitz, Mutter von JS

Freiligrath, Ferdinand, 1810–76, Dichter, in London Freund von JS

Freund, Dr. med., Gründer des deutschen Hospitals in London

Friedrichs, Hermann, 1854–1911, Literat, mit G. Keller und C. F. Meyer in Korrespondenz, Autor von JS

Fröbel, Julius, 1805–1893, Lehrer an der Zürcher Kantonsschule. Professor an der Universität 1834, 1840–46 Inhaber des «Literarischen Comptoir» in Zürich und Winterthur

Galeer, Albert, 1816–1851, wichtiger Grütlianer

Geiger, Theodor, 1832–1882, Architekt in Zürich, Erbauer des Hauses von JS

Gengenbach, Gustav, 1825–1900, Kfm., Basler Freund von JS in London

Gihr, Johannes, Dr., 48er, Autor bei JS

Girardin, Emile de, 1806–1881, französischer Journalist und Politiker, unterstützt des zweite Kaiserreich

Girowetz, Adalbert, 1763–1850, fruchtbarer österreichischer Komponist

Goegg, Amand, 1820–97, Journalist, Demokrat, 1849 Mitglied der provisorischen badischen Regierung, in den 70er Jahren dt. Sozialdemokrat, Autor von JS

Goessler, Hermann, Gründer einer Papierwarenfabrik in Zürich, Bekannter von JS

Haberstich, Samuel, 1821–1872, Schriftsteller unter den Pseudonymen «J. Gotthelf jr.» und «Arthur Bitter»

Hafter, Konrad, 1837–1914, thurgauischer Oberrichter und Regierungsrat

Haggenmacher, Heinrich, 1856–1916, Rechtsanwalt, Oberstbrigadier, Schwiegersohn von JS

Hardmeyer, Freund von JS, schreibt Nachruf in der NZZ

Harney, Georges Julian, 1817–1897, Chartist, Schriftleiter des Northern Star, Verfasser der Adresse an die Tagsatzung

Hartleben, Otto Erich, 1864–1905, Dichter, publiziert unter dem Pseudonym Otto Erich seine ersten Gedichte bei JS

Hecker, Friedrich, 1811–1881, Revolutionsführer 1848/49, Flüchtling in Basel

Hegar, Friedrich, 1841–1927, seit 1865 Dirigent der Abonnementskonzerte in Zürich, Freund von JS

Heilberg, Louis, Dr., Freund JS' in London, zeitweise Mitarbeiter an der DLZ

Heim, Ignaz, 1818–1880, Komponist, 1852–1872 Leiter der «Harmonie» in Zürich, Freund von JS

Heimlicher, Familie, befreundet mit den Schabelitz in Basel

Heine, Heinrich, 1797–1856, Dichter, in Beziehung zu Moses Hess

Heinzen, Karl Peter, 1809–80, Demokrat, 1847 Gegner von M. und E., nach 1849 in der Schweiz und den USA, Schriftsteller

Henckell, Karl, 1864–1929, Dichter in der Tradition der 48er, Autor von JS

Hess, Moses, 1812–1875, Philosoph des Frühkommunismus, mit JS befreundet in Paris 1848

Herwegh, Georg, 1817–1875, Dichter der Revolution von 1848, Herwegh-Zug 1849, Flüchtling in Basel, JS verlegt postum seine Gedichte

Herzog, Dr. und Notar aus Basel, in London

Hildebrand, Benno, 1812–1878, 1851 Professor in Zürich, 1853 Bgr. Unterstrass, ab 1855 in Bern, 1861 in Jena, wo er stirbt

Hirsch, preuss. Polizeispion, veröffentlicht «Bekenntnisse», die Marx im Zusammenhang mit JS erwähnt

Hirschfeld, Setzer, Freund von JS in London

Hoepli, Ulrico, 1847–1935, Verleger in Mailand, Lehrling bei Schabelitz 1862–1866

Hollinger, «Emigrant in London», Freund Holliger von JS aus Basel? Vgl. Tagebuch und Erwähnung bei Marx, z. B. 25.8.51

Holstein, Friedrich von, 1837–1909, unter H. v. Arnim an der Pariser Botschaft, später Berater verschiedener Politiker, sog. «Graue Eminenz»

Holz, Arno, 1863–1929, sozialkritischer Dichter, Autor von JS

Honegger, Johann Jakob, 1825–1896, Prof. für allg. Geschichte, 1875 Extraordinarius, Freundeskreis JS'

Imandt, Peter, Lehrer in Krefeld, emigrierte in die Schweiz und nach London, Mitglied des Bundes der Kommunisten

Imhof-Forkart, Johann Jakob, 1815–1900, Gerber von BS

Jenni, Friedrich, † 1849, schweiz. radikaler Publizist, Redaktor des «Guckkastens»; vermutlich er von Engels gemeint in Brief um «Enthüllungen …»; durch NatZtg, bekannt mit JS

Kälin, Buchdrucker in St. Gallen, sein Sohn Buchhandels-Lehrling bei JS
Kautsky, Minna, 1837–1912, Schriftstellerin, Mutter des folgenden, verlegt einen Roman bei JS
Kautsky, Karl, 1854–1938, linker Theoretiker, laut Briefen von Engels in Kontakt mit JS, seit 23.1.80 in Zürich
Keller, Augustin, 1805–83, Seminardirektor, Regierungsrat im Aargau, Verfechter der Klosteraufhebungen
Kiefer, Basler Freund von JS in London
Kinkel, Gottfried, 1815–82, Dichter und Publizist, Demokrat, Festungshaft und durch Karl Schurz befreit, emigrierte nach London, später Prof. in Zürich
Kertbeny, recte Benkert, literarischer Hochstapler, taucht in London auf
Klein, Wilhelm, 1825–87, Reg.-Rat., Nat.-Rat, heiratet die Schwester Elise von JS
Knortz, Karl, Deutschamerikaner, der seit 1864 in den USA lebt, Kulturgeschichtler, auch Dozent, Autor bei JS
Kohlrausch, Professor a.d. ETH, Nachfolger von Clausius 1867, Bekannter von JS
Kombst, Gustav v., 1806–1846, 16 Tage Red. an der NZZ; Lebenserinnerungen 1846, JS will sie in DLZ publizieren
Krauss, Setzer, Freund von JS in London
Kreutzer, Conradin, 1780–1849, deutscher Komponist
Krüsi, Christian, * Gais 1827, Käufer der Druckerei und des Zeitungs-Verlags von J. C. Schabelitz 1852
Kugelmann, Ludwig, 1820–50, Journalist, zumeist in den USA, Getreuer von Marx
Ladendorf, August, Dr., wichtiger Sozialdem. Bekannter von JS in Zürich
La Mennais (Lamennais), Félicité Robert, 1782–1854, aus katholischen Bindungen kommender französischer Sozialist, von Joh. Christian Schabelitz verlegt
Landolt, Samuel, 1803–80, Redaktor des «Posthörnli»
Leemann, Jakob, * 1840, «Famulus» in der Druckerei von JS, die er 1899 übernahm
Lind, Jenny, 1820–1887, berühmte Sängerin schwedischer Herkunft
Lindemann, Carl Hugo, 1867–1950, Sozialwissenschaftler, publiziert bei JS unter dem Namen Carl Hugo
Locher, Johann Heinrich, 1810–1892, Buch- und Kunsthändler in Zürich, Bekannter von J. Ch. Schabelitz
Louis Napoléon, Napoléon III., 1808–1873, Präsident, dann Kaiser von Frankreich
Louis Philippe, 1773–1850, König v. Frankreich

Lumley, Benjamin, Manager der italienischen Oper in London, galt als Kenner unter Banausen, brachte Verdi nach London

Macaulay, Thomas, 1800–1859, liberaler Politiker und Historiker, durch Tübner übersetzte Arbeiten von ihm erscheinen in der DLZ

Mackay, John Henry, 1864–1933, Dichter, englische Herkunft, Anarchismus, Autor von JS

Maffei, Librettist der «Räuber» von Verdi

Mähly (Maehly), Johann Friedrich, 1815–1848, Maler und Lithograph, Associé von J. Ch. Schabelitz

Marx, Karl, 1818–83

Marx, Johann Friedrich, * ca. 1814, Schmuggler der Marxschen Broschüren 1853

Matthiae, ehem. Setzerlehrling bei JS, tritt als Zeuge gegen ihn auf in Sachen «Pro Nihilo», dessen Vater Arzt in Wülflingen (?) und Sozialdemokrat (?)

Mazzini, Guiseppe, 1805–1872, Advokat, Carbonari, Gründer des Jungen Italien, Republikaner, Organisator erfolgloser Aufstände in Italien, trifft JS

Meienberg, Josef Emanuel, 1812–1886, konservativer Kantonsrat in Aarau

Mendola, Cahn & Co, Druckerei in London

Merian, Samuel, 1823–1887, Kaufmann aus Basel, JS trifft ihn in London

Metternich, Clemens, 1773–1859, Fürst, bedeutender österreichischer Politiker

Meyer, Oberst in Aarau

Meyerbeer, Giacomo, 1791–1864, Komponist v. «Robert le Diable»

Meyer, Conrad Ferdinand, 1825–1898, Dichter, und seine Schwester Betsy, 1831–1912

Meysenbug, Malwida von, 1816–1903, Schriftstellerin, Verfechterin der Arbeiter- und Frauenbildung, Autorin von JS

Minnich, Johann Aloys, 1801–1885, Dr. med. h.c., Arzt in Baden, JS ist bei ihm zur Erholung

Moll, Josef, 1813–49, Uhrmacher aus Köln, Zentralbehörde der Kommunisten, fiel im Gefecht an der Murg 1849, Mitgründer des Bildungsvereins in London

Mösch, Franz Kasimir, Konservator der zoologischen Sammlung der ETH, wird als 48er und Freund von JS erwähnt

Mozart, Wolfgang, 1756–1791, Aufführung des «Figaro» und des «Don Giovanni»

Müller, Dominik, *1871, recte Paul Schmitz, Neffe von JS, Dr. phil., kritischer Schriftsteller und Journalist, bekannt für seine Basler Dialektsatiren

Müller, Hans, 1867–1950, Nationalökonom, aus Mecklenburg, gegen Kautsky, Freund von Ricarda Huch, verlegt bei JS; in Basel eingebürgert

Müller, Oberst in Aarau

Oddy, Sekretär des Herzogs v. Braunschweig

O'Connor, Feargus, 1794–1855, Führer der Chartisten, seine Beerdigung gilt als letzte Demonstration des Chartismus

Oser, Adam, 1795–1860, Färber und Weinhändler aus Basel, in London

Palmerston, Henry John Temple, 1784–1865, engl. Premierminister, der Schweiz gewogen

Panizza, Oskar, 1853–1921, Dr. med., Schriftsteller, Pamphletist, Autor von JS

Paravicini, Basler Bekannter in London

Peel, Robert, 1788–1850, englischer Staatsmann

Pfänder, Carl, 1818–1876, Miniaturmaler, Revolutionär, Frühling 48 in London, verhandelt mit dem Herzog von Braunschweig, vermutlich stammt die kleine Miniatur JS von ihm

Plon-Plon, Prinz Napoléon, 1822–1892, Sohn von Jérôme Bonaparte, Vetter von Napoléon III.

Rahn, Johann Rudolf, 1841–1912, Professor der Kunstgeschichte an der Universität Zürich, wohnt in Haus von JS

Reichel, Eugen, Dichter und Schriftsteller unter dem Pseudonym Eugen Leyden, Briefpartner und Autor von JS

Reitenbach, John, «Rentier», 48er im engsten Kreis von JS, «preussischer Steuerverweigerer», wohnte nahe von JS an der Universitätsstrasse

Riggenbach, Freund von JS aus Basel in London

Roeder, Maximilian Heinrich von, General der Infanterie, deutscher Gesandter in Bern

Rogeard, Louis Auguste, 1820–1896, 48er, Publizist, Autor von JS mit seinem Erfolgspamphlet «Labiénus»

Roth, Arnold, 1836–1904, von Teufen, 1877–1904 Schweizer Gesandter in Berlin

Rougemont, Bankhaus der Neuenburger Familie in London

Rüegg, Reinhold, 1842–1923, Journalist, Redaktor der «Zürcher Post»

Sauerländer, Hch. Remigius, 1776–1847, aus Frankfurt a. M., Gründung des Verlages 1805 in Aarau, 1806 Bürger von Aarau, und dessen Sohn Carl

Schapper, Karl, 1812–1870; Bund der Gerechten, Mitgründer des Arbeiter-Bildungsvereins in London, Mitglied der Zentralbeh. des Bundes der Kommunisten; mit Willich ab 1850 im Gegensatz zu Marx, 1856 nähert er sich Marx wieder und bleibt dann sein Kampfgefährte

Scherb, Emanuel, Dichter, Mitred. an der Nat.-Ztg; wird wegen Pressevergehens gefangen gesetzt in BS; geht weg und will eigene NZ in Winterthur gründen

Scherr, Johannes, 1817–1886, Historiker, Professor an der Universität Zürich, Freund von JS

Schlüter, Hermann, † 1919, Vertreter der deutschen und amerikanischen Sozialisten, in den 80er Jahren Leiter eines sozialistischen Verlages in Zürich, 1888 aus der Schweiz ausgewiesen

Schmidt, Caesar, von Hamburg, übernimmt die Schabelitzsche Buchhandlung 1864

Schmitz, Paul, Ehemann von Bertha Schabelitz, *1842, Schwester von JS, Eltern des Basler Dichters Dominik Müller

Schurz, Karl, 1829–1906, Demokrat; 1849 Teilnahme am badisch-pfälzischen Aufstand, emigriert in die Schweiz, dann in die USA, wo er Staatsmann wird, London 1851

Scribe, Eugène, 1791–1861, französischer Lustspieldichter und Librettist

Sigel, Franz, 1824–1902, badischer Leutnant, Demokrat, Teilnehmer am bad. Aufstand, Oberbefehl über die Armee («General»), emigr. Schweiz, London, 1852 USA

Sigel, Bruder des Obigen, beide bei JS in Basel

Socin, Jakob, Joggi, 1825–1907, Freund von JS und Louis Bamberger, den er 1858 nochmals besucht

Sohn, Familie, Herstellerin der Zizenhausener Figuren

Snell, Wilhelm, 1789–1851, 1820 Flüchtling, Prof. in Basel 1821; stand auf seiten von Baselland, 1833 Professor in Zürich, dann in Bern, Haupturheber des 2. Freischarenzuges; Lehrer des jungen JS

Stadler, Carl Jakob, *1823, ⚭ 1857 mit Wilhelmine Vogel, Freund in London, später Banquier in Zürich unter der Firma «Stadler & Pestalozzi»

Stegemann, Hermann, *1870, Romancier, Redaktor der «Basler Nachrichten» und des «Bundes», verlegt seinen Erstling bei Schabelitz

Steiger, Robert, 1801–1862, Dr. med., liberaler Politiker in Luzern

Stern, Maurice von, 1860–1938, Dichter, Autor von JS

Stockar-Escher, Caspar, 1812–1882, Bergrat, Besitzer der Escherhäuser am Zeltweg in Zürich, in denen JS neben Richard Wagner wohnt, seine Frau Clementine, 1816–1886, Malerin; Schwester des Politikers Alfred Escher

Struve, Gustav von, 1805–1870, mit Willich gegen Marx und Engels; Mitinitiant des bad. Aufstandes, emigr. in Schweiz, später London

Stumm, Gustav, Ehemann von Lina Schabelitz, *1834, enger Freund von JS

Sue, Eugène, 1804–1857, Verfasser von sozialkritischen Romanen, die JS liest

Suttner, Bertha von (geb. Kinsky), 1843–1914, Pazifistin, Autorin von JS

Tanner, Karl Rudolf, 1794–1849, Kantonsrat, Präsident, Aarau

Tedesco, Victor, 1821–97, belgischer Advocat und revolutionärer Demokrat und Sozialist, 1848 zu 30 Jahren Gefängnis verurteilt, 1854 freigelassen

Treichler, Jakob, 1822–1906, Zürcher Regierungsrat, Dr. iur. h. c., bekannter Sozialdemokrat

Trübner, Johann Nikolaus, 1817–84, Verleger und Buchhändler in London aus Deutschld. Firma 1852–63 Trübner & Co; sein Neffe Karl Ignaz, der bei ihm die Lehre machte, vermittelt die Heidelberger (Manessische) Handschrift wieder nach Deutschland 1888

Tschischwitz, Benno, aus Schlesien, 1874 Nachfolger von Behn-Eschenburg als Professor für Englisch an der ETH, verlässt 1876 Zürich wieder; vermittelt Nachrichten über den Druck von «Pro Nihilo» nach Deutschland

Verdi, Giuseppe, 1813–1901, Komponist der Opern Nabucco (1842), I Lombardi (1843), I Due Foscari (1844), Attila (1846) und I Masnadieri (1847), deren Aufführungen JS in London erlebt

Victoria, 1819–1901, Königin von England

Vischer, Friedrich Theodor, 1807–1889, Professor für Ästhetik an der Universität Zürich, Kunde von JS

Vieusseux, Jean-Pierre, 1779–1863, v. Neuenburg, Autor i. London, Freund v. Vater Sch.

Voss, Richard, 1851–1918, fruchtbarer Schriftsteller, Autor bei JS

Wackernagel, Wilhelm, Prof. für Deutsche Literatur in Basel

Wagner, Adolf, Dr., Redaktor der «Deutschen Londoner Zeitung», die er im Oktober 1846 verlässt; vgl. Dénes, S. 54

Wagner, Richard, 1813–1883, Komponist, lebt ab 1849 in Zürich, 1856–1857 in den Escherhäusern wie JS

Waller, Franz, 1803–1879, Rechtsanwalt, beredter liberal-katholischer aarg. Kantonsrat

Walser, Ulrich, 1798–1866, Pfarrer im Appenzellischen, zieht 1833 nach Baselland und wird freisinniger Journalist, Beziehung zur «Deutschen Londoner Zeitung» und JS

Wedekind, Frank, 1864–1918, Kabarettist, Dramatiker, Autor von JS

Weitling, Wilhelm, 1808–1871, aus Magdeburg, frühkommunistischer Theoretiker, in Zürich wegen Gotteslästerung 1843 verhaftet und ausgewiesen

Weerth, Georg, 1822–56, laut Engels der erste und bedeutendste Dichter des deutschen Proletariats; Bund der Kommunisten, Redaktor an der «Neuen rhein. Zeitung», Freund M und E, 1843 in London, 1845–47 in Brüssel, wird in DLZ publiziert

Weissenbach, Placid, 1814–58, Kantonsrat, Aarau

Weydemeyer, Joseph, *1818, Militär, dann Redaktor einer linksgerichteten Zeitung, Anhänger von Marx in Brüssel, später in Amerika

Widmann, Josef Viktor, 1842–1911, Dichter, Feuilletonredaktor des «Bunds», den Autoren von JS wenig gewogen

Wieland, Fidel Joseph, 1797–1852, Regierungsrat im Aargau

Wilhelm I., 1797–1888, König von Preussen, seit 1871 deutscher Kaiser

Willich, August von, ehemaliger preussischer Leutnant, 48er und als solcher auch Flüchtling in der Schweiz

Wirz, Dr., Freund von JS aus Baselland

Zehnder, Carl, 1826–1896, Arzt, Freund von JS, Sohn des Regierungspräsidenten Ulrich Z., bekämpft u. a. die Choleraepidemie in Zürich, 1867

Zehnder, Louise, *1825, Zch., Schwester des Obigen, verheiratet mit Prof. Fritzsche, befreundet mit JS

Zehnder, Ulrich, 1798–1877, Dr. med. und radikaler Politiker, Zürcher Regierungsrat, verheiratet mit Maria Nabholz, Freund der Familie Schabelitz

Zelger, Major

Zschokke, Heinrich, 1771–1848, Schriftsteller, während der Helvetik im Dienste Stapfers, lebte in Aarau, Oppositionspolitiker